GONGGONG TUSHUGUAN
XINXI JISHU YINGYONG

公共图书馆信息技术应用

李东来　宛　玲　金武刚◎编　著

北京师范大学出版集团
BEIJING NORMAL UNIVERSITY PUBLISHING GROUP
北京师范大学出版社

图书在版编目(CIP)数据

公共图书馆信息技术应用/李东来，宛玲，金武刚编著．
—北京：北京师范大学出版社，2013.1（2016.6重印）
（全国基层文化队伍培训教材）
ISBN 978-7-303-15597-2

Ⅰ．①公… Ⅱ．①李…②宛…③金… Ⅲ．①公共图书馆－信息系统－业务培训－教材 Ⅳ．① G258.2-39

中国版本图书馆 CIP 数据核字（2012）第 261840 号

营销中心电话　010-58802181　58805532
北师大出版社高等教育分社网　http://gaojiao.bnup.com
电子信箱　gaojiao@bnupg.com

出版发行：北京师范大学出版社 www.bnupg.com
　　　　　北京新街口外大街19号
　　　　　邮政编码：100875
印　　刷：北京中印联印务有限公司
经　　销：全国新华书店
开　　本：730 mm × 980 mm　1/16
印　　张：21.75
字　　数：240千字
版　　次：2013年1月第1版
印　　次：2016年6月第4次印刷
定　　价：38.00元

策划编辑：马洪立　　　责任编辑：马洪立　李　念
美术编辑：毛　佳　　　装帧设计：毛　佳
责任校对：李　菡　　　责任印制：陈　涛

版权所有　侵权必究

反盗版、侵权举报电话：010-58800697
北京读者服务部电话：010-58808104
外埠邮购电话：010-58808083
本书如有印装质量问题，请与印制管理部联系调换。
印制管理部电话：010-58800825

全国基层文化队伍培训教材

公共图书馆系列编委会

主　编：李国新

编　委：（以姓氏笔画为序）

于良芝　吴　晞　张广钦　李东来

李超平　杨玉麟　邱冠华　屈义华

范并思　金武刚

作者简介

李东来，1984年毕业于北京大学图书馆学系，现任东莞图书馆馆长，研究馆员，北京大学兼职教授、全国文献影像技术标准化委员会委员、全国图书馆技术标准化委员会委员、中国图书馆学会理事、中国图书馆学会阅读推广委员会副主任。长期从事区域图书馆集群管理、图书馆与社会阅读、图书馆信息技术应用等方面研究与实践，主编《中国阅读报告·书香社会》、《数字阅读》、《城市图书馆集群化研究与实践》、《城市图书馆新馆建设》、《城市图书馆新馆建设文集》等。

宛玲，1984年本科毕业于北京大学图书馆学系，2005年博士研究生毕业于中国科学院文献情报中心，现任河北大学管理学院教授，硕士生导师，河北省科学技术情报学会常务理事，河北省图书馆学会学术委员会副主任，中国图书馆学会阅读推广委员会社会与图书馆分委员会副主任。长期从事图书馆学和情报学的教学和研究工作，出版专著2部，发表学术论文40余篇。

金武刚，1995年毕业于华东师范大学信息学系，现为该系副教授、硕士生导师，北京大学信息管理系图书馆学专业在职博士，文化部"国家公共文化服务体系建设专家库"成员，上海市图书馆学会学术委员会图书馆学理论研究专业委员会主任。主要从事图书馆学基础理论、图书馆法治与管理、信息管理实用软件等领域的研究与教学工作。参与《图书馆2.0：升级你的服务》、《实用电子商务技术》等多部作品的编写，公开发表过学术论文40余篇，获得过两项上海市哲学社会科学优秀成果奖。

序　言

  推动社会主义文化大发展大繁荣，队伍是基础，人才是关键。2007年中央"两办"发布的《关于加强公共文化服务体系建设的若干意见》中，就对加强公共文化服务人才队伍建设作出了部署，明确提出了提高公共文化服务人才队伍思想素质和工作能力的要求。2010年《国家中长期人才发展规划纲要（2010—2020年）》发布之后，文化部专门部署了开展全国基层文化人才队伍培训的工作。党的十七届六中全会通过的《关于深化文化体制改革，推动社会主义文化大发展大繁荣若干重大问题的决定》，提出基层文化人才队伍是文化改革发展的基础力量的论断，要求制定实施基层文化人才队伍建设规划，完善机构编制、学习培训、待遇保障等方面的政策措施。《国家"十二五"时期文化改革发展规划纲要》对加强基层文化队伍建设、完善文化人才培训机制作出了具体部署。建设一支德才兼备、锐意创新、规模宏大、结构合理的基层文化人才队伍，成为新时期公共文化服务体系建设的重要任务。

  2010年9月，为落实《国家中长期人才发展规划纲要（2010—2020年）》，文化部发布了《关于开展全国基层文化队伍培训工作的意见》，主要任务是用五年时间，对全国现有约24万县乡专职文化队伍和360多万业余文化队伍进行系统培训，促使基层公共文化队伍素质显著提高，服务能力明显增强。为此要求建立健全基层文化队伍培训工作体制和机制，建立分级负责、分类实施的培训组织体系，其中文化部负责指导各地培训、组织编写教学纲要、建设远程培训平台、培养省级师资、举办示范性培训等工作。

按照文化部的统一安排，组织编写教学纲要和教材这一任务，由国家公共文化服务体系建设专家委员会负责实施。

专家委员会在广泛征求意见、充分讨论研究的基础上，形成了培训教材编写的整体方案：教材的内容规划为"公共文化服务通论系列"、"公共图书馆系列"、"文化馆（站）系列"三大系列；教材的形式设计为培训大纲性质的教学指导纲要和系统化的教材并举，为应培训之急需，先行编写出版公共图书馆系列和文化馆（站）系列的教学指导纲要；纲要和教材的编者在全国范围内遴选一流的专家学者和富有经验的实际工作者。2012年年初，先行组织编写的《公共图书馆业务培训指导纲要》和《文化馆（站）业务培训指导纲要》由北京师范大学出版社出版，文化部免费配送至全国县以上文、图两馆及相关部门。现在呈现在读者面前的，就是在指导纲要基础上编写的系统化教材。按照计划，三大系列共17部系统化教材在2012年年内全部出齐。

就公共图书馆系列的教材而言，由于图书馆学在大学里有专业，所以"学院派"的专业教材数量并不少，但是，专门面向基层公共图书馆从业人员在职学习、岗位培训的适用教材却比较缺乏。这类不是着眼于大学专业教学，而是着眼于提高基层从业人员职业素养和业务能力的教材应该体现出什么样的特点？经过反复研究讨论，我们达成了两大共识。首先是面向实践。内容设计以我国公共图书馆服务的现实需求为牵引，以提升从业人员的职业素养和业务能力为目标，以"学得会、用得上、有实效"为检验标准，注重总结、提炼、升华实践中成功的做法、经验和案例，适应启发式、案例式、研讨式教学的需要。其次是统筹兼顾。具体说就是统筹兼顾地处理好几个关系：体系科学性、内容基本性与实践导向的关系；观念阐述、政策解读、规律概括与服务能力提升的关系；注重应知应会、方法技能与体现学科体系、专业素养的关系。

"面向实践、统筹兼顾"的共识能否真正落实到教材的内容中去，关键在"人"——编写人员。2006年以来在中国图书馆学会、国家图书馆和全国文化信息资源建设管理中心的主持下，图书馆界连续5年以"志愿者行动"形式开展"基层公共图书馆馆长培训"，初步构建起了一个针对基层公共图书馆的业务培训内容体系，凝聚起了一支高水平的专家队伍，并且经历了遍及全国25个省市自治区、累计面对3000多位基层公共图书馆馆长和业务骨干讲授的实际历练。这些都为这次编写指导纲要和教材奠定了坚实基础。参加公共图书馆系列培训指导纲要和教材编写的专家，许多人参与过图书馆界的"志愿者行动"，所以他们对基层文化工作者的需要并不陌生。在实际编写过程中，我们强调每一部分的编写人员尽量做到高水平的专家教授和经验丰富的馆长、实际工作者相结合，从而为编写过程中教授和馆长的交流、观念和视野的碰撞、知识和案例的互补创造了条件，为内容上理论和实践的紧密结合奠定了基础。

教材不是个人专著，因此编写组通过研讨、交流乃至碰撞、争鸣而形成共识就显得尤为重要。这套教材在编写过程中，不论是大牌教授还是知名馆长，都表现出了令人敬佩的高度重视、严肃认真、团队合作、学术包容态度和精神。每本教材的主持人都组织编写人员进行了多种形式的研讨交流，从内容划分到框架体系，从章节要点到附属材料，都经过了编写团队的反复研讨打磨。三大系列所有编写人员参加的研讨会先后召开了4次。2011年年底公共图书馆系列和文化馆（站）系列培训指导纲要预印本印出后，分别在南京图书馆和宁波文化馆召开了有省、地、县各级公共文化服务机构代表参加的征求意见会。可以说，目前形成的教材，不仅凝聚着全体编写人员的心血，同时也包含着众多业界同仁的智慧。尽管如此，我知道问题和不足肯定还存在。欢迎使用这套教材的各级文化部门和基层文化工作者提出修改意见和建议，我们将在今后适当的时候作必要的修订。

推出这样一套教材，仅有编写人员的努力还不够，还应该感谢中国文化传媒集团公共文化发展中心为编写工作提供的有力保障，感谢北京师范大学出版集团原高教分社的江燕副社长以及各位责任编辑为教材的出版把了最后一道关口，付出了心血和努力。

由于在国家公共文化服务体系建设专家委员会的工作关系，我本人承担了这套教材编写的组织工作，并且出任公共图书馆系列指导纲要和教材的主编。在教材出版之际，把这套教材的编写缘起和过程记录如上，算是对这项工作的一个小结，也算是为这套教材的诞生留下一点历史记录。

李国新

目 录

第一章 概 述 /1
  第一节 图书馆信息技术的发展历程 ………… 1
  第二节 信息技术对现代公共图书馆服务体系的支撑 ………… 12
  第三节 公共图书馆信息技术应用概述 ………… 17

第二章 图书馆业务管理系统 /23
  第一节 图书馆业务管理系统概述 ………… 23
  第二节 图书馆业务管理系统的结构和功能 ………… 31
  第三节 图书馆集群管理 ………… 45
  第四节 业务管理系统操作实例 …… 51

第三章 图书馆网络与公共电子阅览室建设 /63
  第一节 图书馆计算机网络概述 …… 63
  第二节 公共电子阅览室的组建 …… 81
  第三节 电子阅览室的安全管理与维护 ………… 93
  第四节 电子阅览室管理系统操作实例 ………… 97

第四章　数字资源建设技术 /104
  第一节　数字资源建设技术概述 …………………………… 104
  第二节　特色数据库建设 …………………………………… 107
  第三节　音视频资料制作 …………………………………… 125
  第四节　图书馆公共服务平台——门户网站建设 ……… 133

第五章　数字化信息服务技术 /152
  第一节　信息检索服务 ……………………………………… 152
  第二节　网络参考咨询 ……………………………………… 161
  第三节　数字阅读 …………………………………………… 168
  第四节　自助服务 …………………………………………… 177

第六章　图书馆信息技术应用展望 /181
  第一节　信息传输技术 ……………………………………… 181
  第二节　信息存储技术 ……………………………………… 192
  第三节　信息组织技术 ……………………………………… 201
  第四节　信息检索利用技术 ………………………………… 208

第七章　重大公共数字文化工程 /228
  第一节　全国文化信息资源共享工程 ……………………… 229
  第二节　数字图书馆推广工程 ……………………………… 240
  第三节　公共电子阅览室建设计划 ………………………… 249
  第四节　区域性工程举要 …………………………………… 254

参考文献 /267

附　录 /271
  附录1　2010年度县级支中心配置标准 ……………… 271
  附录2　信息技术标准与规范指南 ……………………… 281

后　记 /334

第一章 概 述

【目标与任务】

本章主要目的是帮助学习者了解信息技术对公共图书馆的推动作用,尤其是对构建公共图书馆服务体系的重要影响,初步认识与掌握公共图书馆中相关信息技术的基本概念。第一节主要介绍图书馆信息技术的发展历程,包括图书馆传统信息技术到现代信息技术的转变,图书馆现代信息技术应用的历程以及图书馆信息技术应用大事记。第二节主要介绍信息技术对公共图书馆服务体系的支撑作用,包括对图书馆服务范围、服务功能和工作效能的作用和影响。第三节主要介绍公共图书馆信息技术的类型,分别从与设施、服务、管理和网络信息相关的角度介绍。

第一节 图书馆信息技术的发展历程

一、图书馆传统信息技术与现代信息技术

技术始终伴随着图书馆的发展。长期以来,图书馆以图书、报刊等印刷型文献作为主要馆藏资源,印刷这一传承了上千年的信息传播技术牢牢占据着图书馆的重要位置,从最原始的雕版印刷术,到以泥土、金属为材料的活字印刷术。随着第一、第二次工业革命的兴起,尤其是电力的应用,图书馆的资源也悄然发生着变化,文字已不再是唯一的主角,记录着音、像的照片、缩微胶片、唱片、磁带等迈入了图书馆大门,与之对应的是电唱机、

录放机、缩微阅读机等技术设备的进入。图书馆信息技术也随之多样化，复印技术、缩微技术、录音录像技术成为了图书馆信息技术的重要组成部分。20世纪50年代，计算机进入图书馆领域是一个重要的分水岭，它使图书馆工作从传统手工操作逐渐提升至自动化处理、信息化集成阶段。整个社会都感受到了以计算机技术、数字技术、网络通信技术等为代表的信息技术给社会发展带来的巨大冲击力。而信息技术给图书馆行业也带来了巨大变革，开辟了图书馆界在资源数字化、服务自动化、网络信息组织与检索、多媒体资源、人工智能服务等诸多新的研究领域，图书馆信息技术成为现代图书馆不可或缺的重要组成部分。

二、图书馆现代信息技术应用历程

（一）国外图书馆信息技术应用历程

1. 实验阶段（20世纪50年代末至20世纪60年代中期）

图书馆现代信息技术的应用始于美国。1950年，美国海军军械中心图书馆的泰利特提交了世界上第一篇建议图书馆应用计算机的研究报告，1954年该馆首先在IBM701计算机上建立了NOTS检索系统。这个时期，美国和英国的一些图书馆开始研究、试验计算机应用于图书馆的经济可行性和技术可行性，研究从何着手应用计算机等。当时，大多数图书馆从流通入手尝试使用计算机，而美国国会图书馆则在长期研究后决定从编目工作入手。1966年该馆所研制成功的机读目录格式（MARC）开创了图书馆自动化的先河。

2. 图书馆自动化系统的脱机批处理阶段（20世纪60年代中期至20世纪70年代初）

20世纪60年代前信息技术在图书馆的应用非常有限，图书馆仍是传统的纸介质图书馆，以收藏印刷文献为主，通过卡片目录反映馆藏信息，办理业务以手工方式为主。20 世纪 60 年代后，计算机技术、网络技术、通信技术等现代信息技术逐渐渗入图书馆领域，推动图书馆进入全新的发展阶段。1969 年，美国国会图书馆正式开始向图书馆界发行 MARC II 机读目录，不仅为图书馆业务工作自动化奠定了基础，也开创了标准化世界机读目录正式使用的新时期，为图书馆文献资源共享创造了条件。1972 年国际图联(IFLA)推出了国际机读目录格式 UNIMARC，随之，各国也相应推出了本国的机读目录格式。

此阶段的图书馆自动化系统以脱机批处理为主。脱机批处理是把若干处理要求集中后，一批一批地进行处理。这种方式不能即时给出处理结果，而且一般读者甚至一些图书馆员都不能直接操作计算机的主要运行过程。例如，流通工作在借还图书的当时只记录下有关读者、题名等数据并存储起来，外借结束后再对当天的所有数据进行登记(相当于手工办理借、还书手续)，并检查读者有否违章，应采取哪些处理或处罚措施等，所有的通知都要到第二天开馆才能向读者宣布。这是图书馆使用计算机最初级的方式，其不方便之处是很明显的。另外，这种方式是使用计算机处理单个图书馆的单一方面的业务(如流通业务、编目业务、期刊管理业务等)工作，和其他图书馆或本馆其他业务没有联系。

3. 联机系统和网络系统阶段(20 世纪 70 年代)

联机和网络是两个不同的概念和不同的图书馆计算机工作方式，出现的时间相距不远，在发展上没有直接的继承关系。联机系统是针对脱机批处理的缺陷而做的改进，图书馆工作人员或读者通过终端直接使用计算机并可即时得到处理结果。网络系统则指多个图书馆的计算机连接成网，为这些图书馆共同工作。有了网络，图书馆才有可能做到资源共享，实现采购协调、联机采购、联合编目、联机编目、馆际互借。显然它们比脱机批处理更有利于发挥图书馆的优势和潜能。20世纪70年代计算机与通信技术的发展和融合，促进了图书馆联机网络的发展，出现了一批联机编目网络（OCLC，RLIN，WLN，Utlas等）。OCLC原由美国俄亥俄州的一些图书馆于1967年发起组建，1971年开发了联机联合编目系统，次年开始向俄亥俄州外的地区提供联机服务，从图书馆协作体发展为以书目资源分享为中心的计算机图书馆网络，标志着美国图书馆界进入了网络共享时代，现已成为世界上最大的书目资源中心。

4. 集成系统阶段（20世纪80年代）

20世纪80年代，随着计算机存储成本的大幅下跌和信息处理能力的提高，特别是个人电脑的普及，以及1985年CD-ROM这种电子出版主要载体的出现和随后的多媒体的出现，联机和光盘一时间成为两种互为竞争的技术。此阶段，信息技术应用成果集中于几方面。

集成化图书馆系统。美国在20世纪80年代初期开始发展集成系统。它是由多个处理不同业务的子系统共享一个书目数据库的图书馆自动化系统，较之以往的各种系统，它有利于克服过去软件开发工作的重复和随之而来的浪费、数据冗余大、系统性不强等缺陷，加强了各子系统之间的联系和协调，易于实现整体优化，使得图书馆自动化迅速地由单功能系统走向多功能系统，这一阶段的图书馆较为普遍地采用计算机集成管理系统辅助采购、编目、流通、检索、内部管理等业务，而且建立了图书馆联机公共目录（OPAC）和联机信息检索系统进行书目信息查询。

数据标准化及数据库技术的进步。随着机读目录格式MARC在图书馆的应用和推广，大型书目数据库的建设和数据库资源的共享成为可能。计算机联机网络开始走向实用化，提供图书馆目录信息的大型数据库网络建立起来了，一些可以用标准格式联机存取的系统开始出现。

5. 网络化、电子化、虚拟化图书馆阶段（20世纪90年代至21世纪初）

这一阶段，万维网出现并迅速发展，同时，计算机技术、通信技术、高密度存储技术和多媒体技术等多种信息技术出现了空前的进步，图书馆为此得以获得强大的技术支持，其自动化进入了高度电子化、网络化、虚拟化的发展阶段。在网络环境下，图书馆全球化、一体化已现端倪；图书馆馆藏扩展为现实馆藏和虚拟馆藏两部分，工作内容以信息资源的开发和利用为重心，服务对象既包括到馆读者也包括有条件利用网络访问图书馆的用户。

6. 泛在化、无线化、基于云计算的图书馆信息技术应用阶段（当前）

随着无线高速网络、云计算等概念的引入，以及各类电子终端功能日益强大和价格日益低廉，图书馆产生了几种以信息技术为支撑的新形态。

(1) 复合图书馆

复合图书馆也称混合图书馆，是传统图书馆与数字图书馆的并存形式。在复合图书馆中，信息资源、信息载体、技术方法、服务规范、服务对象、服务手段、服务设施、服务产品等都是复合的，即传统与现代并存。技术应用有自动化系统的 Web 服务开发、分布异构资源整合、元数据互操作、数字参考咨询、资源开放链接、跨库检索等。

(2) 泛在图书馆

泛在图书馆即无处不在的图书馆，其本质是图书馆服务的泛在化。用户在任何时候、任何地点都可获得图书馆的服务。技术应用有移动图书馆、自助图书馆、语音图书馆、数字电视图书馆、开放存取、物联网、信息共享空间等。

(3)以用户为中心的技术应用

以用户为中心的技术应用包括用户参与并协同、社会关系网络、开放格式与协议等为特点的 Web 2.0 系列技术和应用(Blog、Wiki、RSS、SNS、Podcast、Tag 等)。

(二)我国图书馆现代信息技术利用历程

我国图书馆应用现代信息技术始于 1974 年 8 月周恩来总理批准的"汉字信息处理工程"("748 工程"),其任务包括汉字计算机情报检索软件、汉语主题词表、汉字通信和机器翻译等内容。随后,在改革开放带来的世界先进技术理念的冲击下,我国图书馆现代信息技术应用进入了高速发展时期。

1. 引进、试验阶段(20 世纪 70 年代末至 20 世纪 80 年代)

(1)对标准格式的探索利用

1980 年,北京图书馆、中国科学院图书馆、北京大学、清华大学和中国人民大学的图书馆、中国图书进出口公司 6 单位联合建立了 MARC 协作组,学习研究和开发利用美国机读目录格式标准 LCMARC,并引进磁带库和建立 MARC 模拟系统。此后,北京图书馆、北京大学图书馆开始将通用机读目录格式(UNMARC)汉化,并以其为依据制定中国的机读目录格式 CNMARC。

(2)对技术设备的引进利用

北京大学图书馆、北京图书馆、上海交大图书馆等开始引入计算机设备以及光盘、光盘驱动器、磁带数据源、光笔激光枪条形码阅读器,并连接了世界几大情报网络系统。

(3)对图书馆管理系统的试制与研发

20 世纪 80 年代早期,北京图书馆、中国科学院图书馆和少数高校图书馆开始研制试验性的图书馆管理系统,例如:南京大学的 NDTS-78，北京图书馆的 MARC 系统，清华大学的西文图书目录检索系统 QBRS，北京大学的北京地区西文新书通报系统和西文图书采购系统，上海交大的西文期刊管理系统，复旦大学的条形码流通系统，北京师范大学的西文图书目录检索实验系统等。这些系统应用效果一般，都是分离式系统，未能处理中文文献信息，数据格式也没有实现标准化。到 1988 年，图书馆的流通、采访、编目、连续出版物管理、书目或文献检索以及内部管理等各个工作领域，都开展了计算机应用的研究。如，清华大学组织全国 300 余所高校学报建立了"全国高校自然科学学报论文文摘(CUJA)"数据库，南京大学研制了"激光条码计算机中文图书流通管理系统"，武汉大学研制了"文献目录控制系统"，北京师范大学研制了"图书馆流通系统"，福建师范大学和深圳大学于 1987 年率先研制了微机上的图书馆集成系统等。此间，国内自行研发的图书馆管理软件最具代表性的是"图书馆自动化集成系统(ILAS)"，ILAS 是由文化部于 1988 年作为重点科研课题下达，由深圳图书馆承担并组织部分省级图书馆的技术人员参加，共同研制和开发出来的一套能适应国内不同层次、多种规模、各种类型图书馆使用的自动化集成系统软件。

2. 成熟、规划阶段(20 世纪 90 年代)

进入 20 世纪 90 年代，我国规划并开始了图书馆网络建设，出现了依托于中国教育科研网(CERNET)的中国高等教育文献保障系统、依托于中国科学院计算机网络(CASNET)的科学院文献信息系统、珠江三角洲地区图书馆网、广东高校图书馆网等。1996 年，文化部图书馆司宣布，"九五"期间启动"金图"工程，即逐步建立中国图书馆信息网络(CLINET)，旨在进行整体化建设，避免重复浪费。

此外，《中国机读目录格式》经北京图书馆修改后，于 1995 年通过鉴定并由文化部作为行业标准发布执行，标准化问题得到解决，数字图书馆方面的探索成为国内研究热点。1997年我国又启动了3个新的项目，IBM公司与辽宁省图书馆的数字图书馆合作项目，清华大学、华南理工大学、上海交通大学和北京大学合作承担的教育部数字图书馆攻关计划，国家计划委员会批准立项的国家重点科技项目"中国试验型数字式图书馆项目"（CPDLP，1997.7—1999.12）。

在整个20世纪90年代，图书馆自动化集成系统进入了百花齐放的阶段，既有北京现代文津信息技术研究中心的"文津系统"、北京邮电大学图书馆的"Melinets"、北京大学图书馆"Nlis"、南京大学"汇文"图书馆管理系统等一大批国内研制成果，也有Horizon、Totals、Innopac、Aleph等一批引进项目。值得注意的是，这个时期各系统大多采用客户机/服务器（Client/Server）模式。

3. 全面发展阶段（21世纪）

进入21世纪，一系列支持图书馆发展的新项目陆续提出，包括文化信息资源共享工程、新型公共电子阅览室建设、国家图书馆数字资源推广计划等，在人员培训、设备提升、资源保障等方面为基层图书馆信息技术应用水平的提升提供了保障。在此基础上，各地图书馆也在寻找适合自己发展的技术之路。在图书馆管理系统发展方面，以集群化管理为基础的，基于浏览器/服务器（B/S）模式的系统逐渐成为市场主流，一方面有诸如"Interlib图书馆集群网络管理系统"等一批新系统迅速崛起；另一方面以往基于客户机/服务器（C/S）模式的系统开始了升级改造，市场竞争日趋激烈。此外，物联网应用逐渐成熟，以深圳图书馆为代表的一些发达地区图书馆已开始进入实际应用阶段，RFID技术在技术和成本中也找到了平衡点，为自助服务、智能服务加入了新元素。当前，基于云计算的图书馆服务模式日益成为行业内的研究热点，在此方面国外涌现了诸如 OCLC "基于云的 Web 级协作型图书馆服务"、美国国会图书馆与 DuraSpace 的 DuraCloud 等项目，但国内图书馆界仍处在探讨阶段，成熟的实践项目案例较为贫乏。

三、图书馆信息技术应用大事记

1901 年，美国国会图书馆（LC）生产印刷型目录卡片，共享编目开始。

1919 年，美国图书馆协会（ALA）采用首个资源共享规则（resource sharing code）。

1950 年，美国海军军械中心图书馆的 H.E. 泰利特提交了世界上第一篇建议图书馆应用计算机的研究报告。

1952 年，美国图书馆协会（ALA）修改馆际互借规则，采用标准化的馆际互借单。

1954 年，美国海军军械中心图书馆首先在 IBM701 型计算机上建立 NOTS 检索系统，采用单元词组配方式检索，输出结果为文献号码。NOTS 系统的建立，开始了图书馆现代信息技术的新时期。

1958 年，经过改进的 NOTS 系统使用 IBM704 型计算机，可以检索文摘、题目和作者等项目。

1960 年，美国人 L.R. 尼诺提出了编印目录卡片的机械化装置，被认为是最初的机读目录。

1961 年，第一个文献数据库——美国"匹兹堡系统"中的法律全文数据库建成并投入使用。

1962 年，美国加利福尼亚大学和南伊利诺伊大学图书馆分别应用计算机进行期刊和流通管理。

1963 年，联邦德国柏林大学和波鸿大学图书馆用计算机管理流通、目录编制和期刊登记。

1964年，美国国家医学图书馆用计算机编制《医学文摘》，并生成MEDLARS数据库磁带。

1964年，MEDLARS开发成功并投入批式检索服务。

1966年，美国国会图书馆开始MARC试验计划；同年，联邦德国国家图书馆开始用计算机编制全国书目；英国电气工程师学会开始用计算机检索；日本科学技术文献中心完成文献速报自动编制系统。

1967年，英美编目条例(AACR，Anglo-American Cataloging Rules)出版。

1967年，OCLC(Ohio College Library Center)系统创建，1977年更名为联机计算机图书馆中心(Online College Library Center)，并成立OCLC公司。OCLC的发展历史是"图书馆自动化系统由单机发展到联机，并逐渐发展成为计算机网络系统"历程的代表。

1969年，首个OPAC开始用于IBM高级系统开发部图书馆。

1969年，美国国会图书馆的MARCII格式机读目录磁带公开发行。

1969年，世界上第一个大规模联机检索系统——美国NASA的REOCN系统投入使用。

1970年，美国洛克希德公司的DIALOG系统建立；美国系统发展公司的ORBIT系统开始建设；MEDLARS开展联机检索服务。

1971年，图书馆开始以电子方式共享编目资源。

1972年，国际图联(IFLA)推出UNIMARC。

1974年，"汉字信息处理工程"(简称"748工程")启动，研究任务包括汉字计算机情报检索软件、汉语主题词表、汉字通信和机器翻译等内容。

1978年，英美编目条例第二版(AACR2)出版。

1978年，北京图书馆、中国科学院图书馆、北京大学图书馆和清华大学图书馆等单位共同协作，对引进的美国MARC磁带进行研究试用。

1987年，美国国会图书馆开始发行BiblioFile光盘书目数据产品。

1988年，美国国家标准化组织公布了网络检索协议国家标准——z39.50，1992年经过修订与OSI(Open System Interconnection)相一致，用于信息系统在网络上的检索。

1990年，北京图书馆开始正式发售CNMARC数据软盘，其后发售光盘。

1992年，美国国会图书馆、美国图书馆协会和OCLC专家提出MARC的"电子定位与存取"字段——"856"字段。

1994年，弗吉尼亚技术大学、密歇根大学和美国海军研究图书馆发布图书馆网站。

1995年，都柏林核心元数据集这一用于描述网络电子文献的方法被提出。

1995年，詹尼·莱温妮创建首个图书馆技术博客。

1996年，《中国机读目录格式》(WH/T0503-96)(CNMARC)由文化部颁布为文化行业标准。

1998年，纽约州立大学Morrisville分校的比尔·德鲁使用IM提供实时参考服务。

1998年，新加坡图书馆在全球业界率先采用RFID技术。

2006年，深圳图书馆大规模应用RFID技术。

2006年，WorldCat.org发布，在网上共享10 000多所图书馆馆藏。

2009年，美国国会图书馆宣布在其国家数字信息基础设施和保存计划中测试云技术在永久保存数字内容方面的应用。

2011年5月19日，亚马逊公司（Amazon.com）称该公司的电子书销量已经超过了纸质实体书。

第二节　信息技术对现代公共图书馆服务体系的支撑

一、信息技术扩大公共图书馆服务范围

普遍、均等服务是公共图书馆服务体系构建的宗旨和目标。这一目标的实现首先需要服务范围的最大化。信息技术将物理的独立图书馆连成业务互联互通的图书馆网，以点带面统一图书馆工作和服务标准，并不断吸纳新的成员，扩大图书馆服务覆盖的地区范围；而互联网、卫星通信、移动通信、数字电视等技术使图书馆的无差别服务突破时空范围的限制，延伸到家庭、桌面，甚至陪伴用户身边。

（一）信息技术推动图书馆联合发展步伐

技术不是最重要的，但技术是最有效的。善用科技的力量将更好、更快地促进文化事业的发展。在电子计算机出现以前，区域图书馆网所起的作用主要是图书馆工作协调和图书馆网点布局，图书馆之间的联系是松散的，由此形成的网络是无形的，因而发挥的作用很有限。随着互联网和各种无线网络技术的飞速发展，操作的可行性和低成本使得技术广泛应用于馆际合作，为图书馆之间的协作提供了新的推动和支撑力量，技术先行成为新形势下区域图书馆协同发展的又一重要路径。网络时代科技的增值效应越来越大，对于体系化建设来说，网络和通信技术所起的联结和纽带作用不可或缺。就是说，服务体系建设必须有以网络技术为基础的新技术支撑才有可能。因此，推动区域图书馆整体协同发

展，必须具备网络基础设施条件，选择利用业务管理系统，实现自身工作的自动化。同时，要善于依托先进的技术手段，加强、完善设施布局，扩展图书馆服务网络，开展各种创新服务及联合服务，进行业务整合与协作，不断提高资源共建共享能力。

(二)信息技术使图书馆无差别服务突破时空范围限制

现代信息技术中的高速通信方式改变了图书馆在社会中的基本角色，图书馆的读者服务因突破空间限制而大大扩展了服务对象。由于图书馆的网络化特征，图书馆读者不必亲临图书馆即可享用图书馆服务。又由于图书馆网络是开放性网络，它借助社会公共网络设施，遵循公共网络通信协议，每一个社会成员只要具备进入社会公共信息网的基本条件，在任何地方都可以进入图书馆网络，享受快捷完整的图书馆服务。图书馆服务突破空间限制以后，也将突破地域限制。图书馆服务对象将不仅仅限于图书馆附近的读者群落，很可能扩展到整个社会，甚至全世界。例如，美国俄亥俄州图书馆的用户可以通过 OPLINMobile 移动网络，从俄亥俄州 250 家分支图书馆中搜索出距离该用户当前位置最近的公共图书馆；弗吉尼亚大学图书馆也建立了移动网站，读者一方面可以查询到读者阅览指南和开馆时间等图书馆的基本信息，另一方面图书馆的最新消息和展览通报也可从这一网站上获取[1]。此外，24 小时自助设备引入图书馆，也进一步拓展了图书馆服务时间，实现了"365 天天天开馆、24 小时时时开放"的图书馆服务形态。2005 年，东莞图书馆成功研制国内首个 24 小时自助图书馆并投入使用，2007 年又开发出图书馆 ATM 自助借还设备；深圳图书馆在 RFID 环境基础上开发的"城市街区 24 小时自助图书

---

[1] 张文彦，张瑞贤. 美中 WAP 手机图书馆发展现状比较. [J]. 图书馆杂志，2009(7).

馆系统"被誉为"第三代图书馆",获得 2009 年文化部文化创新奖并入选国家创新工程。

二、信息技术拓展图书馆服务功能

信息技术使信息查询利用从实体空间拓展到虚拟空间,而且拓展了利用信息的范围和查询功能,使图书馆可提供的信息从文本拓展为文本、图形、声音、动态图像等各种信息形式和内容,通过对信息的形态特征和内容特征的详细标引,实现了信息的单一检索、组合检索、跨库检索、结果排序、服务推送等多种功能。

随着数字电视、智能手机、平板电脑等新型数字设备的引入,图书馆应用信息技术为读者提供服务的方式不再局限于电脑这一渠道,变得更为灵活多样。美国的杜克大学在提供 WAP 网站的同时,还开发了面向 iPhone 用户的手机应用 DukeMobile,可免费下载。杜克大学图书馆专门开发了面向这一应用的馆藏目录以及电子资源查询界面,其中包括来自 20 个数据库的 32 000 个图像资源,借由这个应用,拥有 iPhone 的读者可以随时随地获取想要的信息。2009 年 4 月,天津泰达图书馆档案馆和泰达有线电视网络达成合作意向,联手打造泰达互动电视图书馆,设置视频节目、图文信息、电视 OPAC 三大板块,力争实现视频点播、图书电视续借、图书电视查询、新书介绍、文化共享、档案服务、信息服务、馆内动态等多项功能。

三、信息技术提高图书馆工作效能

数字技术、网络技术和多媒体技术的发展使现代图书馆的管理和服务方式发生了重大变革,从而极大提高了图书馆的服务效率和能力。其中,信息技术对图书馆业务流程具有梳理固化、模块化的作用,在分析和开发文献信息的收集、加工、存储、管理、传递和利用业务流程的基础上，实现自动化管理，从而提高工作效能。具体来说，图书馆应用信息技术提高建设与服务自动化水平可划分为以下几个阶段。

第一阶段为图书馆自动化发展阶段。这一阶段图书馆计算机管理集成系统开始投入使用，实现了图书馆各项传统业务如采购、编目、流通典藏、连续出版物的计算机自动化管理，读者不再需要借助于图书目录卡片检索书刊，而是可以通过检索机迅速查到所需书刊资料的存放地点和借阅情况，同时也大大提高了工作人员的工作效率，节省了图书馆的空间，使图书馆管理更加科学化，进而提高了对读者的服务质量。

第二阶段为图书馆自动化集成系统向网上电子文献信息服务方向发展阶段。现代信息技术和网络电子出版物的发展，改变了图书馆的馆藏结构，图书馆正由以传统物理载体馆藏为主向以物理馆藏、电子馆藏、虚拟馆藏相结合的方向发展。同时，计算机技术和网络技术从根本上推动了图书馆的数字化发展进程，计算机已经成为图书馆的必要设备。图书馆建立了各自的自动化集成系统，构建内部网络环境，呈现出网络化、信息化、智能化和社会化的特征。如读者可以直接从计算机终端检索图书馆馆藏资源信息，既节约了检索时间，又利用系统提供的强大检索功能提高了检索效率。通过网上电子文献信息服务，图书馆一方面可以开展网上预约、催还书、推荐新书等业务，解决紧俏文献的供需矛盾和逾期罚款问题，使流通工作更具人性化；另一方面也可以通过建立图书馆信息网络，合理配置文献资源，进行网上协作采访、集中编目以及馆际互借等，管理所需要的统计工作也变得非常方便快捷。与传统的手工操作相比，信息技术的应用极大推进并完善了图书馆的管理工作。

当前，我们正面临着图书馆现代信息技术发展的高级阶段——高度交互条件下的数字服务阶段。随着 IPV6、无线社会、web2.0 等概念的提出，图书馆面临着文献信息数字化、系统平台开放化、资源共享网络化、读者服务多样化、使用方便高效等全新要求，如何利用当前信息技术进一步改造服务，提升服务效率，在与众多信息媒体的竞争中吸引读者成为当今图书馆人面临的全新思考。

四、图书馆信息技术再认识

信息技术具有发展速度快、更新周期短的特点，其应用成本与技术的成熟度和普及度成反比。图书馆信息技术的选择和应用，需要全面考虑信息技术的适用性、成熟度和成本等问题，确定技术应用可接受的效用范围。一般来讲，图书馆应选择比较成型的实用技术来充实和提升图书馆的服务能力。例如，在大规模引入 RFID 技术前，应对应用成本进行科学估算；在应用 24 小时图书自助借阅系统时，应从自身需要及环境条件考虑，采用有独立空间的 24 小时图书馆抑或图书馆 ATM 等。

图书馆在谨防"技术过剩"的同时，也应为技术完善和升级预留一定的发展空间。文化与科技的融合需要图书馆对科技有更多的热情、更多的了解、更多的跟踪与研究，也需要更多的胆识和智慧。作为现代图书馆工作人员，应该热情拥抱新技术，大胆引进新技术；同时也应全面认识和客观了解新的信息技术。对使用者来说，没有最好的技术，只有最适用的技术。对科技的选择原则以急需、适时、实用、经济为主，同时结合需要，适当开发新功能。

第三节 公共图书馆信息技术应用概述

一、设施相关技术

(一)机房建设

机房是图书馆进行自动化管理、提供数字化、网络化服务的核心设备运行空间。主要设备包括核心交换设备、主服务器或服务器群、存储设备、不间断电源设备等。其设计应遵循规范化(标准化)、可扩充、科学性的要求。机房建设包括：机房装修、电气系统、空调系统、消防系统、监控系统、门禁系统等。

(二)综合布线

综合布线是一种模块化的、灵活性很高的建筑物内或建筑群之间的信息传输通道。通过它可使话音设备、数据设备、交换设备及各种控制设备与信息管理系统连接起来，同时也使这些设备与外部通信网络相连。综合布线系统主要包括工作区子系统、水平干线子系统、垂直干线子系统、设备间子系统、配线架子系统(管理子系统)、建筑群子系统。综合布线的设计应遵循适用性、先进性、开放性、可扩充性、安全可靠、标准化等原则，在实施中应注意信息点的数量与地点科学分布、传输介质选择等问题。

(三)安防与监控

安防与监控由图书防盗系统、闭路电视(CCTV)监控系统两部分组成。图书防盗系统由检测门、检测仪主机、充消敏仪、回检仪、磁条组成(应用 RFID 系统后，防盗系统需加以改造)；闭路电视系统由前端(摄像机、镜头、云台、解码器、防尘罩等)、传输(馈线、视频电缆补偿器、视频放大器等)、终端(监视器、各种控制设备和记录设备等)组成。

二、服务相关技术

(一)自助图书馆

自助图书馆是读者可以借助简单提示，利用现代技术和设备自主完成图书借还等操作的智能化图书馆。自助图书馆主要有两种形态：一是场馆形态，技术核心是将门禁系统、防盗监控系统、自助借还系统与图书馆业务系统有效整合，完成读者识别进入，进行自助借还图书和实时监控；二是终端设备形态，将RFID技术、自动控制技术和计算机网络通信技术整合为一个终端设备，通过网络实现与业务系统数据的实时交互，完成自助借还等业务。

(二)会议系统

会议系统是一个将计算机技术、通信技术、多媒体技术、控制技术、声学音响技术等应用到会议中，从而实现会议的数字化、网络化、智能化、模块化及多功能化的专业型综合会议管理系统。包括扩声音响系统、视频显示系统、会议发言表决系统、同声传译系统、远程视频会议系统、中央控制系统等。

(三)信息共享空间

信息共享空间(Information Commons，简称IC)是一种依托信息技术整合资源、共享资源的信息服务模式，集信息、技术、人文(服务)、环境为一体的开放学习空间，宗旨是一站式信息服务。IC由物理空间和虚拟空间构成。主要包括：参考咨询和学生工作站、协作学习室、电子教室、多媒体工作站、商议站、协作实验室、延长的服务时间、休闲区等。

三、管理相关技术

(一)条形码

条形码(Barcode)是将宽度不等的多个黑条和空白,按照一定的编码规则排列,用以表达一组信息的图形标识符。条形码可用作馆藏图书和读者证的代码标识,实现唯一性的要求。条形码的使用需要专门的条码阅读器。条形码的未来发展趋势如二维码、多维码。

(二)无线射频识别

无线射频识别(Radio Frequency IDentification,简称 RFID)技术,又称电子标签、射频识别,是一种非接触式的自动识别技术,它通过射频信号识别特定目标并读写相关数据。RFID 系统由电子标签、读写器、天线组成。RFID 的特点:体积小、扫描速度快、信息收发穿透性强、信息存储容量大、安全性高、使用寿命长。

(三)数字版权管理

数字版权管理(Digital Rights Management,简称 DRM)是指对数字化信息产品(如图书、音乐、图像、录像、多媒体文件等)在网络中交易、传输和利用所涉及的各方权利进行定义、描述、保护和监控的整体机制。用户、授权和内容是 DRM 系统的三个基本要素。DRM 关键技术包括:内容安全技术(数据加密、数字水印、内容封装、移动代理等)、权限描述技术(数字权限描述、授权和许可)、身份认证技术和密钥管理技术。

四、网络信息相关技术

(一)三网融合

三网是电信网、广播电视网和计算机互联网的简称。三网融合的关键技术：网络传输与接入技术（数字技术、宽带网络传输与接入技术、HFC双向网改造技术、移动多媒体广播电视技术CMMB）、视听新媒体技术（网络电视、IPTV、手机电视、网络电话VoIP）、移动通信技术（3G、4G）、计算机与下一代互联网技术（IPv6、物联网）。

（二）数字图书馆

数字图书馆（Digital Library）是数字对象的高质量在线馆藏，是基于网络化传输实现数字化信息的在线服务的图书馆。数字图书馆的技术体系为：网络基础设施、资源加工系统、异构资源库整合系统、数字资源管理与存储系统、资源调度系统、联合编目与馆际互借系统、用户查询和服务系统、安全认证系统、版权保护与电子商务系统。

（三）电子阅览室

电子阅览室是图书馆利用多媒体计算机、网络设备为读者提供网上信息查询、光盘数据库检索、阅读多媒体出版物的场所，集检索、阅览、教学为一体的网络环境下的多功能、现代化阅览场所，一般配备交换机、计算机、大容量存储设备和机房管理软件等。

（四）多媒体技术

多媒体技术（Multimedia Technology）是利用计算机对文本、图形、图像、声音、动画、视频等多种信息综合处理、建立逻辑关系和人机交互作用的技术。具有多样性、集成性、交互性、实时性等特点。主要技术有：大容量信息存储技术、数据压缩编码技术、多媒体同步技术、多媒体专用芯片、多媒体通信技术、超文本与超媒体技术等。

(五)视音频技术

视音频技术(Video and Audio Technology)是将视音频信息进行数字存储、传输和处理的技术总称。主要包括：数字化编码技术、数据压缩编码技术、纠错编码技术、调制技术、磁存储技术、光盘存储技术、网络传输技术等。数字视音频技术在不同的应用领域有不同的表现形式，如在消费类电子领域有数字音频光盘、数字视盘机、数字磁带录像机等；在广播电视领域有数字电视、HDTV高清电视、点播电视VOD等；在多媒体通信领域有会议电视、可视电话、流媒体等。

(六)OCR

OCR(Optical Character Recognition，光学字符识别)技术，是指电子设备(例如扫描仪或数码相机)检查纸上打印的字符，通过检测暗、亮的模式确定其形状，然后用字符识别方法将形状翻译成计算机文字的过程。即对文本资料进行扫描，然后对图像文件进行分析处理，获取文字及版面信息的过程。

(七)磁盘阵列

磁盘阵列(Disk Array)是针对慢速的硬盘I/O和快速的CPU运算及内存间的速度瓶颈问题的一项技术解决方案，其基本内容是：采用并行原理，将多个物理磁盘组合成逻辑盘阵列，通过并发读/写操作，提高数据传输速率；采用编码容错方案，提供数据的高可靠性。其特点是海量存储、高效存取、数据安全性高。

【思考题】

1. 结合你所在图书馆的实际情况，试述选用某种信息技术后图书馆发生的变化。

2. 你如何看待网络环境下的图书馆合作？

3. 请你按照自己认为的重要程度，依序排列出图书馆应用的五种信息技术，并简述理由。

第二章 图书馆业务管理系统

【目标与任务】

本章主要目的是让学习者了解图书馆业务发展对系统功能的要求，掌握图书馆业务管理系统中主要功能的操作方法，了解国内外重要业务管理系统的概况。第一节是本章的引子，主要介绍公共图书馆业务发展及其对业务管理系统的需求，介绍公共图书馆业务管理系统的类型和建立途径。第二节是本章的重点，介绍公共图书馆业务管理系统的总体结构，结合实例介绍图书馆业务管理系统的主要功能和操作方法。第三节根据目前国内外公共图书馆的发展，介绍图书馆集群管理的理念和内容。第四节给出一个业务管理系统的操作实例。

第一节 图书馆业务管理系统概述

一、公共图书馆信息技术相关业务发展

从图书馆自动化角度看，最近 20 年公共图书馆的业务经历了迅速发展的过程。包括资源建设、文献信息组织、用户服务和图书馆管理等在内的各项业务，都经历了从手工到计算机化，从单一计算机到计算机网络的发展。计算机与网络系统全面进入公共图书馆业务，并成为支撑其业务的基础设施之一。计算机与网络的应用对公共图书馆提升业务能力起到了重要的作用。

(一)20 世纪 90 年代

总地来说，20 世纪 90 年代是公共图书馆传统业务逐步从手工向计算机自动化处理过渡的 10 年，自动化软硬件条件都得到显著提高。硬件方面，到 1996 年，我国的省级公共图书馆几乎都配备了计算机，经济发达地区的地市级图书馆也基本在 20 世纪 90 年代初就配备了计算机。软件方面，20 世纪 80 年代的一批自动化科研项目的优秀成果逐步得到推广应用。1991 年，作为国家重点科技项目，由深圳图书馆牵头，联合多方力量研制的 ILAS 集成系统通过文化部鉴定，并在文化部支持下在全国特别是公共图书馆界得到较大范围的推广。与此同时，一些图书馆也注重培养自己的技术力量，成立专门的机构，自行或合作研制图书馆自动化系统，如广东省立中山图书馆；不少企业在看到巨大的市场空间后也投入开发图书馆集成系统，如大连博菲特信息技术开发中心、北京息洋电子信息研究所等。20 世纪 90 年代末期，少数大型公共图书馆还引进了国外先进的自动化管理软件，如上海图书馆引进了 Horizon 系统，浙江省图书馆引进了 Innopac 系统。具体业务开展上：在资源建设方面，除了文献的采购，书目数据回溯建库是这一阶段的工作重点，1996 年，由北京图书馆牵头、上海图书馆、广东省中山图书馆和深圳图书馆参加的"新中国成立后中文图书书目回溯建库"项目完成，书目卡片逐步退出图书馆业务；信息组织方面，计算机编目不断走向规范化、标准化，除了《中国图书馆图书分类法》的修订和《中国分类主题词表》的编制，1995 年《中国机读目录格式》经北京图书馆修改后由文化部定为行业标准发布执行；用户服务方面，普遍实现了读者办证、图书借阅和书目检索的自动化。

此外，随着计算机网络的发展，公共图书馆自动化业务联合化趋势初现端倪。1994 年广东省中山图书馆研制的图书馆自动化及自动化网络系统 ZSLAIS 通过文化部科技鉴定，首先在珠江三角洲的市、县级图书馆推广，利用网络技术建立了国内第一个地区性的公共图书馆自动化网络，实现远程联机编目和检索；1997年10月，全国联合编目中心成立，同时广东省立中山图书馆加入并成为第一个分中心；另外，包括 Ilas 在内的各大图书馆自动化管理系统纷纷升级推出网络版，为公共图书馆自动化业务的联网奠定了平台基础。

(二)21 世纪以来

21 世纪最初 10 年，是图书馆服务理念、运营模式、资源技术环境发生巨大转变并不断创新发展的 10 年。这一阶段国民经济持续快速发展，政策、资金等文化发展环境不断改善，不少公共图书馆还经历了馆舍新建或改建，为图书馆业务全面自动化、网络化发展奠定了坚实的设施基础。在读者第一、共建共享理念的指导下，依托各类自动化网络管理系统，图书馆业务自动化最突出的发展是从单馆走向集群化、网络化，出现了众多不同模式的地区图书馆网络集群，如上海城市中心图书馆、深圳图书馆之城、东莞地区图书馆网络集群，等等，图书馆业务集群化、网络化发展的目标从以前的以书目数据共享为重点转向以实现普遍均等的图书馆服务为重点。在具体的业务开展上，资源采访方面，更注重区域整体文献保障程度，开展集中采购、联合采购，实现人均藏书指标和合理的区域文献布局。文献信息组织方面，主要图书馆发挥业务优势，进行区域内、系统内的集中编目，行业联合编目范围不断扩大，2001 年上海市文献联合编目中心成立，而国家图书馆全国联合编目中心经过近 10 年的发展，已有 14 家分中心，成员馆发展到 600 多家，书目数据的使用单位超过 1 000 家，此外，编目业务外包也成为编目工作发展的新趋势。用户服务方面，书目检索从单馆目录扩充为联合目录查询，单馆借阅拓展至馆际通借通还；与此同时随着网络、通信、智能识别等技术的发展和应用，图书馆馆内自动化服务向网络数字化、多终端、自助方向发展，全国地级市以上公共图书馆几乎全部建设了网站，除了 OPAC 书目查询、还提供包括个人文献借阅信息查询、图书续借、预约等服务在内的网上个人图书馆服务，不少城市图书馆还推出了手机图书馆、语音图书馆服务，通过技术手段不断拓展图书馆服务的传播渠道；除了自助借还机，还出现了 24 小时自助图书馆、图书馆 ATM、智能图书馆等自助服务形态，实现读者办证、文献借还的自助服务。在图书馆管理方面，这一阶段是图书馆办公自动化的形成、发展期，打印机、复印机、速印机、扫描仪、传真机等设备被广泛应用到图书馆，人事、财务、档案、公文收发等也都实现了系统自动化管理。

二、公共图书馆业务对业务管理系统的功能要求

公共图书馆的各项业务都需要计算机的支持。不同的业务对计算机系统提出了不同的功能要求。

(一) 文献资源采访业务

文献资源采访工作是根据图书馆的办馆方针、目的任务、藏书特色、读者人数和需要，在经费允许的前提下，遵循一定的原则，通过多渠道、多途径，采取多种办法，有目的、有计划，经常不断地收集订购有价值的各类资源的活动。文献资源采访的方式很多，有订购、自采、赠送、复制、交换等，其中以订购方式为主，是计算机系统重点设计的环节。文献资源采访业务的自动化要求系统具备两方面的功能：一是图书馆本身采访业务处理的自动化管理，包括采访参考自动化（馆藏书目查重、馆藏文献结构分析、藏书经费构成分析等）、订单管理自动化（订单的生成、修改、打印等）、经费管理自动化（经费支出比例分析、账单打印

等）；二是图书馆与出版发行机构之间信息传递和处理的自动化管理，包括预定书目信息批量导入转换自动化和订单发送网络化、自动化。

(二)文献信息组织业务

图书馆文献信息组织业务的重点是编目。编目工作是对文献资源进行标引、编制目录、建立馆藏目录体系的过程，是采访、流通、检索等一系列工作的基础，也是最早使用计算机系统的业务。按照书目数据来源，计算机编目主要包括原始编目和数据套录两种方式。两种方式均要求自动化系统至少符合三方面的要求：一是书目数据的标准化、规范化，支持一种或多种的 MARC 格式，能够对各种类型文献进行标引、著录，建立维护各类规范档；二是书目数据处理自动化，可以进行书目查重，避免重复编目，可以自动转换外部书目记录等；三是文献加工自动化，能够自动分配馆藏、打印书标等。数据套录还要求自动化系统支持 z39.50 协议，能够访问远程的 z39.50 服务器，查询系统书目信息，进行数据下载、套录转换。

(三)用户服务业务

公共图书馆用户服务主要包括馆藏查询、文献借还、电子阅览、参考咨询等。

馆藏查询要求系统提供多个检索点以方便用户从文献的不同特征进行单项和组配检索，获取所需文献的馆藏地点及标识等信息。

文献借还是依据一定规则对特定图书馆的特定读者借出或还回特定文献的过程。按照文献流通范围，公共图书馆的文献借阅主要是单馆借还和馆际通借通还两种形式。馆际通借通还相对于单馆借还实际上是将体系内所有图书馆的文献和读者当作一个整体去管理，不局限于单馆而是在一个更大的范围制定借阅规则，因此不论何种形式均要求系统能自动识别读者和文献的自身特征及归属信息，并依据借阅规则判定借阅条件的有效性，进行借阅处理，建立和修改借阅记录。

电子阅览、参考咨询服务一般独立于图书馆自动化集成系统，电子阅览要求系统对用户进行身份识别、计算机位管理、阅览权限管理等；参考咨询需要系统对各类知识进行科学管理并具有迅速查询功能。

(四)图书馆办公事务管理业务

图书馆办公事务管理包括人力资源管理、财务管理、资产管理等，它们的特殊要求不多，常用的人事系统、财务系统、档案系统等可以满足图书馆的需求。

三、公共图书馆业务管理系统的类型及建立途径

(一)图书馆业务管理系统的类型

随着现代信息技术的发展，图书馆业务管理系统也在不断地升级和发展。在我国图书馆自动化的发展过程中，根据所选用的计算机系统类型，可将图书馆业务管理系统划分为单用户型、微机多用户型、微机局域网型、小型机型、大型机集中式型①、集群型等。

单用户型系统的各台主机独立，每台仅为单个系统用户服务。主要用于某些小型且缺乏计算机设备购买经费的图书馆，暂时可在采编或流通部门使用。但随着图书馆经费的增加和自动化水平的提高，这种系统的应用已日趋减少。

微机多用户型系统包括一台主机和若干终端，数据集中存放

---

① 傅守灿，陈文广．图书馆自动化基础教程．[M]．北京：北京大学出版社，1996：17-22．

在主机中，主机和多个终端连接，主机以分时方式为多个终端用户服务，如最初深圳图书馆采用的ILAS属于这种类型。

微机局域网型系统是以一台或几台主机作为服务器，用其他计算机做工作站，用同轴电缆或用双绞线连接，工作站在处理事务时通过服务器取出数据，传送到工作站的CPU进行处理并把处理结果送到服务器供其他工作站用户共享。采用局域网模式的例子是深圳大学的"深圳大学图书馆计算机集成系统（SULC-MIS）"，北京息洋电子信息研究所、北京大学图书馆、北京农业大学图书馆共同研制的分布式图书馆自动化管理系统（GLIS）等。

小型机型系统是指性能和价格介于PC服务器和大型主机之间的一种高性能64位计算机，小型机系统是基于小型机平台开发的业务管理系统。我国高校图书馆、研究图书馆、大中型公共图书馆大部分是采用小型机系统。如广东省立中山图书馆在IBM AS/400中小型计算机上开发的广东省立中山图书馆自动化集成系统，北京大学图书馆在VAX Ⅱ/750机上（内存8MB、硬盘512MB，中英文终端12台）开发的集成系统PULAIS都是小型机系统的例子。

大型机集中型系统的一个典型例子是北京图书馆的"中文图书采编检综合管理系统"。系统以两台日本NEC公司的Acos—630/10大型计算机并行操作，每台为24MB内存，共有24GB硬盘，配置256台中、西、日、俄文终端，并支持32 000个汉字。它是由北京图书馆自动化部采用COBOL语言自行开发的软件。

集群系统依托现代信息技术，对同一地区或者同一系统中，一个图书馆总馆及下设的多个图书馆分馆间，实现信息资源共享，统一管理。集群管理系统一般采用基于Web和Internet的B/S模式，实现在线管理。广州图创计算机软件开发有限公司的Interlib是集群管理系统的代表。集群管理是现代图书馆的发展趋势之一。

(二)图书馆业务管理系统的建立途径

要建立一个图书馆业务管理系统,需要考虑的问题不仅有系统内部的制约因素,而且还应包括系统所处的环境所给定的条件以及新系统与原有系统的关系。就目前的情况来看,建设一个图书馆业务管理系统的基本途径主要有以下 4 种选择。

1. 自行购置

自行购置是指图书馆独立购置商业型图书馆业务管理系统软件。这种方式要求图书馆提出图书馆业务管理系统的功能和性能要求,通过招标方式,对各商家生产的各类型系统进行比较、选择和购买。由于特定图书馆往往有一些特殊的要求,有些商品化软件公司已经重视这个问题,允许用户在使用中自行建立及修改一些具体参数。有些公司结合特定图书馆的具体情况和要求,可为该图书馆定制某些功能。

2. 自行开发

这种方法是指所有的应用软件均由图书馆自己负责进行专门的设计、编程、调试、操作以及维护。这种方法可以使新系统准确地解决该图书馆的各项需求。在系统内部可以比较方便地进行子系统之间的调整,利于控制。随着本馆业务的不断发展,也可以比较容易地对系统进行相应的优化与改进。但是,采用这一方法,一方面,要求开发人员的业务素质很高;另一方面,需要馆内有充足的经费。

3. 合作开发

合作开发是图书馆业务管理系统开发的重要途径。综合国内外的一些情况来看,所谓合作有两种含义,一是指由图书馆与计算机系统制造商的合作;二是指图书馆与其附近或所属机构的计算机中心共同合作。

前者是指计算机软件生产厂家不但提供软件，而且为图书馆准备好一切运行条件，包括安装、启动和调试等过程。另外，也负责对软件运行过程中的改进、维护、扩充等工作。这类系统多是基于小型机或微型机，实现的系统既包括流通、编目系统，也包括采访、连续出版物等这些相对简单的系统。

后者是指利用本单位或地区性计算机中心开发系统，这种方法的目的是期望发挥自己或所属机构的积极力量，壮大其系统开发队伍。在取得有关机构人员的支持下，这一途径是花费最低的，也有利于开发一个最大程度满足现有系统环境的软件。

4. 加入图书馆网络

参加一个范围广阔、影响深刻的图书馆网，无疑会大大促进本馆图书馆自动化的建设。这种方法往往是在网络中心设置主机及主要存储设备，各个参加者可以保留自己的终端设备及自己的应用软件，需要时也可自行开发应用软件。在各种开发途径中，这可以看作投资最少，见效最快的一种，而且也不需要馆员经过专门的训练。一方面，从花费上看，一般来说入网费用并不昂贵，但随着系统的不断运行，其累积费用越来越高，使得其在开发初期所具备的"低费用"的特点会相对减弱；但另一方面，由于在网络内部有不少工作（如编目工作）由中心统一完成，又可省去本馆的不少工作量，从而减轻在本馆身上的支出。尤其值得指出的是，由于这种集中处理方式，使得数据存储进一步规范化，为更广泛的数据共享提供了保证。

第二节 图书馆业务管理系统的结构和功能

图书馆业务管理系统，也称图书馆自动化系统（Integrated Library System，ILS），是指以电子计算机为手段实现图书馆的采购、编目、检索、流通、连续出版物管理等多种功能的软件系统。它将图书馆的采购、编目、流通、连续出版物管理和目录查询等子系统连为一体，以书目数据库为核心，各子系统共享一个中央数据库，经过 20 余年的发展，其内容和功能在反复使用的过程中已经形成了一个比较成熟的模式。

一、图书馆业务管理系统的结构

（一）物理结构

图书馆业务管理系统的物理结构包括计算机硬件系统、软件系统、数据库和相应的人员。

硬件系统包括计算机主机、外部设备、通信设备和其他设备等。由于图书馆工作的特殊性，硬件系统要求具有很强的逻辑运算功能，较高的运算速度，大容量的内外存储器，完善的多种形式的输入输出设备，良好的数据通信能力等。

软件系统包括系统软件和应用软件。系统软件要和硬件系统配套，以适应图书馆工作的需要，例如要有很强的数据处理能力，包括多种文字的处理能力等。应用软件主要是处理图书馆各方面工作的各种程序以及其他有关程序和相应的文本等。

数据库用以存储和组织图书馆工作需要的各种数据，如采购数据、编目数据、流通数据、连续出版物数据以及各种管理、统计数据等。它们是建立图书馆自动化系统的处理对象和基础。

人员包括系统人员、软件人员、硬件人员和操作人员等，一般都应掌握有关计算机的理论知识和技能，并熟悉有关的图书馆业务工作。

（二）逻辑结构

图书馆业务管理系统的逻辑结构，实际上是指图书馆业务管理系统软件的功能结构，目前市场占有量比较大的商品化软件的内容和功能基本类似，主要包含以下组成部分：

①采访子系统；

②编目子系统；

③典藏流通子系统；

④期刊管理子系统（包括对各种连续出版物的管理）；

⑤公共检索子系统；

⑥办公管理子系统；

⑦其他业务管理子系统如联合编目/馆际互借子系统、统计子系统等。

以下对上述主要子系统进行详细介绍和操作演示。

二、采访子系统

采访是图书馆各项业务工作的第一环节，是馆藏建设和资源布局的首要内容。建立采访子系统的目的是图书从开始订购到编制出新书报道皆由计算机完成，在进行新书订购前可通过查询书目数据库、采购数据库进行查重，新书到馆后可进行电脑验收登记、打印清单，采访子系统还应提供各种管理维护功能，如经费管理、采购分类管理、书商信息管理等，其工作流程图如图2-1所示。具体包括以下几点。

(一)预订文档建立

采访子系统能够利用在版机读目录数据收集和存储各种出版和发行的书目信息，使图书采访人员能够在书目信息流中选择图书出版物，为订购决策提供数据，从而提高采访质量。其作用一是可供图书馆从中挑选合适的图书出版物；二是可作为采访图书馆的目标源供采访需要时使用。

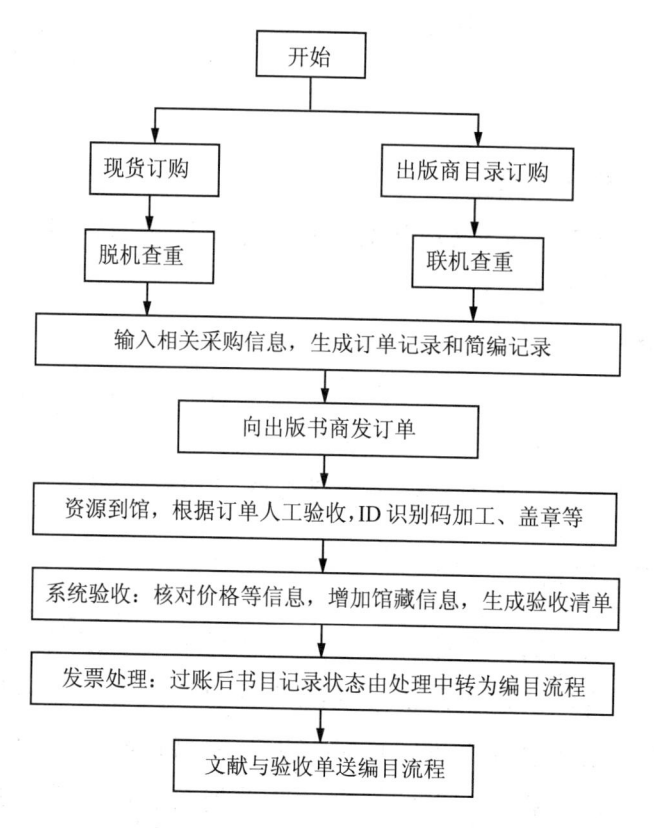

```
                    ┌──────┐
                    │ 开始 │
                    └──┬───┘
              ┌────────┴────────┐
          ┌───┴────┐       ┌────┴──────┐
          │现货订购│       │出版商目录订购│
          └───┬────┘       └────┬──────┘
          ┌───┴────┐        ┌───┴────┐
          │脱机查重│        │联机查重│
          └───┬────┘        └───┬────┘
              └────────┬────────┘
          ┌────────────┴────────────┐
          │输入相关采购信息，生成订单记录和简编记录│
          └────────────┬────────────┘
                ┌──────┴──────┐
                │向出版书商发订单│
                └──────┬──────┘
     ┌─────────────────┴─────────────────┐
     │资源到馆，根据订单人工验收，ID 识别码加工、盖章等│
     └─────────────────┬─────────────────┘
     ┌─────────────────┴─────────────────┐
     │系统验收：核对价格等信息，增加馆藏信息，生成验收清单│
     └─────────────────┬─────────────────┘
     ┌─────────────────┴─────────────────┐
     │发票处理：过账后书目记录状态由处理中转为编目流程│
     └─────────────────┬─────────────────┘
          ┌────────────┴────────────┐
          │文献与验收单送编目流程    │
          └─────────────────────────┘
```

图 2-1 采访子系统一般工作流程

(二)订购查重

采访系统的查重是对已有的书目的查核，可直接使用编目系统目录数据查询，或者通过使用过去采访文档查询，以检查书目中的图书是否订购过。查重处理主要从题名、责任者、ISBN 号、出版发行机构等方面进行。

(三)订单处理

订单是进行订购工作的重要依据，订单内数据要求准确，计算机能够存储、修改、检索和打印每一份订单。订单处理包括订单编制、订单修改和订单分类三个功能。

(四)经费、账目管理

该模块提供以下的财务处理。

1. 对资金进行计算与控制

如对采访经费支出结余进行计算;对每种书的经费支出计算;对购书费用比例的计算(包括月、季、年的费用比例和大类图书的费用比例)。

2. 对各类账目进行处理

如预付款处理、图书补退款处理、对各关系单位的账目进行结算;输出必要的各类票据,如打印经费报告、打印账单等。

(五)验收登记处理

订购的出版物到达后,系统主要完成以下处理程序。

1. 验收

为确认收到的出版物是已订购的,必须经过验收。主要根据征订目录号、ISBN、题名等不同途径检索订书单,将订书单信息与新书信息进行对比。

2. 登记

验收合格后,需进行登记以便编目人员提取,否则做退还、调换处理;对未到的可做催询或退订处理。

(六)查询

可以查询订购书刊的详细信息、与订购业务紧密相关的出版发行机构信息等,以便掌握书刊订购流程以及管理情况。

三、编目子系统

计算机编目是对书目数据或字段集合处理形成书目文献数据库的过程。编目子系统是图书采访、借阅、咨询等一系列自动化工作的基础，是图书馆自动化的核心部分，一般包括数据库建立、数据库管理、编目管理、倒排档建立、书目产品编辑几个模块，其一般工作流程如图 2-2 所示。编目子系统主要实现以下功能。

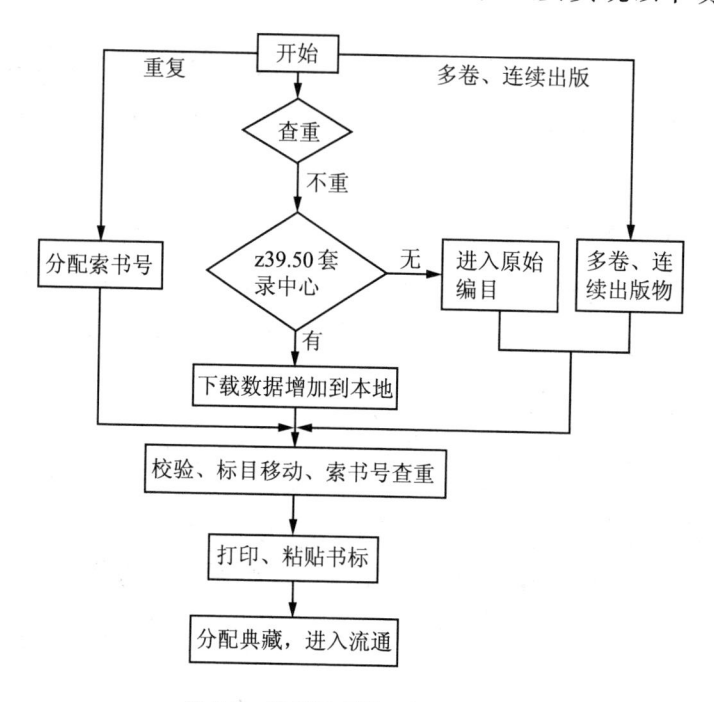

图 2-2 编目子系统一般工作流程

（一）编目

这是编目系统的中心工作。编目人员经过查询，进行新增、修改、删除具体书目记录。根据编目方法可分为 MARC 编目和采访订购单编目，利用 MARC 编目只需系统加载所购 MARC 数据并向联合编目库追加 MARC 数据即可，采访订购单编目是新书到馆后根据采访数据而进行的编目过程。

（二）查重

查重是为了避免编目重复劳动并保证编目数据的一致性。查重包括批处理查重和实时查重两种，实时查重在编目数据录入时自动显示，批处理查重则根据 ISBN 号、登录号、正题名等关键字段进行对编目主库的查重。

(三)打印

书目记录是图书馆重要的资源，可加工成为图书馆读者服务的产品，也可成为不同图书馆之间资源共享的依据。因此，图书馆编目系统要能够生产和管理各种相关书目产品，包括新书通报、书标、入库清单、书目卡片等。

(四)统计

提供编目统计功能，对书刊的数据量、业务量、馆藏动态、藏书结构进行分析，生产统计报表，为编目工作及馆藏建设提供依据。

四、典藏流通子系统

典藏流通工作是图书馆日常业务工作的重要环节和主要服务方式，业务流通典藏系统可借助计算机对流通工作中的各种流通信息进行监控，随时掌握每本书的所在位置，了解每位读者的借阅情况，掌握每类书的流通情况，从而对图书馆的藏书工作和读者服务工作进行调整和完善，提高图书的流通效率。流通典藏子系统一般由典藏管理、读者管理、藏书管理、流通管理等几部分构成。

(一)典藏功能

提供对所有馆藏进行动态的管理，包括新书的入藏分配、剔旧、调拨及正常的报废管理等，可定期清点统计在架、丢失、破损情况，产生清单。在公共图书馆总分馆系统中，读者可以在不同图书馆之间自由借、还图书，图书馆可以通过改变典藏地点的方式满足读者就近借、还书的需要，并减轻图书物流的压力。

(二)借、还书功能

借、还书功能包括读者借书、还书、续借、预约、催还等业务办理，对读者滞纳金、赔偿金进行管理。

1. 借书

管理人员根据读者证号用计算机系统检查读者的借阅记录，判断是否可借、过期未还以及超期罚款等事项并显示结果，为读者和馆员做出是否借阅的决定提供参考。对于可以借阅的读者，系统根据图书标识信息完成借书，并将书号等信息记入读者记录中存入文档。一般通用借书流程如图 2-3 所示。

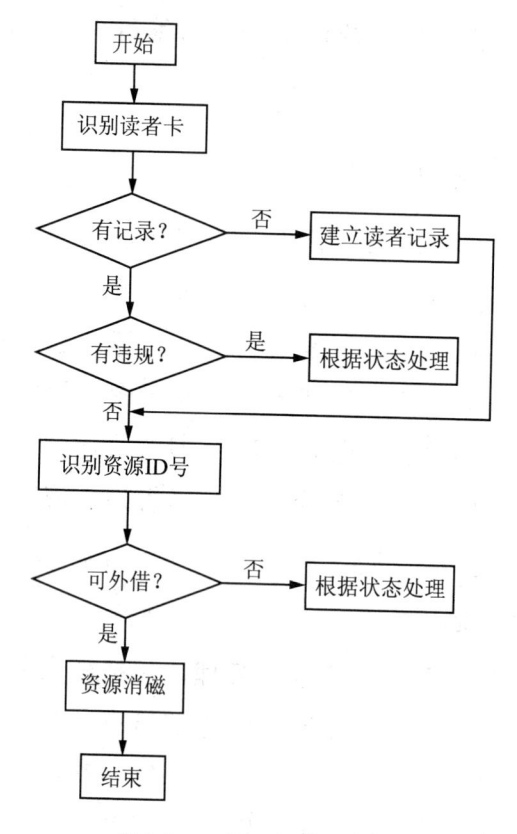

图 2-3 一般通用借书流程

2. 还书

系统根据图书书号信息完成归还，并在读者借阅记录中删除该书记录。一般通用还书流程如图 2-4 所示。

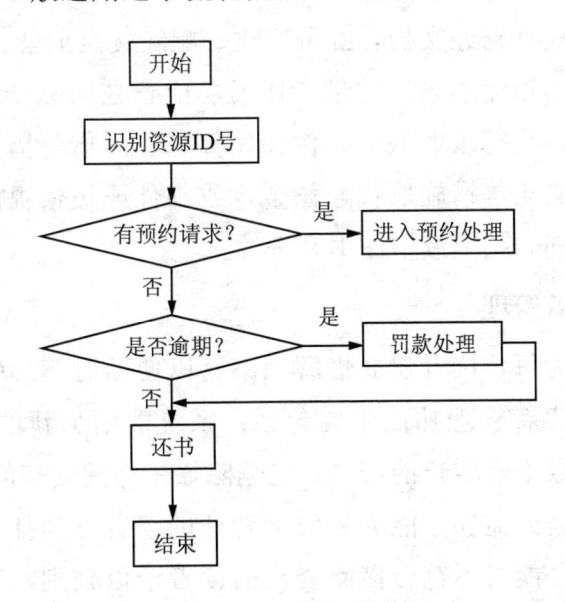

图 2-4 一般通用还书流程

3. 续借

系统对读者续借条件是否符合借阅制度进行判别，符合条件的为超出借阅时限的图书办理再次借阅，并将所借图书书号等信息记入读者记录。

4. 预约

系统通过读者证号建立读者预约借书记录，可判断读者证的有效性、图书的预约人次等情况，预约书到馆后，系统可打印预约通知单，由图书馆通知预约者。

5. 催还

系统可生成图书催还通知单，并根据催还受理情况更改读者的借阅权限。

6. 财经处理

系统根据图书损毁、超期归还等的具体情况计算滞纳金、赔偿金金额，建立财经文档，并可修改、删除文档记录。

当前图书馆流通系统的借、还书功能正在向复杂化发展，以体现满足人性化需求的服务。例如用停借、缓借等措施取代滞纳金制度，用义工等措施取代赔偿金，或邮件或短信提醒读者外借图书即将到期，网上续借图书，等等。

(三) 读者管理

系统能为每位读者建立借阅档案，以便随时掌握每个读者的借阅情况。读者管理功能主要包括：系统能增加新的读者记录，满足读者人数不断增长的需要；能删除撤销借阅资格的读者记录，满足读者更新的需要；能为丢失读者证的读者办理挂失，以保护读者的权益；能对不符合借阅资格的读者予以判别，审查读者的合法性，以保护馆藏不受损失；能随时对不同类型的读者进行查询统计。

(四) 借阅查询统计

借阅查询是掌握图书在时间和空间位置的主要方法，主要是文献借阅和读者借阅两方面的查询统计。系统可查询某本书当前借阅状态、借阅历史及某个读者当前的借阅状态和借阅历史，同时提供各种统计功能，如文献分类统计、图书借阅排行统计、读者借阅排行统计、一定时间内文献借还册次、人数的统计等。

五、期刊管理子系统

连续出版物包括期刊和报纸。目前商业性图书馆自动化系统通常都简称为期刊管理子系统。国内外有些图书馆自动化系统不设期刊管理子系统，但因期刊和报纸是图书馆馆藏中的重要组成部分，具有统一规范的出版形式、固定的名称和出版机构、连续性较强等不同于一般图书的特点，其处理过程具有相对独立的工序和方法，所以也有不少图书馆业务管理系统设有期刊管理子系统，方便对于期刊或其他连续出版物的管理。期刊管理子系统主要实现以下功能。

(一)期刊采访

期刊采访包括预订、现购、邮购、代购等方法，通过邮局统一订购是最主要的方法。期刊采访功能主要实现期刊的预订、订购、验收和账表的处理。

1. 预订处理

期刊采访周期性强，一般是一年，订购的数量和种类比较稳定，原有的订购数据重复使用率高。被预订的期刊，须在原采访主文档中核查订购数据，以免重复订购，对于新订刊物，可从刊名、ISSN 号或其他号码途径检查有无相应记录；对于续订刊物，须检查订购份数和续订时间是否准确；对于补订刊物，应检查有无缺期、缺卷或已入藏等情况。期刊订购具有连续性强的特点，除首次运行系统及每年少数新刊发行时须新订外，一般可通过续订、停订完成主要工作。

2. 订购处理

订购处理在预订处理基础上进行，输入期刊名称、出版机构、价格、时间等数据，由计算机打印订购单、订购卡、订购付款说明单等，并在处理过程中建立起采访文档。

3. 验收处理

验收是控制期刊能按时、按期、按原计划完成采访工作。期刊到馆后，根据采访文档数据，核对出版物种类、卷、期、价格等事项，不一致时，及时处理错发、漏发等情况，并打印催询单；一致时，打印经验收后的目录数据，进行现刊记到，形成到馆文档。增刊、特刊、补编、累积索引等也要经过验收，系统中如没有相应数据，可做补订处理。

4. 账表处理

对所订刊物的数量、卷、期、付款情况进行处理，核算经费，打印账目报表。

(二)期刊编目

期刊在编目处理中以整套连续出版物为著录对象，采取综合著录的方法。其著录项目一般有刊名、分类号、编辑者、刊期、馆藏号、缺刊项以及有关的变更情况等数据。期刊编目包括新订刊物编目和原订刊物编目两部分。新订刊物编目须制作输入工作单，确定输入数据项，包括刊名、出版机构等所有书目信息，或转录相应书目数据；续订刊物编目一般在原有书目数据基础上增加新到卷、期的著录事项。此外期刊编目还可根据书目文档的数据项，编制刊名目录、分类目录、ISSN号索引等多种目录，根据用户需求编辑输出馆藏目录、联合目录、专题目录、缩微目录等多种形式的书目，开展书目服务。

(三)期刊检索

一般可通过刊名、关键词、分类号、期刊流水号、期刊国外代号、国内代号、出版机构、期刊登记号等检索点对期刊进行单项或组配查询。

(四)期刊流通管理

期刊流通包括现刊流通和过刊流通两种方式。期刊流通管理功能具体包括：处理各类读者借阅期刊的登记手续；处理各类读者归还期刊的手续；处理续借；提供各类读者期刊借阅历史和当前情况；中文期刊、外文期刊流通情况统计；各专业期刊流通情况统计。

（五）期刊馆藏管理

期刊出版时效性很强，利用率高，具有整体性和连续性，为保证期刊的正常服务，在一定时间内需要对其进行清点、装订、剔旧、剔破损、剔复本以及整理目录、调整排架和统计等工作，为期刊的进一步管理提供参考数据。期刊馆藏管理功能主要包括以下几点。

1. 期刊装订

期刊装订为按一定逻辑顺序合订成册的期刊建立装订文档，输出装订通知单，并进行财产登记、典藏。

2. 期刊清查

期刊清查是对漏订刊物、过期未订刊物进行补订、补购；对遗失或超期借阅期刊进行处理；对破损流通率不高的期刊进行剔除、剔复、剔存；对停刊、停订的期刊进行处理，删除相应记录。

3. 期刊统计

期刊统计是对馆藏期刊的类型、数量、流通情况、清查情况、剔除情况等定期进行统计，打印各种报表，为期刊订购调整提供参考。

六、公共检索子系统

在没有网络的时代，图书馆已经在馆内提供计算机终端，为读者提供公共检索服务。进入网络时代后，读者可通过网络远程访问的公共检索子系统是公共图书馆网站的主要组成部分，也是读者和馆员了解馆藏、查找文献的首要工具。公共检索子系统主要功能包括以下几点。

(一)馆藏数据查询和流通情况查询

用于查询所有馆藏书刊、CD、光盘的书目信息和馆藏、流通的情况。读者或馆员通过定义查询途径和查询内容，从文献类型、语种类型方面对查询结果做进一步限定，支持对书刊全文查询和URL链接。检索出的信息应有详细书目信息、馆藏位置以及在馆、已外借、可阅览等信息，对已外借情况显示应还时间，提供预约功能。

(二)数字资源、多媒体资源检索

系统提供与本馆及外来数据库的连接，用户可以直接访问这些数据库，或通过检索点检索连接到具体资源，通过在线浏览或下载利用这些资源。

(三)个性化查询

可对读者进行身份识别，提供读者个人资料、借阅情况查询、图书超期查询、新书发布、图书推介等。

七、办公管理子系统

办公管理子系统是进行现代图书馆管理的重要工具，目的是将图书馆办公室业务与行政工作实现计算机管理，使图书馆管理工作更加高效、有序。办公管理子系统有内容分散的特点，系统在功能设计上一般采取相关内容集中管理，非相关内容分散管理的原则，主要包括以下几点功能。

(一)公文管理

主要完成各种公文的流转和归档工作，实现日常公文的收、发、流转和登记入库等功能，包括发文管理、收文管理、信息公告等，支持电子文本格式公文和扫描图像格式公文，能提供方便的录入、检索、查询、打印等功能。

(二)人事信息管理

人事信息管理是对图书馆工作人员的各种人事信息进行综合管理，包括个人基本信息、继续教育信息、业务档案信息、计划生育信息、任职考核信息等，提供全馆职工基本信息的录入、修改、删除与查询，并根据具体要求输出各种报表。

(三)财务管理

对各项经费进行预算、分配和支付管理，并对各种经费的分配与使用情况进行统计与核算；具有经费数据的录入、查询、打印报表功能，可建立数据库式账目并进行相应操作。

(四)固定资产管理

即对固定资产的购买、使用与折旧情况进行管理，以全面了解重要物资设备的管理使用等，包括提供固定资产记录的录入、修改、删除与查询，输出固定资产购入与使用情况一览表，根据用户需要输出各种统计报表等。

(五)考勤管理

即对职工任职期间的任职档案进行综合管理，包括职工任职信息的录入、修改、删除与查询，职工考勤统计。

(六)档案信息管理

对业务档案信息进行录入、修改、删除与查询，按需统计输出各种业务档案信息报表。

第三节　图书馆集群管理

当前，建立在互联网基础上的图书馆业务管理系统，在构建区域图书馆群、向读者提供集群的联合服务体系，包括资源的联合采购、联合编目、通借通还等发挥的作用日益明显，成为网络环境下的公共图书馆服务体系的有力支撑。

一、图书馆集群概念及主要形态

图书馆集群是指一定区域内的众多具有分工合作关系的不同规模等级的图书馆（包括公共图书馆、学校图书馆、科研图书馆等）通过网络联系在一起，形成联系紧密、组织有序、功能清晰、管理规范的图书馆资源共享与服务的有机体系。现阶段图书馆的合作以图书馆联盟、总分馆制、联合图书馆、图书馆之城、流动图书馆等众多形态出现，偏重于管理组织的差异，都是结合区域图书馆群自身条件和特点，采取切实可操作的方式实现的集群形态。

（一）图书馆联盟

图书馆联盟是国际图书馆界通过数十年资源共享的实践探索出的一条实现资源共享相对实际、有效的组织形式。图书馆联盟（Library Consortia），是指为了实现资源共享、利益互惠的目的而组织起来的，以若干图书馆为主体，联合相关的信息资源系统，根据共同认可的协议和合同，按照统一的技术标准和工作程序，通过一定的信息传递结构，执行一项或多项合作功能的联合体。如CALIS，NSTL，上海高校虚拟图书馆网，等等。

（二）总分馆模式

总分馆模式是指城市图书馆纳入一个管理体制，统一管辖，统一经费来源，统一业务行政管理，统一技术支撑系统，统一服务平台和分布式的统一馆藏。在全部图书馆网络覆盖范围内，设立一个地区中心馆，即总馆，负责网络内所有图书馆的公共业务（如采编、读书推广等）和行政管理等，还负责该地区的较大规模的全面的图书馆服务。其他的图书馆作为分馆，根据分馆属性级别，分别负责不同范围、不同层次的本地图书馆服务。总馆—分馆管理模式是国际流行的城市图书馆管理模式，也是解决城市图书馆通借通还较好的管理模式。

(三)中心图书馆制模式

中心图书馆制模式，以上海中心图书馆的研究最具代表性。上海市中心图书馆建设模式是在不改变各参与图书馆的行政隶属、人事和财政关系的情况下，以上海图书馆为总馆，其他区县图书馆、高校图书馆或专业图书馆等为成员馆，以网络为基础，以知识导航为动力，以资源共建共享为宗旨，以提高知识服务水平为目的的一种新颖的图书馆联合体。由于现实体制上的障碍，该中心图书馆对来自于3个不同系统的分馆分别采取了不同的运行模式。其公共图书馆模式对公共图书馆系统的分馆的资源整合程度高，基本实现了借阅一卡通计划；其高校图书馆模式实质上仍属于图书馆联盟性质，总分馆之间只开展了诸如联合编目、联合知识导航和信息服务等协作；而专业图书馆模式是一种比较特殊的形式，通过重组总馆和分馆的专业文献资源建立专业领域的资源共享共建服务体系，资源整合比较彻底，其理事会也是一种独特的联合管理方式。

(四)联合图书馆制模式

联合图书馆制模式以佛山为主。佛山联合图书馆是在中心图书馆的基础上，根据本地区人口数量或地域范围等标准，在不同的区域分别建立布局合理、标志统一、格调统一、管理统一、资源高度共享的贴近市民的小型公共图书馆群，建成所有权全部归属政府的主分馆联合体。集中所有权是"联合图书馆"的核心，它打破了目前国内"一馆一地"的格局，开创城市图书馆"一馆多地"的新模式。

二、图书馆集群管理的内容

图书馆集群管理是以现代信息技术为依托，对图书馆集群进行组织、运行、维护、发展等管理，以提高集群整体的资源集聚效能和服务能力。图书馆集群管理包括 4 项重要内容：资源管理、技术管理、组织管理和创新管理，其中资源管理是基础，是集群管理的主要内容。从新的资源观来看，其他三种（技术、组织、创新）管理也是资源管理的组成部分，同时，又是重要的三种管理方式。

（一）资源管理

资源是指组织所拥有的有价值的资产，包括有形资源和无形资源。图书馆的资源包括文献信息、馆舍、设施、资金等有形资源和制度、技术、人力、服务品牌等无形资源。资源管理需要重新认识图书馆集群的资源种类，拓展资源范围，将一切与图书馆发展相关的因素如馆舍、设备、人员、技术、书刊、数字文献、网络条件、管理体制、政策规范等作为资源加以组织，运用整合的理念、方法、步骤、效果评测等手段使其发挥更大效用。

（二）技术管理

随着信息数字化和网络化发展，图书馆更多地采用先进的技术，加快信息的收集和传递速度，增加文献信息的容量，拓展信息辐射范围，以提高图书馆服务效能，因而对于技术的依赖越来越重。这既是一种趋势，也是图书馆发展的必然。图书馆集群是通过现代网络信息技术组织起来的，技术既是图书馆集群中重要的资源组成，也是图书馆集群的重要管理方式，其重要性甚至可以这样来表述：离开网络信息技术为支撑的合作，图书馆群就不是现代意义上的图书馆集群！技术管理是对设备、应用系统、网络、数据等进行管理，并开展技术培训、制定技术标准和规范，等等。

(三)组织管理

组织是有一定目的、结构，互相协作，并与外界相联系的人群集合体。不同的集群结构对应着不同的组织形态，其相互关系和管理方式也不同。组织管理的内容包括：树立集群合作理念，建立协调一致的合作目标，平衡集群内各种利益与要求，争取并保证集群整体运行资金，明确规范透明的工作程序，加强集群管理组织职权，发挥中心职能，扩大宣传并争取社会支持，等等。在当前环境下，体制问题是集群发展的症结问题，各种不同模式多在探索体制上的突破。集群发展过程中，是新旧管理体制的非均衡发展，因而在一定的发展时段内要适度，保持动态发展平衡，逐步扩展。要注意，图书馆集群的组织管理既要善于突破现有体制的束缚，又要善于借用现有体制的资源。

(四)创新管理

创新实践是图书馆发展的不竭源泉，也是图书馆集群实现价值最大化的重要手段。创新管理就是将新思想、新技术、新机制等新元素纳入到图书馆集群系统中来，以显著提高集群的功能和效能，包括理念创新、技术创新、管理创新、机制创新、服务创新、推广应用创新，等等。

三、基于业务管理系统的图书馆集群管理业务

图书馆集群在计算机网络环境下，通过使用统一的业务管理系统或使用遵守共同协议、规则的不同业务管理系统，可以进行文献采访、编目、流通、OPAC查询等业务的集中和联合管理，实现资源的共建共享，从而提高集群内图书馆业务建设与读者服务的标准化水平及效益。

(一)集中采编

集中采编是由图书馆集群内业务能力较强的图书馆(通常是总

馆或中心馆)为其他成员馆集中采购图书进行编目,将加工好的图书统一分配到各成员馆。或是对成员馆的书目数据集中进行加工,以保证书目数据质量。集中采编适用于使用统一业务系统的图书馆集群,它要求系统对集群内各成员馆及操作人员进行分级权限管理和设定,总馆或中心馆拥有对成员馆数据进行直接操作的权限。

(二)联合编目

联合编目是共享图书馆集群内书目数据的一种编目方式,它要求业务管理系统内嵌 z39.50 模块,可以访问集群内或互联网上任意的 z39.50 服务器,获取 MARC 数据,同时提供对指定 z39.50 服务器的 MARC 数据上载,并通过控制保持多馆集中工作情况下书目数据的标准性、唯一性,即相同文献资源共享一条书目数据。

(三)馆际借阅

馆际借阅包括馆际互借和馆际通借通还两种形式。馆际互借是指对于图书馆集群内本馆没有而他馆有的文献读者可以前往他馆借还,适用于没有使用统一业务系统、文献资产未实现统一管理的图书馆集群。馆际互借需要集群内制定统一的馆际读者识别规范和借阅制度,业务系统能够自动识别馆际读者,处理本馆文献借还。馆际通借通还指图书馆集群内任意成员馆的读者可以借还任意成员馆的文献,适用于使用统一的业务管理系统,读者和文献进行统一管理的图书馆集群。馆际通借通还要求集群内制定统一馆际读者和文献识别规范及馆际借阅制度,区分文献的所在馆、归属馆,业务系统可以自动识别读者和文献的类型、归属、馆藏信息,处理文献借还,进行馆藏书目数据的修改。

第四节 业务管理系统操作实例

图书馆业务管理系统是依据图书馆文献工作流程设计的，采访、编目、典藏、流通是业务管理系统最基础的功能模块，反映了文献从采买加工到进行流通的整个过程，各模块（子系统）数据信息紧密关联。为更好地理解系统功能，掌握系统操作，本节以图书《浮夸》为例，按照文献工作流程设定工作任务，选择某一业务管理系统逐步示范其从采访—编目—典藏—流通的系统操作步骤（不同业务管理系统基础模块功能操作类似，馆员可以对照学习）。

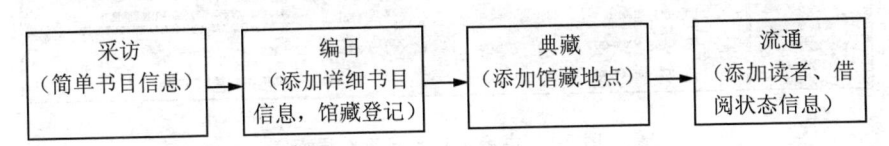

采访（简单书目信息）→ 编目（添加详细书目信息，馆藏登记）→ 典藏（添加馆藏地点）→ 流通（添加读者、借阅状态信息）

图 2-5 操作实例基本流程

任务 1：根据书商提供书单选订新书《浮夸》。

任务 2：图书《浮夸》到馆验收登记。

任务 3：图书《浮夸》z39.50 编目。

任务 4：将图书《浮夸》典藏到"总馆外借处"，上架流通。

任务 5：为读者"张三"办理新读者证。

任务 6：为读者"张三"办理图书《浮夸》的外借手续。

任务 7：读者"张三"还回图书《浮夸》。

任务 1：根据书商提供书单选订新书《浮夸》的系统操作（采访）[①]。

第一步：新建一个书商征订目录批次。登录系统，进入采

---

① 注：图书采访通常是批量选定的，故此处以一批图书（含《浮夸》一书）的采访为例.

访—书目数据管理—书商征订目录,点击"新增"按钮(参见图2-6),在新窗口输入批次编号YZ201202、选择馆代码、书商代码等,完成书商征订目录批次新建。

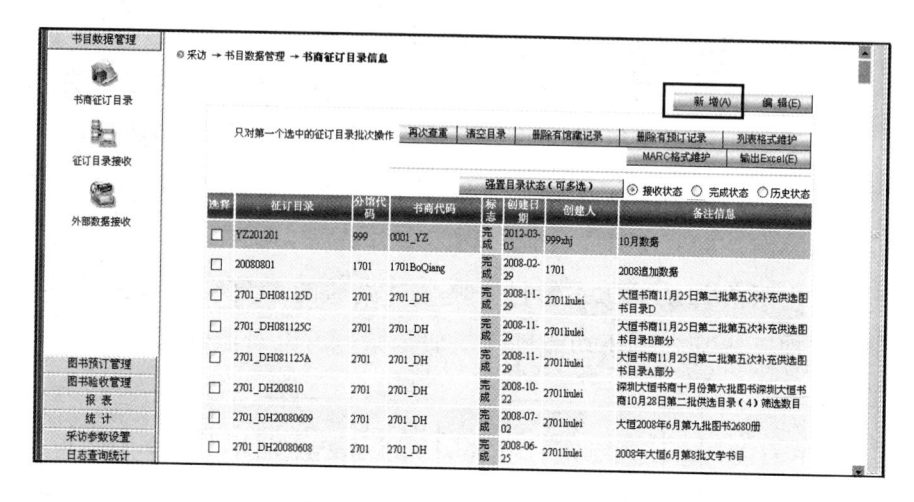

图2-6 书商征订目录系统界面

第二步:接收书商数据到指定征订目录。进入采访—书目数据管理—征订目录接收,选择新建的征订目录YZ201202,浏览确定书商数据文件路径,点击"接收"按钮(参见图2-7),按系统提示完成书商数据的载入。

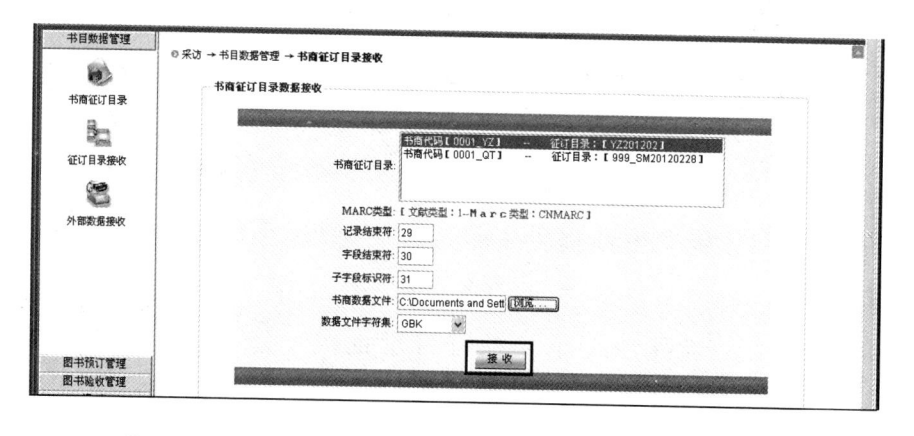

图2-7 征订目录接收系统界面

第三步：征订目录查重清理，完成征订目录工作。进入采访—书目数据管理—书商征订目录，选择刚完成数据加载的征订目录批次 YZ201202，分别点击"删除有馆藏记录"、"删除有预订记录"按钮，避免图书重复订购，删除完成后，将征订目录从"接收状态"改为"完成状态"，以进行下一步预订工作（参见图 2-8）。

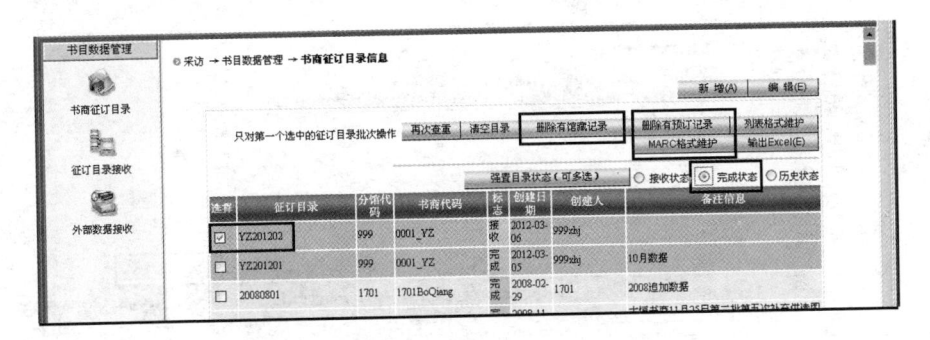

图 2-8　征订目录查重操作系统界面

第四步：新建一个预订订单批次，并设置为当前工作批次。进入采访—图书预订管理—预订订单批次，点击"新增"按钮（参见图 2-9），输入订单批次 201203，选择书商代码、预算代码等，完成预定订单批次新建后再次进入采访—图书预订管理—预订订单批次，选择新建的批次 201203，点击"设置为工作订单批次"按钮（参见图 2-9），从而将当前工作单批次置为"201203"。

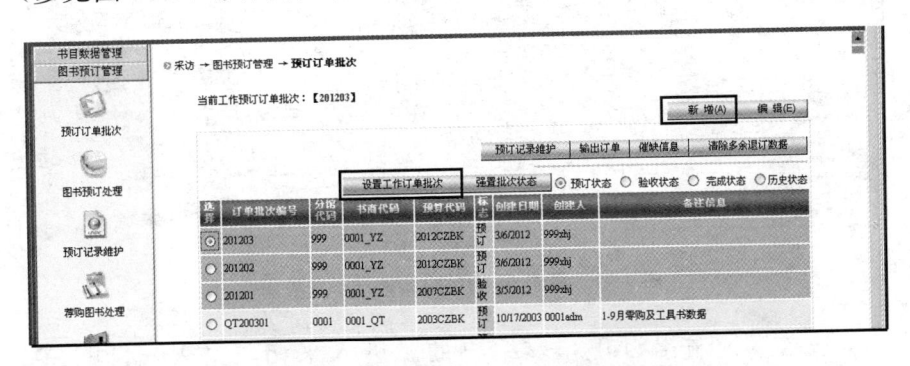

图 2-9　图书预订订单批次系统界面 1

第五步：图书预订。进入采访—图书预订管理—图书预订处理，选择征订目录批次 YZ201203，点击"MARC 格式预订"按钮（参见图 2-10），进入预订，以《浮夸》一书为例，输入复本数，点击"保存"按钮，即完成一本书的预订，浏览"下一条"记录（参见图 2-11），重复以上动作，直至整批书目预订完成。

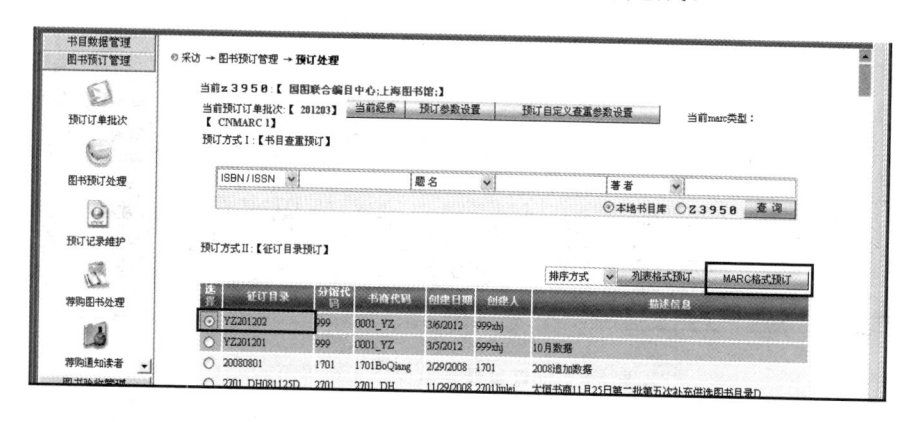

图 2-10　图书预订处理系统界面

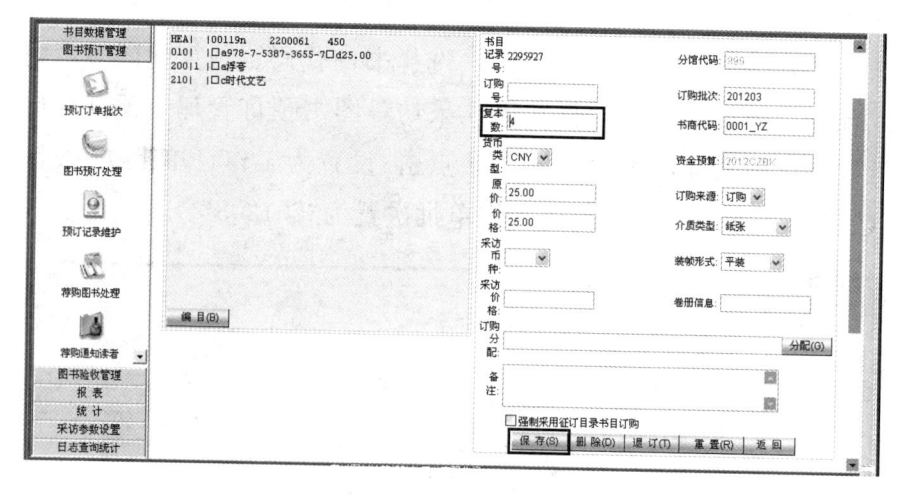

图 2-11　图书 MARC 格式预订系统界面

第六步：输出订单，发给书商。进入采访—报表—订购单，选择批次 201203，点击"存为 Excel 表"（参见图 2-12），保存订单的 Excel 文件，并 E-mail 给书商。进入采访—图书预订管理—预订订单批次，选择批次 201203，将订单从"预订状态"修改为"验收状态"（参见图 2-13），至此完成预订采访，准备进入验收。

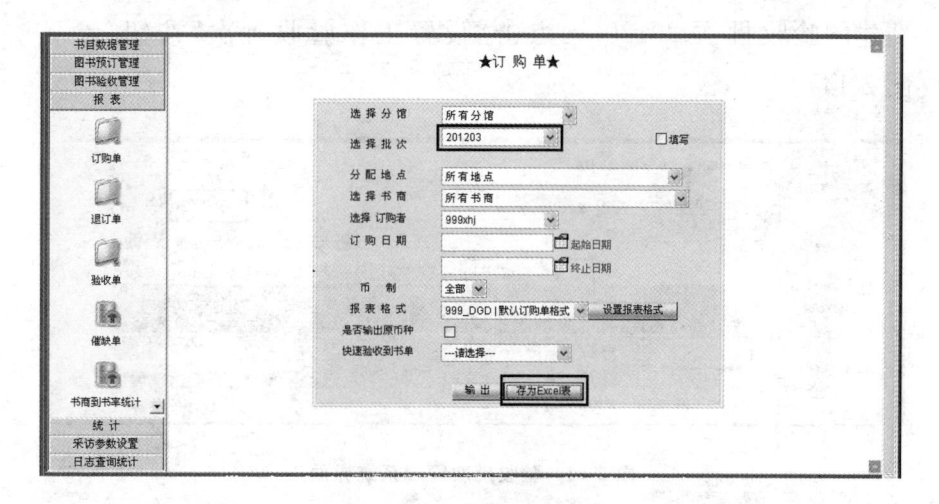

图 2-12　订单输出系统界面

图 2-13　预订订单批次系统界面 2

任务 2：图书《浮夸》到馆验收登记的系统操作（采访）。

第一步：人工验收。根据订购单为《浮夸》一书粘贴 ID 识别号（条码），加盖馆藏章等。

第二步：系统验收。

①新建一个验收批次，作为当前工作批次。登录系统，进入采

访—图书验收管理—验收批次管理，点击"新增"按钮（参见图2-14），输入验收批次编号201206，选择书商代码、预算代码，完成验收批次新建后再次进入采访—图书验收管理—验收批次管理，选择新建的验收批次201206，点击"设置工作验收批次"按钮（参见图2-14）。

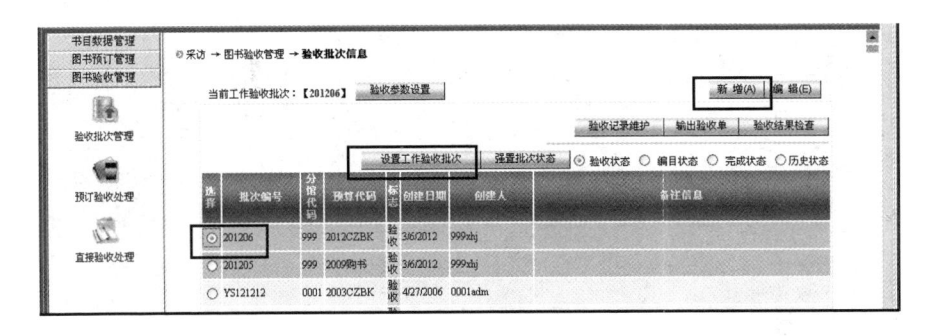

图 2-14　验收批次管理系统界面

②预订验收查询。进入采访—图书验收管理—预订验收处理，光标录入《浮夸》一书的ISBN号，点击"查询"按钮，在本地书目库中查找书目数据，因该书已预订过，系统将显示该书记录，选中该记录，点击"验收"按钮（参见图2-15）。

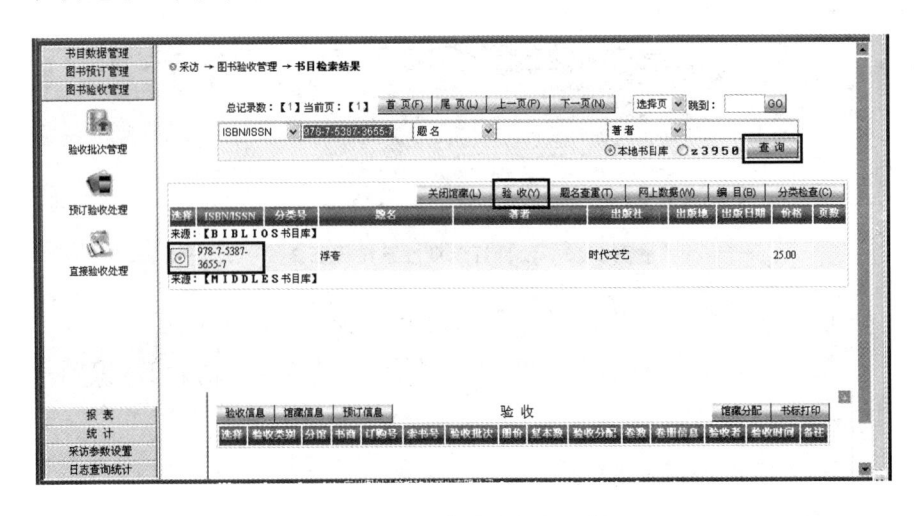

图 2-15　预订图书验收查询系统界面

③验收。进入验收页面，输入图书《浮夸》到馆复本数，点击"馆藏分配"按钮（参见图2-16）；在馆藏分配页面依次录入复本图书《浮夸》条码号，点击"确认"按钮（参见图2-17）；返回验收页面，点击"增加"按钮，完成该书的验收（参见图2-16）。

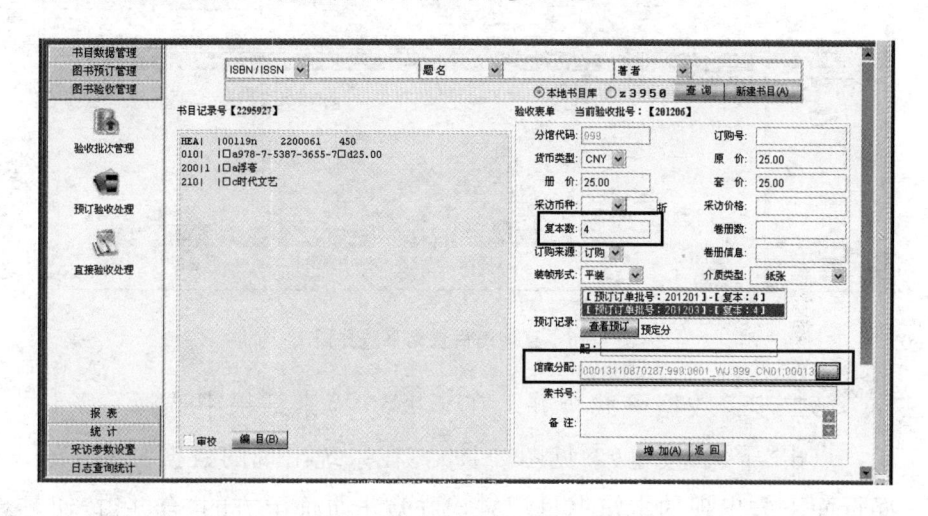

图 2-16　预订图书验收处理系统界面

图 2-17　验收馆藏分配系统界面

任务3：图书《浮夸》z39.50编目的系统操作（编目）。

第一步：编目查重。登录系统，进入编目—直接编目，光标录入《浮夸》一书ISBN号，选择z39.50，点击"查询"按钮（参见图

2-18)①。

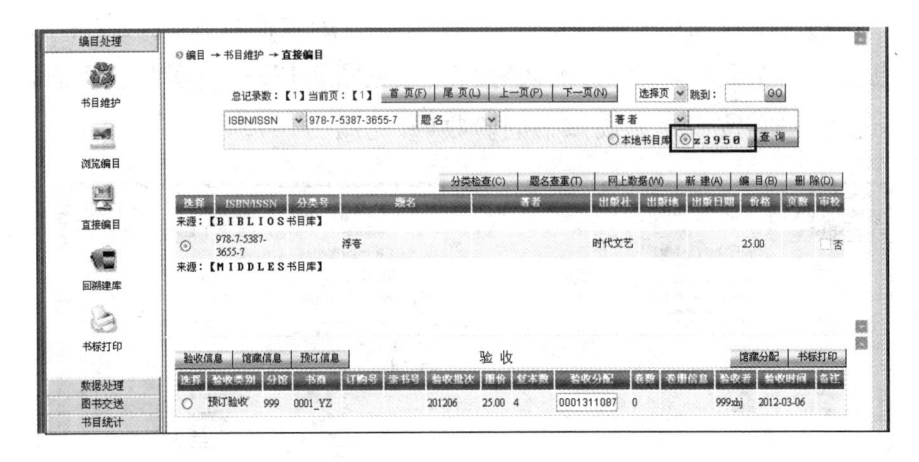

图 2-18 直接编目查询系统界面 1

第二步：数据下载合并。在 z39.50 检索结果中选择一条记录，点击"下载"按钮（参见图 2-19），在系统出现的数据页面，选择页面下方出现的本馆书目记录，并点击页面上方的"合并"按钮，将外部完整的书目数据与本地合并（参见图 2-20）。

图 2-19　z39.50 书目检索结果系统界面

第三步：分配索书号，打印、粘贴书标。返回系统直接编目查询页面，选择页面下方的馆藏记录，点击"馆藏分配"按钮（参见

---

① 注：一般先在本地书目库中查找，若本地没有详细编目数据，则选择 z39.50 查找，两者都没有完整的编目数据则需要馆员手动编目。当前，新书 90% 都可以通过 z39.50 套录数据完成编目，故此处以 z39.50 数据套录编目为例进行系统操作。

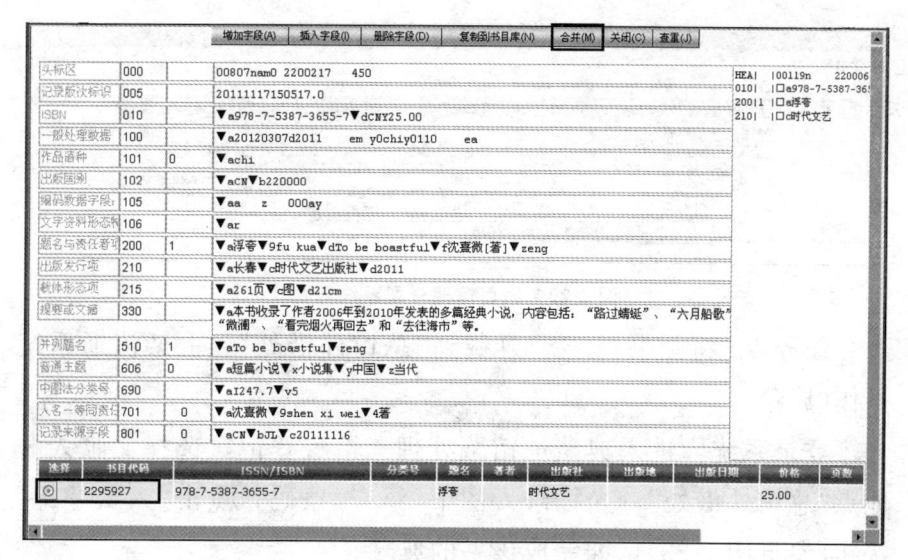

图 2-20　z39.50 书目数据下载系统界面

图 2-21），系统进入馆藏分配页面，点击"确认"按钮，系统自动赋予图书索书号 I247.7/1（参见图 2-22）。关闭馆藏页面窗口，返回原编目查询页面，点击"书标打印"按钮（参见图 2-21），按屏幕操作提示按复本数量打印即可，并手工完成书标粘贴。

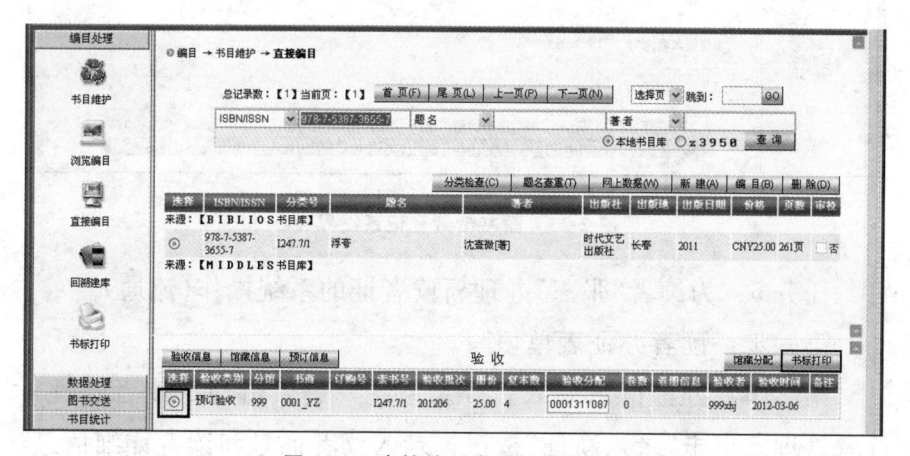

图 2-21　直接编目查询系统界面 2

图 2-22 编目馆藏分配系统界面

任务 4：将图书《浮夸》典藏到"总馆外借处"，上架流通系统操作（典藏）。

登录系统，进入典藏—馆藏处理—馆藏登记，选择文献入藏地点"总馆外借处"，光标录入图书《浮夸》条码，点击"入藏登记"按钮（参见图 2-23），即完成该书的典藏。

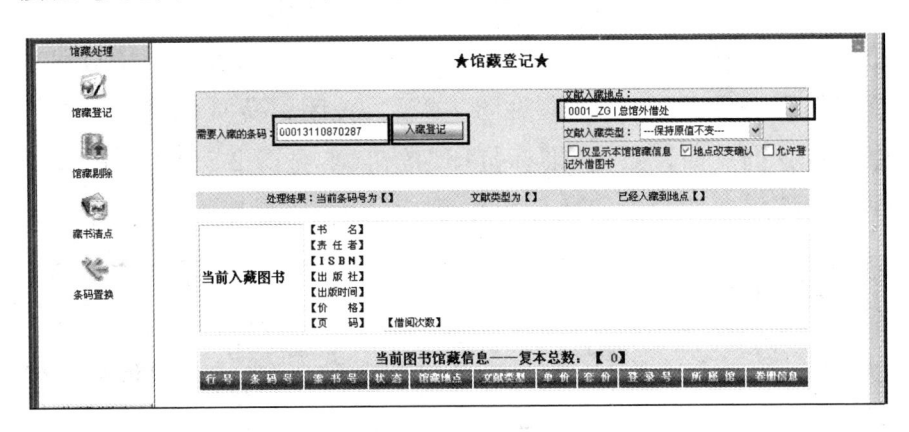

图 2-23 图书馆藏登记系统界面

任务 5：为读者"张三"办理新读者证的系统操作（流通）。

第一步：读者办证表单填写。

第二步：办证信息录入。登录系统，进入流通—读者管理—读者管理，点击"录入新证"按钮，录入读者证号和读者详细信息，选择读者类型，并保存该条记录（参见图 2-24）。

第三步：收取工本费、打印票据、签名，出具新读者证。在保存读者记录时，如办证规则规定，办证或补证须收取押金、工本费，系统会根据读者类型和业务类型自动提示收费及金额，收取后确认即可打印财经清单（参见图2-24），读者签名后，按财经管理要求收回图书馆需要保存的单据，并出具读者联单据、新读者证给读者。

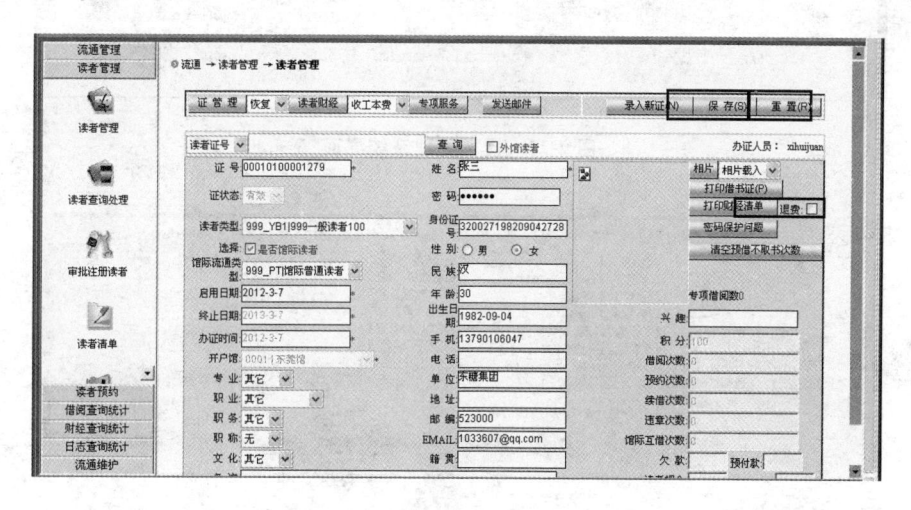

图 2-24　读者证新证办理系统界面

任务6：为读者"张三"办理图书《浮夸》的外借手续系统操作（流通）。

第一步：系统借书。登录系统，进入流通—流通管理—借书，光标分别录入读者张三的读者证号信息（含回车键）和图书条码信息（含回车键），系统将自动处理，并显示借书处理结果信息（参见图2-25）。

第二步：图书消磁，交予读者张三。

任务7：读者"张三"还回图书《浮夸》系统操作（流通）。

登录系统，进入流通—流通管理—还书，光标录入图书条码号（含回车键），系统自动处理，并显示处理结果信息（参见图2-26）。

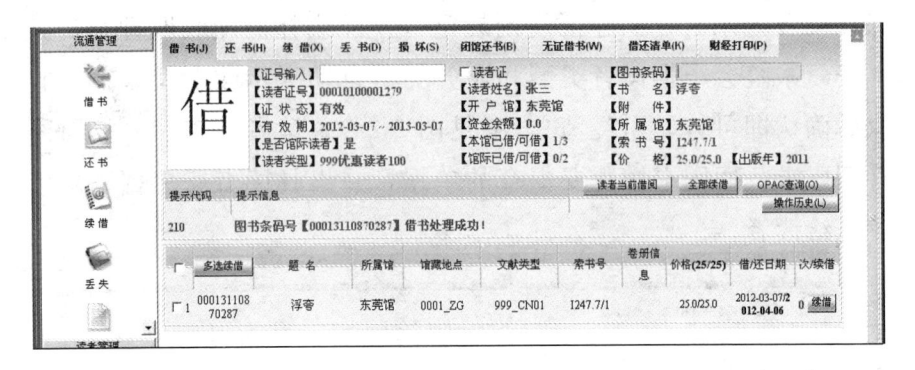

图 2-25　借书处理系统界面

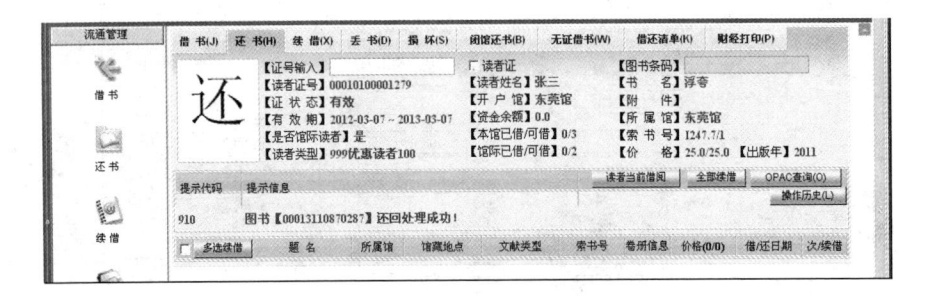

图 2-26　还书处理系统界面

【思考题】

1. 请介绍你们图书馆所使用的业务系统，画出采编系统的主要功能与流程。

2. 请用你们图书馆自动化系统为读者办理某本图书借阅手续。

3. 请查阅外馆馆藏记录并实现某本图书的馆际互借。

第三章　图书馆网络与公共电子阅览室建设

【目标与任务】

本章的目的是让学习者通过本章的学习，可大致了解公共电子阅览室网络的建设内容和步骤，部分掌握公共电子阅览室的管理维护技能。本章主要围绕图书馆网络及电子阅览室建设的基本知识和基本内容展开。第一节主要介绍图书馆所用到的计算机网络技术的基本知识，包括网络的概述、局域网、互联网和图书馆网络实例。第二节主要介绍公共电子阅览室的组建。包括硬件及网络建设和管理信息系统建设，最后给出一个案例。第三节介绍公共电子阅览室的安全管理与维护，包括公共电子阅览室网络安全含义、面临的危险及应对策略。第四节主要介绍公共电子阅览室管理系统的操作实例。

第一节　图书馆计算机网络概述

随着时代进步和技术发展，越来越多的政务信息、学习资源、生活服务、休闲娱乐等内容可以从网络中获取，网络已日益成为公众学习、工作和生活中不可或缺的组成部分。图书馆免费提供包括公共电子阅览室等在内的各类网络服务，将成为跨越"信息鸿沟"的重要桥梁，是实现信息公平的重要途径。

一、网络概述

(一)计算机网络的概念

计算机网络是计算机技术和通信技术相结合的产物,它自20世纪60年代发展至今,已形成从小型的局域网到全球性的大型广域网的规模,对人类的生产、经济、生活等各个方面都产生了巨大的影响。

根据计算机网络发展的阶段或侧重点的不同,对计算机网络有不同的定义。国际标准化组织(ISO)将计算机网络定义为:计算机网络是一组互联在一起的计算机系统的集合。按照目前计算机网络的特点来理解,计算机网络是为了实现计算机之间的通信交往与资源共享,利用通信设备和线路将一组计算机有机地联系起来,并由网络操作系统和通信协议进行管理的一个复合系统。

(二)计算机网络的分类

计算机网络可按不同的标准进行分类。如按网络的传输介质分类,可分为双绞线网络、同轴电缆网络、光纤网络、微波网络和卫星网络等;按网络的作用范围分类,可分为局域网、广域网、城域网等;按网络的传输技术分类,可分为点对点网络和广播网络;按网络的拓扑结构分类,可分为星型网络、总线型网络、环型网络和网状型网络等;按网络协议分类,可分为IPv4和IPv6;按网络的所有权,又可分为公共网和专用网等。

(三)计算机网络的功能

计算机网络的主要功能体现在数据交换和通信、资源共享、分布式网络处理和负载均衡三个方面[①]。

---

① 石铁峰. 计算机网络技术[M]. 北京:清华大学出版社,2010.

1. 数据交换和通信

数据交换和通信是指计算机之间、计算机与终端之间或者计算机用户之间能够实现快速、可靠和安全的通信交往。例如，电子邮件(E-mail)可以使相隔万里的异地用户快速准确地相互通信；文件传输服务(FTP)可以实现文件的实时传递等。

2. 资源共享

建立计算机网络的主要目的是实现资源共享。通常将计算机资源共享作为网络的最基本特征。资源共享的主要目的在于充分利用网络中的各种资源，减少投资，提高资源的利用率。这些资源主要是指计算机中的硬件资源、软件资源和数据与信息资源。

3. 分布式网络处理和负载均衡

面对大型任务或网络中某些计算机的任务负荷过重时，可以将任务化整为零，即将任务分散到网络中的其他计算机上进行，由多台计算机共同完成这些复杂和大型的计算任务，以达均衡负荷的目的。这样既可以处理大型的任务，使得一台计算机不会负担过重，又提高了计算机的可用性。

(四)计算机网络的组成

从计算机网络系统组成的角度来看，典型的计算机网络从逻辑功能上分为资源子网、通信子网和通信协议。

1. 资源子网

资源子网由拥有资源的主计算机(如服务器等)、请求资源的各种终端(如PC、手机等)、终端控制器、软件资源和数据资源组成。资源子网负责全网的数据处理业务，并向网络用户提供各种网络资源与网络服务。

2. 通信子网

通信子网按功能分类可以分为数据交换和数据传输两个部分。

通信子网通常由通信控制处理机(如交换机等)、通信线路(如光纤、双绞线等)与其他通信设备组成,完成网络数据传输、转发等通信处理任务。

3. 通信协议

通信协议是指通信双方必须共同遵守的规则和约定,它的存在与否是计算机网络与一般计算机互连系统的根本区别。

二、局域网

局域网是将小区域内的各种通信设备互连在一起的通信网络。传统局域网的典型特性:高数据率、短距离、低误码率。图书馆对读者开放的电子阅览室、公共检索终端,以及图书馆内部的办公、业务环境一般要建立局域网。

(一)局域网主要设备[①]

交换机、路由器(示例见图3-1)和防火墙是几乎所有局域网络都要使用的基本设备。其中,交换机将其他网络设备(如集线器、交换机和路由器等)和所有终端设备(如计算机、服务器和网络打印机等)连接在一起,实现彼此之间的通信;路由器用于实现局域网之间,以及局域网与互联网之间的互联,将所有网络连接在一起;防火墙则用于在内部网络之间,以及内部网络和互联网之间创建一个安全屏障,将恶意攻击阻拦在内部网络之外。

1. 交换机

局域网络就是在一定的范围内若干计算机的集合。而这些计算机借助交换机才能相互连接在一起,因此,交换机往往拥有数量众多的端口(通常为8~48个端口)。图3-1(a)中所示为Cisco-

---

① 刘晓辉. 网络设备[M]. 北京:机械工业出版社,2007.

（a）交换机　　　（b）路由器

图 3-1　局域网中的交换机和路由器

Catalyst2950 系列网络交换机。

交换机是构建局域网络不可或缺的集线设备。其主要功能包括连接设备和隔离广播。

连接设备。交换机最主要的功能就是连接计算机、服务器、网络打印机、网络摄像头和 PDA 等终端设备，并实现与其他交换机、无线接入点、路由器等网络设备的互联，从而构建局域网络，实现所有设备之间的通信。作为局域网络的核心与枢纽，交换机的性能决定着网络性能，交换机的带宽决定着网络带宽。

隔离广播。交换机也可以将网络"分段"，进行隔离。交换机的每个端口就是一个"碰撞"域，可以将碰撞有效地隔离在每个端口内，只允许必要的网络流量通过交换机。同时，通过交换机的过滤和转发，可以有效地隔离广播风暴，减少误包和错包的出现，避免共享冲突。

2. 路由器

路由器（Router），顾名思义，是一种智能选择数据传输路由的设备。路由器的端口数量虽然较少，但是，种类却非常丰富，可以满足各种类型网络接入的需要。

作为局域网实现与其他网络和互联网互联的必需设备，也往往被归类于局域网设备之列。其主要功能包括连接网络、隔离广播、路由选择和网络安全。

连接网络。将局域网络连接在一起，组建更大规模的广域网络，并在每个局域网出口对数据进行筛选和处理，是路由器的重要作用之一。局域网络的类型是多种多样的，除了最常见的以太网外，还有 ATM 网络、FDDI 网络等。异构网络由于分别采用不同的数据封装方式，因此，它们之间是无法直接通信的，即使都采用同一种网络协议（比如 TCP/IP 协议）。而路由器能够将不同类型网络之间的数据信息进行"翻译"，以使它们能够相互"读"懂对方的数据，因此，若要实现异构网络间的通信，就必须借助于路由器。由于局域网的传输距离都非常有限，因此，若要实现局域网之间的连接，就必须借助广域网才能实现。相对于局域网而言，广域网无疑是一个异构网络，因此，若欲实现局域网之间的远程互联，也必须借助路由器才能实现。

隔离广播。尽管交换机可以隔离碰撞域，从而提高局域网络的传输效率。然而，交换机却会将所有广播发送至整个网络内所有交换机的每一个端口。许多网络协议（如 NetBIOS 和 CDP 等）和网络应用（如 DHCP 服务）都需要借助广播才能实现。由于广播会发送至网络中的每一个端口，并且由接入网络中的每台计算机进行处理，因此，过大的广播量，不仅会严重影响网络的传输效率，而且也会大量占用计算机的 CPU 性能。当硬件损坏或受到病毒攻击时，网络内的广播数量将会剧增，从而导致广播风暴，使网络传输和数据处理陷于瘫痪。路由器的重要作用之一，就是将广播隔离在局域网内（路由器的每个以太网端口均可视为一个局域网），不会将广播包向外转发。因此，大中型局域网都会被人为地划分为若干虚拟网，并使用路由设备实现彼此之间的通信，以达到分隔广播域，提高传输效率的目的。

路由选择。路由器能够按照预先制定的策略，智能选择到达远程目的地的道路。为了实现这一功能，路由器要按照某种路由通信协议，维护和查找路由表。路由表中列出整个互联网络中包含的各个节点，以及节点间的路径情况和与它们相联系的传输费用。如果到特定的节点有一条以上路径，则基于预先确定的准则选择最优路径。由于各种网络段和其相互连接情况可能发生变化，因此，路由情况的信息需要及时更新，这是由所使用的路由信息协议规定的定时更新或者按变化情况更新来完成的。网络中的每个路由器按照这一规则动态地更新它所保持的路由表，以便保持有效的路由信息。

网络安全。作为整个局域网络与外界联络的唯一出口，路由器还担当着保护内部用户和数据安全的重要责任。路由器的转换功能主要借助地址转换和访问列表的方式实现。局域网内的计算机使用内部保留IP地址，这种IP地址不能被路由到互联网，因此，不能被外部计算机所知晓，从而可以安全地隐藏在网络内部，避免来自外部的恶意攻击。当内部计算机需要与外部网络通信时，由路由器提供网络地址转换，将其地址转换为合法的IP地址，实现对互联网的访问。借助IP访问列表，在路由器上可以设置各种访问策略，规定哪段时间、什么网络协议和哪种网络服务是被允许外出和进入的，从而可以避免对网络的滥用，提高网络传输性能和带宽利用效率，同时，也可以有效地避免蠕虫病毒及黑客工具等安全隐患对内部网络的侵害。

3. 防火墙

"防火墙"的本意是指发生火灾时，用来防止火势蔓延的一道障碍物，一般都修筑在建筑物之间。而如今的网络防火墙则是指设置在计算机网络之间的一道隔离装置，可以隔离两个或者多个网络，限制网络互访，以保护内部网络用户和数据的安全。

网络防火墙的作用是将内部网络与外部网络分隔开来，对所有进入和外出内部网络的数据进行分析和监控，从而抵御外来非法用户的入侵，并保证内部的重要数据和敏感数据不遭到破坏或流失。网络防火墙的主要功能包括隔离网段、整合安全策略、流量控制及互联网共享等。

隔离网段。网络防火墙最基本的功能就是隔离内、外网络，确保不让非法用户入侵，防止内部信息外泄。因此，网络防火墙通常位于路由器与内部网络之间，使所有进出网络的数据都能进行过滤和筛选。除此之外，网络防火墙还被用于隔离内部网络，将一些重要和敏感区域（网络机房）与普通用户隔离开来，从而避免来自网络内部的恶意攻击，最大限度地保护网络安全。

整合安全策略。通过以防火墙为中心的安全方案配置，能将所有安全软件（如密码、加密、身份证和审计等）设置在防火墙上。这比将网络安全分散到每个主机上的管理更集中而且更经济。各种安全措施的有机结合，更能有效地对网络安全性能起到加强作用。

流量控制。通过流量控制可以保证重要用户和重要接口的连接。流量控制可以分为基于IP地址的控制和基于用户的控制。基于IP地址的控制是对通过防火墙各个网络接口的流量进行控制，基于用户的控制是通过用户登录来控制每个用户的流量，从而防止某些应用或用户占用过多的资源。流量统计是建立在流量控制基础之上的，通过对IP、服务、时间、协议等进行统计，可以与管理界面实现挂接，实时或者以统计报表的形式输出结果。

互联网共享。借助双向NAT技术，网络防火墙可以实现局域网的互联网连接共享，使用单一IP地址实现内部计算机对互联网的访问，并将内部服务器发布到互联网。SNAT（Source Network Address Translation，源网络地址转换）用于对内部网络地址进行转换，将内部网络从互联网中隐藏起来，使得恶意用户对内部网络的攻击变得更加困难。DNAT（Destination Network Address Translation，目的网络地址转换）主要实现用于外网主机对内网和DMZ区主机的访问。是一种改变数据包目的IP地址的技术，经常和SNAT联用，通过对同一个IP地址分配不同的端口，来决定数据的流向，以使多台服务器能共享一个IP地址连入互联网，并同时提供服务。

（二）应用服务器和网络操作系统

1. 应用服务器

"服务器"通常拥有两个方面的意义，即硬件意义上的"服务器"和软件意义上的"服务器"。硬件意义上的服务器，是指服务器的CPU、内存和硬盘等看得见、摸得着的硬件系统。软件意义上的服务器，更多地指服务器中运行的软件部分，如将运行Web服务的服务器称为"Web服务器"，将运行FTP服务的服务器称为"FTP服务器"。

常说的"Web服务器"、"文件服务器"、"FTP服务器"、"打印服务器"和"E-mail服务器"等，实际上指的是在硬件服务器上运行某些应用软件，进而能够提供某些网络服务，而不是服务器的硬件本身就拥有这些功能。同一台硬件意义上的服务器，安装不同的服务端软件后，就会提供不同的网络服务，从而成为不同的软件意义上的服务器。而且，由于在同一台服务器上可以安装若干不同的服务端，因此，同一台硬件意义上的服务器，可以是几台软件意义上的服务器。

应用服务器作为网络服务和共享资源的载体，在网络中占据着至关重要的地位。按其功能的不同分为通信服务器、表示服务器、应用服务器、存储服务器和数据库服务器等。

通信服务器。通信服务器主要是与其他服务器和客户端进行信息传输，并提供所需要的网络资源。代理服务器是通信服务器最典型的应用，客户端通过代理服务器对互联网上的表示服务器进行信息请求(如浏览网页等)，然后，通信服务器将表示服务器的请求处理结果返回给客户端。此外，安全服务器、认证服务器、DNS 服务器、防火墙等都是该类服务器的应用。

表示服务器。表示服务器的作用是为连接到服务器的客户端显示内容，如 Web 服务器。这个模块中的服务器接收客户端或者通信服务器的请求，并返回请求结果。它还负责把从客户端收集到的信息集中转发给其他服务器。如用户在注册的时候，就会通过 Web 服务器将注册信息发给数据库服务器。此外，打印服务器、E-mail 服务器都是这类服务器的典型应用。

应用服务器。应用服务器的功能是接收表示服务器的请求后，对数据进行处理，然后把结果传给表示服务器，其间如果需要对数据进行收集和存取则通过存储服务器或者数据库服务器来进行。应用服务器的典型应用包括 SCM、CRM 和 ERP 等管理信息系统。

存储服务器。存储服务器的主要作用是保存数据以及为其他类别的服务器或者用户提供数据。它们响应表示服务器的请求，并把结果传送给表示服务器。另外，它们也可向其他服务器发出请求，并获得请求结果。存储服务器的主要应用有文件服务器、NAS 和 SAN 等。

数据库服务器。数据库服务器主要应用于数据库管理和消息服务等。数据库服务器也和表示服务器进行数据交换，并和存储服务器进行数据的交换保存。这类服务器的典型应用包括数据库管理系统、较复杂的消息管理系统、HPC(高性能计算)系统等。

2. 网络操作系统[①]

网络操作系统(Network Operating System，NOS)是网络用户与计算机网络之间的接口，是计算机网络中管理一台或多台主机的软硬件资源、支持网络通信、提供网络服务的程序集合。通常，计算机的操作系统上会安装很多网络软件，包括网络协议软件、通信软件和网络操作系统等。网络协议软件主要是指物理层和链路层的一些接口约定，网络通信软件管理各计算机之间的信息传输。网络操作系统是用于网络管理的核心软件，目前得到广泛应用的网络操作系统主要有 Windows Server 和 UNIX 等。

在局域网中，微软的网络操作系统主要有 Windows NT Server 以及 Windows Server 2003，Windows Server 2008 等。Windows 网络操作系统在中小型局域网配置中是最常见的，但由于它对服务器的硬件要求较高，且稳定性能不是很高，所以一般只用在中低档服务器中。高端服务器通常采用 UNIX 等操作系统。

UNIX 操作系统发展历史悠久，具有分时操作、稳定、安全等优秀的特性，适用于几乎所有的大型机、中型机、小型机，也可用于工作组级服务器。UNIX 网络操作系统稳定和安全性能非常好，但由于它多数是以命令方式来进行操作的，不容易掌握。正因如此，小型局域网基本不使用 UNIX 作为网络操作系统。

三、互联网

互联网(Internet)是指全球最大的、开放的众多网络相互连接而成的计算机网络，或指由多个由计算机网络相连接而成的大网络系统。它在功能和逻辑上组成的大型网络，并以 TCP/IP 网络

[①] 杨云，平寒. Windows Server2003 网络操作系统[M]. 北京：人民邮电出版社，2009.

协议连接全球各地区、各城市、各部门、各行业、各个机构的计算机网络与计算机组成的数据通信网,具有开放性、自由性、名副其实性、共享性、普及性和集成性的信息通信网络系统。互联网可以分为有线互联网,无线互联网,有线、无线混合互联网等,如果再加上带宽(网络的传输速率),又可分宽带有线互联网,宽带无线互联网,宽带有线、无线混合互联网[①]。

(一)互联网的相关术语

HTTP,即超文本传输协议(Hyper Text Transfer Protocol)。浏览网页时在浏览器地址栏中输入的 URL 前面都是以"http://"开始的。HTTP 定义了信息如何被格式化、如何被传输,以及在各种命令下服务器和浏览器所采取的响应。

WWW(World Wide Web),译为万维网或全球网,是指在互联网上以超文本为基础形成的信息网。它提供了一个可以轻松驾驭的图形化界面,人民通过它可以查阅互联网上的信息资源。

IP,即互联网协议(Internet Protocol)。为了能在网络上准确地找到一台计算机,TCP/IP 协议为每个连到 Internet 上的计算机分配了一个唯一的用 32 位二进制数字表示的地址的字,就是我们常说的 IP 地址。互联网上的每台主机(Host)都有一个唯一的 IP 地址,这是互联网能够运行的基础。

TCP/IP 是互联网使用的一组协议。TCP(Transmission Control Protocol)是传输控制协议,IP(Internet Protocol)是互联网协议。世界上有各种不同类型的计算机,也有不同的操作系统,要想让这些装有不同操作系统的不同类型计算机互相通讯,就必须有统一的标准,TCP/IP 是目前被各方面遵从的网际互联标准。

---

① 国家遥感中心. 地球空间信息科学技术进展[M]. 北京:电子工业出版社,2009.

URL 是 Uniform Resource Locator 的缩写，即统一资源定位系统，也就是我们通常所说的网址。URL 是在 Internet 的 WWW 服务程序上用于指定信息位置的表示方法，它指定了如 HTTP 或 FTP 等 Internet 协议，是唯一能够识别 Internet 上具体的计算机、目录或文件位置的命名约定。

FTP 是 File Transfer Protocol 的缩写，即文件传输协议。它是 Internet 上使用非常广泛的一种通讯协议，是计算机网络上主机之间传送文件的一种服务协议。

HTML 是 HyperText Markup Language 的缩写，是一种标记语言。HTML 被用来结构化信息——例如标题、段落和列表，等等，也可用来在一定程度上描述文档的外观和语义。

XML 是 eXtensible Markup Language 的缩写，也是一种标记语言。XML 是从标准通用标记语言（SGML）中简化修改出来的。XML 设计是用来传送及携带数据信息，不是用来表现或展示数据，HTML 语言则是用来表现数据，所以 XML 用途的焦点是它说明数据是什么，以及携带数据信息。

移动互联网。中国互联网络信息中心（CNNIC）对移动互联网的定义为：通过手机终端进行访问、移动通信网络进行数据传输的互联网，其网站内容主要由 WAP 网页形式和 HTML 网页形式构成，也有部分应用采用终端安装的模式，即通过安装在手机终端的软件，实现移动互联网应用服务的访问与使用。

泛在网络简称泛在网，即广泛存在的网络，以"无所不在"、"无所不包"、"无所不能"为基本特征，即在任何时间、任何地点、任何人、任何物都能顺畅地通信。所谓"无处不在"是指计算机网络处处存在，人们在任何时间（Anytime）、任何地点（Anywhere），对任何人（Anyone）、任何物（Anything）都能方便地通信，获取信息；所谓"无所不包"指任何物品、任何设施都可以与计算机网络连接，容纳到网络中；所谓"无所不能"是指网络包括各种各样的应用，如经济和社会、生产和生活等各种活动都可以通过网络来实现。

(二)互联网的接入方式

互联网接入技术是读者与互联网间连接方式和结构的总称。互联网接入技术的发展非常迅速：带宽由最初的14.4Kbps发展到目前的100Mbps甚至1000Mbps；接入方式也由过去单一的电话拨号方式，发展成现在多样的有线和无线接入方式；接入终端也开始向移动设备发展。并且更新更快的接入方式仍在继续地被研究和开发。

根据接入后数据传输的速度，互联网的接入方式可分为宽带接入和窄频接入。常见民用宽带接入包括但不限于ADSL接入、有线电视上网接入、光纤接入、无线宽带接入、人造卫星宽带接入等；常见民用窄频接入包括但不限于电话拨号接入、窄频ISDN接入、GPRS手机上网、UMTS手机上网、CDMA手机上网、3G手机上网等。

(三)互联网应用

随着互联网的不断发展，网络应用的多样化，以及硬件设施的飞速发展，网络应用技术也向着更多样、更复杂的方向发展。

Web技术是最常用的网络应用技术，它是用户向服务器提交请求并获得网页页面的技术总称。Web技术是互联网应用中最重要的应用之一，其他的应用还包括网络安全技术、搜索技术、数据库技术、传输技术、流媒体技术、商务应用相关的技术等。

四、图书馆网络组成

(一)图书馆网络的相关概念

充分利用网络技术，使图书馆自动化、网络化，实现资源共享、方便检索，是图书馆发展的必经之路。图书馆的网络设计必须充分考虑图书馆的特点。在硬件和软件上提供相应的支持，并充分利用各种已趋于成熟的网络技术，是搞好图书馆网络的核心。在此基础上，不断对其实行优化，并逐步和公共网络相连，使图书馆网络的服务范围不断扩大，得到充分的发展，是图书馆网络的发展方向。

图书馆网络建设包括综合布线、网络体系结构设计、服务器和连接设备选择等。

通过综合布线可使话音设备、数据设备、交换设备及各种控制设备与信息管理系统连接起来，同时也使这些设备与外部通信网络相连。综合布线还包括图书馆建筑物外部网络或电信线路的连接点与应用系统设备之间的所有线缆及相关的连接部件。综合布线由不同系列和规格的部件组成，其中包括：传输介质、相关连接硬件(如配线架、连接器、插座、插头、适配器)以及电气保护设备等。这些部件可用来构建各种子系统，它们都有各自的具体用途，不仅易于实施，而且能随需求的变化而平稳升级。

图书馆网络也是一个复杂的系统，需要对其进行一定的分层处理，一般把这种处理方法称为网络体系结构设计。根据图书馆规模不同，往往采取不同体系结构处理。中小型图书馆往往采用二层结构，大型馆(尤其是总分馆形式的图书馆)则是三层结构。二层结构包括核心层、接入层。如核心层可选用多层交换机作为网络核心层设备，以二层交换机作为接入层设备，网络千兆以太网为主干，即可实现 10/100M 交换到桌面。

图书馆往往根据应用的具体需求，分别配置网站服务器、ILAS 服务器、VOD 服务器、电子邮件服务器和病毒服务器等。其中网站服务器作为数字图书馆门户网站，访问量大，可靠性要求高。ILAS 服务器一般运行采编中心系统、联合编目系统和中心图书馆服务系统等，该应用系统为图书馆中任务最为繁重的应用系统，需要选择高端服务器。电子邮件服务器为图书馆提供邮件服务，可采用1台中高端服务器。VOD服务器提供视频流媒体点播服务，对主机系统要求较高，可采用高端服务器。病毒服务器作为整个网络病毒监控管理中心实现整网防病毒软件统一升级控制、统一策略配置、病毒事件通知，采用1台中高端的PC服务器实现。

网络连接设备可以根据图书馆实际需要和当下的网络设备情况做出选择。

(二)图书馆网络组成

图书馆网络一般由内部网络和外部网络组成。内部网络往往为二层结构。以苏州图书馆网络构成为例[①]，具体说明如下。

1. 图书馆的内部网络

图书馆内部网络指的是在图书馆内建立局域网，并通过光纤与各服务器进行连接。局域网是指在某一区域内(一般是方圆几千米以内)由多台计算机互联成的计算机组。局域网可以实现文件管理、应用软件共享、打印机共享、工作组内的日程安排、电子邮件和传真通信服务等功能。局域网是封闭型的，可以由办公室内的两台计算机组成，也可以由大型图书馆的上千台计算机组成。几十台或上百台的计算机连接在一起需要分层处理。以苏州图书馆为例，其馆内网络系统分为二层结构(参见图 3-2 网络拓扑结构图)，主要包括：

[①] 邱冠华,于良芝,许晓霞,等.覆盖全社会的公共图书馆服务体系模式、技术支撑与方案[M].北京：北京图书馆出版社,2008.

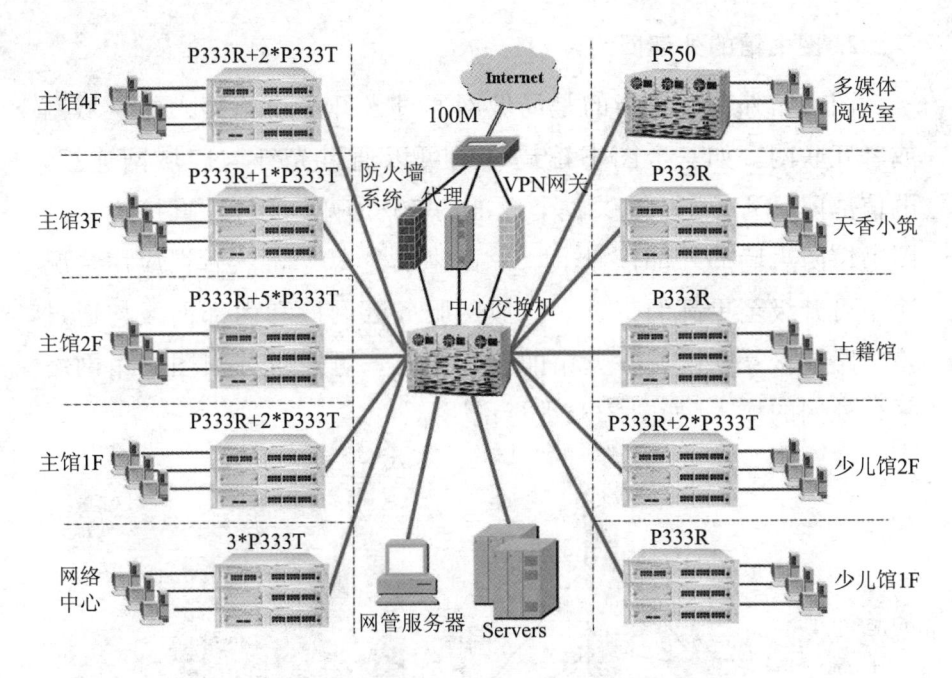

图 3-2　苏州图书馆馆内网络拓扑结构图

中心层：核心交换机安装在计算机主机房内，构成网络的核心，其上的千兆以太网模块通过光纤连接各个楼层的楼层主交换机：Avaya Cajun P333R，再由 Avaya Cajun P333R 通过堆叠端口安装本楼层内各个部门的部门交换机。

楼层：在各个楼层上配置有一台 Cajun P333R 作为楼层主交换机，其上的两个千兆以太网光纤上联端口连接到中心交换机，同时它可以提供 24 个 10/100M 快速以太网自适应端口，用于连接本地的读者计算机。为满足普通读者计算机接入网络的要求，配合堆叠安装的 Cajun P333T 交换机为各个部门的读者提供交换快速以太网端口。

互联网连接：使用防火墙系统，以 100M 的速度实现了与互联网的连接。同时内网通过一台代理服务器对互联网进行访问，还使用了一台 VPN 网关实现通过互联网对内网的访问。

2. 图书馆的外部网络

图书馆外部网络指的是局域网通过光纤等设施接入的广域网或者互联网。如一个图书馆局域网可以通过光纤与广域网连接，电信部门（ISP）可以提供 1 个标准的 10/100M 接口，直接连接到图书馆防火墙的外部接口上，带宽速率为 20M，然后视应用情况速率可升级至更高的带宽。广域网服务区网段和内部网段均通过该链路连接互联网。各分馆的接入模式，可通过苏州图书馆网络平台外网的接入（如图 3-3）进行说明。

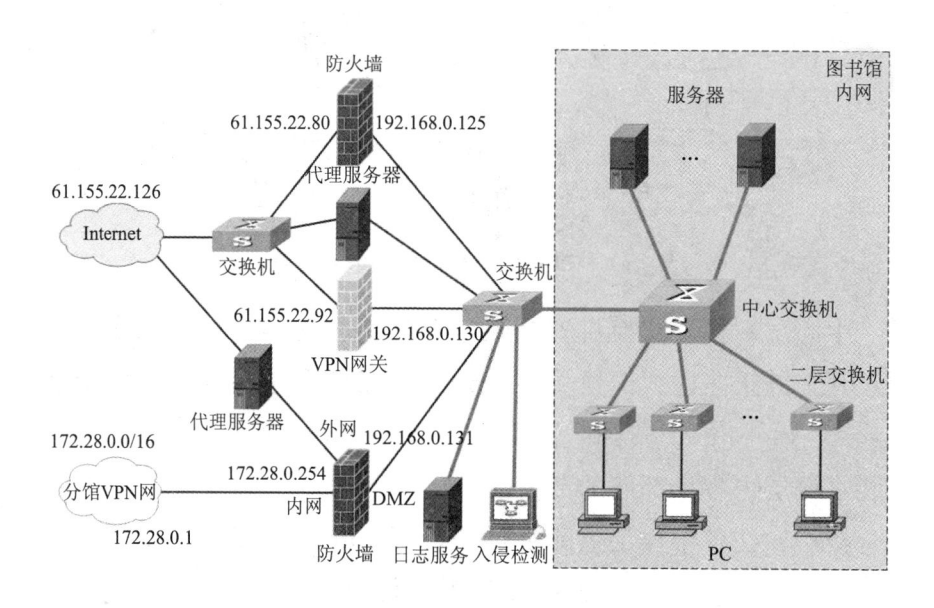

图 3-3 苏州图书馆网络平台外网的接入拓扑图

根据分馆建设的需要，苏州图书馆设置了分馆 VPN 对内网的接入。从安全角度考虑，在分馆接入端架设防火墙系统，通过防火墙对接入的请求进行过滤和安全控制，使其对 DMZ 的访问仅限于允许的服务器。同时增加一条 100M 的互联网连接，所有分馆的互联网访问全部通过新的线路，这样不影响苏州图书馆原有的互联网性能。为记录分馆的互联网访问记录，在互联网出口处安装一台代理服务器，代理服务器完成分馆的互联网访问并记录互联网访问日志。

针对苏州图书馆的外网接入相对较多，而任何一个接入都可能对图书馆的内网安全造成风险的情况，在接入内网前增加入侵检测系统，对所有的接入请求进行监控和分析，及时发现安全隐患并采取相应措施堵防安全漏洞。通过这个网络平台，实现了分馆的网络接入，同时也保证了总馆网络的安全。

第二节 公共电子阅览室的组建

文化部全国文化信息资源建设管理中心于2012年1月发布了《公共电子阅览室管理信息系统功能规范》（以下简称《规范》），并全文上传到了其网站。《规范》对公共电子阅览室进行了定义：公共电子阅览室是为了满足人民群众基本的网络文化需求，各级文化部门以公益性、基本性、均等性、便利性为原则，依托文化共享工程各级服务点、图书馆、文化馆，以及具备条件的工人文化宫、少年宫、妇女儿童活动中心、乡镇（街道）文化站、社区文化中心（村文化室）、学校、工业（产业）园区等，提供集互联网信息查询、文化共享工程信息资源服务、数字图书馆服务、培训、网络通信、休闲娱乐等功能为一体的公共数字文化服务场所。

公共电子阅览室的建设包括硬件及网络建设、管理信息系统建设等方面。

一、硬件及网络建设

2010年10月文化部办公厅发布了《公共电子阅览室建设试点工作方案》，2012年2月文化部和财政部联合发布了《公共电子阅览室建设计划》，两个文件要求建设一批规范化的公共电子阅览室，要求按照地市级不少于 40 台，县级不少于 25 台，乡镇、街道、社区不少于 10 台，行政村不少于 5 台电脑终端的标准配置设备，以宽带形式（不低于 2M 的标准）接入互联网，建立电脑桌面一站式导航服务，改造配套设施，建设规范化的公共电子阅览室。

文化共享工程县支中心的硬件配置可参考 2010 年度县支中心配置标准（见附录 1）。具体到一个县支中心的公共电子阅览室，主要的硬件包括网络接入设备、服务器、电脑终端等。

二、管理信息系统建设

《公共电子阅览室管理信息系统功能规范》中对公共电子阅览室管理信息系统的定义是：为了规范公共电子阅览室用户上机行为、管理和监控公共电子阅览室网络信息、掌握公共电子阅览室运行服务状况，采用信息技术手段实现各级业务需求的信息化管理系统。

（一）系统架构

公共电子阅览室管理信息系统由五部分组成：国家中心管理信息系统、省级分中心管理信息系统、地市级支中心管理信息系统、县级支中心管理信息系统、终端管理信息系统。部署架构如图 3-4 所示。

国家中心管理信息系统部署在国家中心，由国家中心负责开发建设。

省级分中心管理信息系统部署在省级分中心，由省级分中心负责实施。

地市级支中心、县级支中心原则上使用省级分中心建立的管理信息系统。如具备条件可根据本规范建设本级管理信息系统，并承担下辖范围内各级管理信息系统的建设。

终端管理信息系统包括管理端软件和终端软件。管理端软件

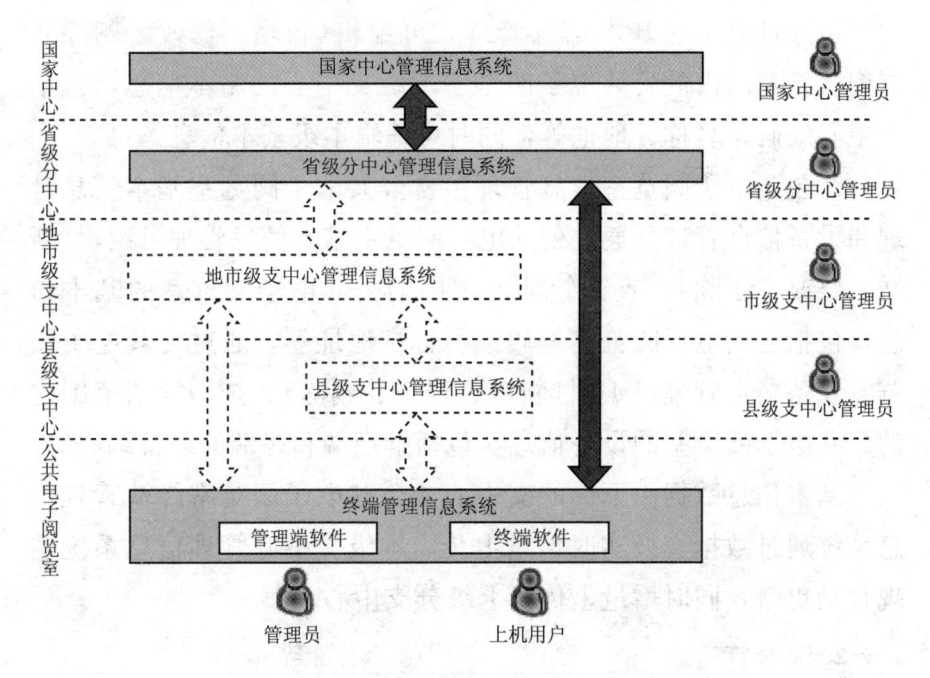

图 3-4 公共电子阅览室管理信息系统部署架构图

部署在公共电子阅览室管理端，终端软件部署在公共电子阅览室终端。终端管理信息系统应由其上级分支中心根据上述规范进行建设和管理。

(二)服务器端管理信息系统

国家中心、省级分中心、地市级支中心、县级支中心的管理信息系统分别承担不同的角色，并由不同的主体实施，其系统功能要求也有所不同，在本节中主要介绍县级支中心的服务器端管理信息系统的系统功能，主要包括基本信息管理、安全管理、服务管理、权限管理、数据交换等功能。

1. 基本信息管理

基本信息管理功能包括支中心基本信息管理和公共电子阅览室信息管理等内容。

①通过支中心基本信息管理，可编辑（新增、修改、删除）、查询管辖范围内的公共电子阅览室下级支中心的基本信息，包括支中心编码、名称、地址等，同时可编辑本级基本信息。

②公共电子阅览室信息管理包含公共电子阅览室基本信息管理和设备信息管理。通过公共电子阅览室基本信息管理可编辑（新增、修改、删除）、查询管辖范围内的公共电子阅览室的基本信息，包括公共电子阅览室编码、名称、地址等。通过公共电子阅览室设备信息管理可编辑（新增、修改、删除）、查询管辖范围内的公共电子阅览室的设备信息，包括管理端和终端的设备编码等。

基本信息数据由下属的支中心或公共电子阅览室终端管理信息系统通过数据交换实时增量上传，本级支中心管理信息系统实现自动更新，同时增量上传至上级分支中心。

2. 安全管理

安全管理主要包括名单管理和运行管理两部分。

(1) 名单管理

市县级支中心无权修改系统内的网站黑名单、网站推荐名单和应用白名单数据。市县级支中心接收省级分中心下发的网站黑名单、网站推荐名单和应用白名单数据，并通过公共电子阅览室管理信息系统将这部分数据3个小时内下发至公共电子阅览室管理端。

(2) 运行管理

运行管理包括：在线状态管理、在线抽查管理、报警查询。①在线状态管理，可获取管辖范围内的公共电子阅览室及终端在线数量，并列表展示管辖范围内的公共电子阅览室在线终端。②在线抽查管理，可对管辖范围内的任意公共电子阅览室在线终端发出重启、关机、截屏指令，并接收指令执行结果。③报警查询，可查询管辖范围内的任意公共电子阅览室终端的报警信息。

在线状态和在线抽查指令可由本级支中心发起,下级支中心或终端管理信息系统通过数据交换实时响应并上传数据,报警数据按天增量上传,本级支中心管理信息系统实现自动更新。

当接收到上级分中心在线状态和在线抽查指令时,本级支中心管理信息系统实时上传数据。

3. 服务管理

服务管理包括：基本信息查询统计、网站访问查询统计、应用运行查询统计、服务情况查询统计、明细信息查询。

(1)基本信息查询统计

基本信息查询统计指在管辖范围内根据统计条件对基本信息管理中所列信息进行综合查询统计分析。

(2)网站访问查询统计

可按时间、地域、用户类型查询统计管辖范围内的公共电子阅览室网站推荐名单访问次数。

(3)应用运行查询统计

可按时间、地域、用户类型查询统计管辖范围内的公共电子阅览室白名单应用运行次数、运行时长。

(4)服务情况查询统计

可按时间、地域、用户类型查询统计管辖范围内的公共电子阅览室服务人次、设备开机时长、用户服务时长。

(5)明细信息查询

可对管辖范围内的各支中心或公共电子阅览室上传的数据进行明细信息查询,包括上机用户信息、用户上机时间、操作记录、用户下机时间。

网站访问统计、应用运行统计、服务情况统计和明细数据由下级支中心或终端管理信息系统通过数据交换按天增量上传,本级支中心管理信息系统实现自动更新。

4. 权限管理

市县级支中心管理信息系统向省级分中心提供超级权限用户账号。

市县级支中心管理信息系统必须提供完善的权限管理功能，并为下级支中心及公共电子阅览室分配权限，便于其对本地区公共电子阅览室进行管理。

5. 数据交换

市县级支中心数据交换的内容主要包括：基本信息数据、名单数据、运行管理数据、网站访问统计数据、应用运行统计数据、服务情况统计数据、明细数据的交换。

市县级支中心数据交换涉及的数据按照数据交换的频率可以分为三种：实时交换数据、按天交换数据和按月交换数据。实时交换数据包括：基本信息数据的增量更新、名单数据的增量更新和运行管理数据。按天交换数据包括：网站访问统计数据、应用运行统计数据和服务情况统计数据。按月交换数据包括：明细查询数据或者终端日志记录。市县级支中心保留终端日志记录6个月。

为了实现和上级中心公共电子阅览室管理信息系统的对接，市县级支中心公共电子阅览室管理信息系统数据交换同样要求基于 Web Service 平台，交换数据的描述方法采用 XML 语言标准。

(三)终端管理信息系统基本功能

终端管理信息系统包括管理端软件和终端软件。管理端软件部署在公共电子阅览室管理端，终端软件部署在公共电子阅览室终端。终端管理信息系统应根据本规范由负责建设管理信息系统的上级分支中心统一开发，并与上级管理信息系统实现对接。在建设公共电子阅览室终端管理信息系统时可在满足基本功能的基础上根据本地区情况进行功能扩展。

1. 公共电子阅览室管理端软件基本功能

(1)基本信息管理

基本信息包括公共电子阅览室基本信息和公共电子阅览室设备信息。公共电子阅览室基本信息包括公共电子阅览室编码、名称、地址等，其管理功能为：可编辑（新增、修改、删除）公共电子阅览室的基本信息。公共电子阅览室设备信息包括管理端和终端的设备编码等，其管理功能为：可编辑（新增、修改、删除）、查询公共电子阅览室设备的基本信息。

基本信息数据由终端管理信息系统通过数据交换实时增量上传，上级分支中心管理信息系统实现自动更新。

上机用户信息管理也属于基本信息管理范畴，具体内容为：可对上机用户进行登记，若有效证件为身份证，则需对总长、行政区位和出生年、月、日以及末位字符值进行基本的合法性鉴别。上机用户未经登记，不可登录终端。可编辑（新增、修改、删除）、查询上机用户信息，对未成年人需做标识，可设置违规上机用户标识，违规上机用户不可在本公共电子阅览室中登录。

(2)安全管理

安全管理主要包括名单管理和运行管理两部分。名单管理为实时更新上级分中心下发的网站黑名单、网站推荐名单和应用白名单，并实时更新至本公共电子阅览室所有终端。运行管理为实时掌握本公共电子阅览室内所有终端运行情况，接到上级分支中心查询指令后，上报本公共电子阅览室终端在线状态。可对本公共电子阅览室的终端进行实时控制，包括警告提示、退回登录界面、重启、关机、截屏操作。

另外，安全管理还包含行为管理，即实时将本电子阅览室终端的报警信息上传至省级分中心或者通过上级支中心上传至省级分中心。

(3) 服务管理

服务管理包括：基本信息查询统计、网站访问查询统计、应用运行查询统计、服务情况查询统计、明细信息查询，可实时查询数据状态。其中，基本信息查询统计上文已述；网站访问查询统计可按时间、用户类型查询统计公共电子阅览室推荐名单网站访问次数；应用运行查询统计可按时间、用户类型查询统计公共电子阅览室白名单应用运行次数、运行时长；服务情况查询统计可按时间、用户类型查询统计公共电子阅览室服务人次、设备开机时长、用户服务时长；明细信息查询可对本公共电子阅览室上机用户信息、用户上机时间、操作记录、用户下机时间进行明细信息查询。

(4) 数据交换

数据交换内容包括：基本信息数据、名单数据、运行管理数据、网站访问统计数据、应用运行统计数据、服务情况统计数据、明细数据的交换。公共电子阅览室管理端数据交换涉及的数据按照数据交换的频率可以分为三种：实时交换数据、按天交换数据和按月交换数据。实时交换数据包括：基本信息数据的增量更新、名单数据的增量更新和运行管理数据。按天交换数据包括：网站访问统计数据、应用运行统计数据和服务情况统计数据。按月交换数据包括：明细查询数据或者终端日志记录。同时公共电子阅览室管理端保留终端日志记录 6 个月。为了实现和上级中心公共电子阅览室管理信息系统的对接，公共电子阅览室管理端数据交换同样要求基于 Web Service 平台，交换数据的描述方法采用 XML 语言标准。

(5) 限时上机

可设置公共电子阅览室终端的上级用户登录使用的最长时长。

特殊情况也可以给个别用户指定上机时长。

2. 公共电子阅览室终端软件基本功能

(1)上机用户登录、退出

根据限时上机要求，控制上机用户的登录和退出，未经登记的上机用户不可进行终端操作，在同一公共电子阅览室的同一时段内，同一上机用户不得在不同的终端上登录。

(2)统一综合浏览(可选)

上机用户通过统一的资源访问界面进行上机操作。推荐名单网站和白名单应用可以在该资源访问界面上进行展示。

(3)行为管理

实时与管理端同步网站黑名单、网站推荐名单和应用白名单列表。对不符合要求的网站或应用的终端访问实时阻断，并向管理端发送报警，同时弹出消息，提示上机用户访问内容不符合要求。

(4)日志记录

将终端开机时间、用户上机时间、上机用户信息、操作记录、用户下机时间、关机时间的日志记录每天实时上传至公共电子阅览室管理端。

(5)远程控制执行

终端对公共电子阅览室管理端的重启、关机和截屏操作予以执行，并将执行数据反馈至公共电子阅览室管理端。

(6)数据交换

交换的内容主要包括：报警信息数据、运行管理结果数据和终端日志记录。前两类数据要实时交换，最后一类数据按天交换。

(7)限时上机

按照本公共电子阅览室规定控制上机用户上机时长，快到退出时间前提示。

三、案例：东莞地区图书馆公共电子阅览室建设

按照东莞建设"文化名城"和"文化惠民工程"方案，到 2012 年底全市将实现镇街、社区公共电子阅览室全覆盖。为保障基层公共电子阅览室建设顺利并发挥良好服务效益，东莞在原有的图书馆集群管理基础上，提出通过云计算技术开发应用来实现公共电子阅览室的快速构建与安全可控可管的策略。经过不到一年的研发，基于现代技术的新型公共电子阅览室服务模式、管理模式和环境设施已基本成型。

新环境——打造公益数字文化服务连锁店。

东莞新型公共电子阅览室应用形象设计理念是实现"五个统一"，即统一标识、统一风格、统一技术、统一服务、统一管理，将其打造成政府为人民群众提供公益数字文化服务的"连锁店"，以丰富、趣味、健康、生动的内容，成为政府保障人民群众基本数字文化权益的服务阵地。其空间如图 3-5 所示，布置时尚新颖、温馨舒适，设备布局多样，主体家具橙黄色的时尚外观和高辨识度特色给人留下强烈的印象，并易于增强民众对文化事业的认同度，对公益性文化事业也起到了宣传和推广的作用。

图 3-5　东莞新型公共电子阅览室总体形态

新技术——"文化e管家"。

"文化e管家"设备是东莞新型公共电子阅览室建设的技术核心。该设备采用云计算技术，将软件系统、数字资源、安全网络设备、无线接入设备等构建公共电子阅览室的相关元素集成到一台服务器上，即一台设备同时具有电子阅览室的服务器、存储、流媒体服务器、资源服务器、网络设备、安全网关设备、无线接入设备功能和电子阅览室管理功能，系统使用无须安装客户端软件，也不用维护管理，对阅览室的工作人员没有任何技术要求，只需要登记上网人员身份信息即可。

"文化e管家"如图3-6所示，主要功能包括：①网络过滤，具有增强白名单、黑名单功能及关键词过滤技术，保障健康上网；②安全使用互联网，在云计算服务模式下，监控中心实施实施监控每个阅览室在线运行细节，并能远程控制电子阅览室的网络访问；③无线通信，支持WIFI、蓝牙等功能，可与手持设备通信；④数据仓库，可建立阅览室利用信息的数据仓库，实现基本信息查询、资源利用和服务情况统计，能够挖掘有用数据，分析读者信息需求特点。

"文化e管家"设备可以实现基层电子阅览室的快速部署，解决健康上网、安全可控等问题，满足新网络环境下多终端形态服务的需求。

新形态——多终端、立体式网络服务。

东莞新型公共电子阅览室通过有线网络和无线网络的集成，以及纸质媒体、固定终端和移动手持终端的集成，构建了一个多形态、立体式的数字文化空间。它打破单一数字服务的模式，将传统阅览与数字阅览结合，既有传统纸质书书架，又有台式电脑、一体式电脑、平板电脑、电视、投影等多样化的数字阅读终端，提供WIFI无线上网，除了阅览室内配备的时尚、轻巧的平板电

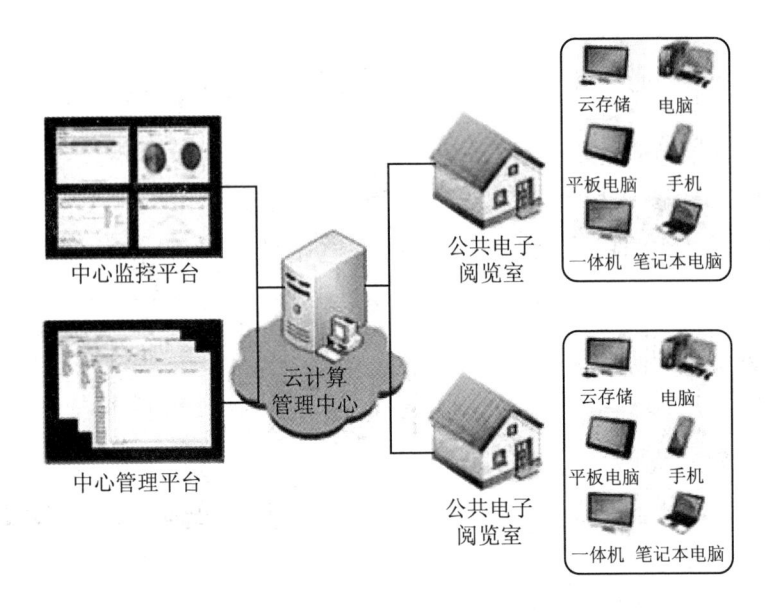

图 3-6　东莞图书馆"文化 e 管家"

脑供用户阅读电子书、收看视频讲座、试玩益智游戏外，人们还可以使用自带的笔记本电脑或手机上网冲浪。

新管理——体系化建设、云服务管理。

依托发展较好的城市图书馆总分馆体系，东莞在市图书馆建立了市域公共电子阅览室的云服务管理中心，实现对各基层公共电子阅览室的统一管理、统一监控、统一服务、统一技术支持。云服务管理中心包括中心监控平台、中心管理平台、数据分析平台和资源推送平台四大功能，其中监控平台能够监控到各公共电子阅览室服务点的使用情况，包含用户登录情况、资源访问情况、浏览统计、在线时长、访问人员年龄分析、地域分析等信息，中心的电视墙还可显示基层公共电子阅览室的服务现场图像；管理平台统一设置网络访问白名单、黑名单和自动过滤关键词，保障各网点绿色安全上网；数据分析平台可采集各个电子阅览室数量、登记人数、访问流量等数据，进行数据分析后再进行数据挖掘，并以图形显示用户的利用规律；资源推送平台将共享工程、图书馆授权资源及网络资源进行整合，形成资源导航，集成资源检索、用户身份认证、信息推送等功能，由中心统一发布新闻专题，向各个电子阅览室进行实时热点专题推送。

第三节 电子阅览室的安全管理与维护

公共图书馆电子阅览室是公共图书馆适应信息时代需求，通过计算机网络技术向社会公众提供电子书刊阅览、数字资源检索和网络信息查询的电子文献阅读平台，也是公共图书馆基础业务建设与读者服务工作的重要组成部分。针对公共图书馆较为特殊的开放环境和素质参差不齐的读者对象，电子阅览室在运行中必然会遇到各种各样的问题，轻则使系统的某些功能无法实现，重则会造成整个电子阅览室甚至是整个局域网瘫痪，这将给图书馆和读者带来巨大的损失。

一、电子阅览室网络安全的含义

网络安全是指网络系统的硬件、软件及其系统中的数据受到保护，不受偶然的或者恶意的攻击而遭到破坏、更改、泄露，系统连续可靠正常地运行，网络服务不中断。因此，图书馆网络安全，包含了图书馆网络物理硬件设备和传输线路的安全、操作系统和应用系统的安全以及数据的安全等层面。因此，图书馆网络安全可理解为通过采用各种技术和管理措施，使网络系统正常运行，从而确保图书馆网络数据的可用、完整和保密[1]。

---

[1] 网络安全计算机病毒入侵检测等安全概念[EB/OL].[2012-06-26]. http://www.edu.cn/ji_shu_ju_le_bu_1640/20080804/t20080804_313943.shtml.

二、威胁电子阅览室网络安全的主要因素

由于公共图书馆环境的特殊性和读者的复杂性，威胁电子阅览室网络安全的因素有很多，归纳起来主要有以下几种。

(一)自然因素

外在的环境因素，如温度、湿度、电源的稳定性等，对硬件设施的安全有着重要的影响。因此电子阅览室环境需防水、防火、防潮，同时应保持室内的清洁卫生，以减少灰尘和静电对电脑的危害。另外，每台主机箱要配备电脑锁，防止机箱被擅自拆开，取走或损坏里面的零部件；同时，还应安装监控设备，或者加强电子阅览室工作人员的巡视，以防止有人对电脑配件的恶意破坏。

(二)人为因素

人为因素是对电子阅览室网络安全影响最大、最不确定的因素。人为因素分为两种，一种是无意行为，主要是由于有些读者电脑知识贫乏，在使用中操作失误而造成的系统故障；另一种则是故意行为，有的读者在好奇心驱动下，在阅读了计算机相关知识的文章后，尝试充当黑客的角色，以此显示自己在计算机方面的能力与天赋。还有的读者破解座机管理系统，以达到独占一台读者用机长时间上网的目的。

(三)病毒因素

病毒一直是计算机系统安全最直接的威胁，它能自行复制、运行和传播。网络更是为病毒提供了迅速传播的途径，中毒后计算机运行缓慢，出现蓝屏甚至死机，系统资源遭到破坏，严重时还会使整个网络系统陷入瘫痪。它主要通过以下途径传播。

一是通过互联网进行传播。计算机病毒可以藏匿在正常文件中，当你从网络另一端得到一个被感染的程序，并在你的计算机

上、在未加任何防护措施的情况下运行它时，病毒就传染开来。病毒在互联网传播主要有两种方式：一种来自文件下载，那些被浏览或是通过FTP下载的文件中可能存在病毒；另一种威胁来自电子邮件，大多数邮件网关系统都提供在网络间传送附件的功能。因此，携带病毒的文档或文件就能通过邮件网关系统和邮件服务器进入局域网络，总之，网络使用的简易性和开放性使得这种威胁越来越严重。

二是通过移动存储设备来传播。常见的移动存储设备包括U盘和移动硬盘。感染病毒的移动存储设备经使用后将病毒传染给另一台计算机，移动存储设备已成为计算机病毒传播的又一主要方式。

三是通过局域网络的传播。像目前最流行、波及范围最广的ARP病毒就是利用ARP协议自身缺陷在局域网中传播。ARP木马只需成功感染一台电脑，就能导致整个局域网都无法上网，严重的甚至可能带来整个局域网的瘫痪。

(四) 软硬件故障

软件故障主要是指应用软件被读者有意或无意破坏所引起的故障；硬件故障主要是由设备质量不过关、元器件磨损老化、配置不当、电源电压不稳定、插件接触不良等引起，这些都有可能导致系统出现故障。

(五) 管理的漏洞

电子阅览室的网络安全，一靠技术，二靠管理。建立健全的电子阅览室网络安全管理制度，是维护网络安全运行，有效地发挥电子阅览室网络功能为读者提供信息服务的重要保障。然而，由于管理者的网络安全意识淡薄，安全管理制度不健全或执行力度不够等因素，如电子阅览室安全制度的缺失、对读者上网行为管理的混乱，都将严重影响电子阅览室网络的安全性。

三、电子阅览室网络安全应对策略[①]

网络安全需要全方位的防范，它不仅涉及技术、设备、人员管理等，还要以规章制度作保证，这样才能使网络系统避免来自各个方面的威胁及破坏，从而保障电子阅览室网络系统的正常运行。电子阅览室管理人员可采用以下几种网络安全应对策略。

(一)安装杀毒软件

为电子阅览室的每台读者用机都安装上杀毒软件并实时升级，这是传统的计算机病毒防护方法，它能有效地清除或隔离计算机病毒，保护读者的上网安全。

(二)采用防火墙技术

防火墙是计算机网络安全体系中的一个基本组成部分，它在内部和外部网络之间构造了一个防护层，所有的内外连接都强制性地经过这一保护层接受检查过滤，以阻止外部网络的入侵。同时，设置防火墙策略也可阻止来自内部网络的非法攻击，防范电子阅览室读者对局域网络的入侵。

(三)应用入侵检测技术

入侵检测是一种能够主动防御网络病毒的攻击，保护系统免受攻击的网络安全技术。入侵检测系统通过对计算机网络或计算机系统中的若干关键点收集信息并对其进行分析，从中发现网络或系统中是否有违反安全策略的行为和被攻击现象。为电子阅览室计算机设备所在子网引入一套合格的网络入侵检测系统能有效地简化管理人员的工作，在一定程度上保证网络的安全。

---

① 陈戍燕. 公共图书馆电子阅览室网络安全及其应对策略[J]. 网络财富，2010(7).

(四)划分不同的虚拟子网

采用 VLAN 技术按照不同的业务功能把图书馆网络划分为不同的虚拟子网，不同的子网之间互不影响，以减少网络风暴和病毒传染的概率，增强网络的安全性。为电子阅览室网络单独划分一个子网，与图书馆其他业务子网分隔开来，能够有效阻止来自其他网段的病毒传播和黑客攻击。

(五)经常性地维护和保养硬件设备

电子阅览室网络需要经常性地维护和保养，对老化或磨损的硬件应及时更换，否则任何器件的损坏都有可能致使系统出现故障，如多台计算机设备连接的交换机出故障会导致电子阅览室局部的网络瘫痪。

(六)加强制度建设，建立健全的网络安全管理制度

公共图书馆电子阅览室网络安全的实现是建立在严格的管理制度基础上的，应建立健全的网络安全管理制度，把所有的安全措施和过程通过管理制度的方法和手段落到实处。电子阅览室的网络安全管理制度大体包括工作人员操作制度、读者上机管理制度、病毒防护制度、设备管理维护制度、网络问题处理制度等。

第四节 电子阅览室管理系统操作实例

公共电子阅览室管理系统是为了规范公共电子阅览室用户上机行为、管理和监控公共电子阅览室网络信息、掌握公共电子阅览室运行服务状况，采用信息技术手段实现各级业务需求的信息化管理系统。为了更好地理解系统功能，掌握系统操作，本节以东莞公共电子阅览室为例，根据图书馆员的完整服务、管理流程设定工作任务(包括读者信息管理、客户端管理、读者资料复制打

印服务、客户端电脑维护等),逐步示范其操作步骤(不同电子阅览室管理系统基础模块功能操作类似,馆员可以对照学习)。

任务1:上机规则设定。

任务2:读者信息登记及登录客户端。

任务3:读者上网行为规范与监管。

任务4:读者资料复制与打印服务。

任务5:读者下机与客户端维护。

任务6:读者上机信息统计与分析。

任务1:上机规则设定。

考虑到节假日来上机的读者人数相对较多,从人性化服务的角度考虑,需要灵活设置读者的上机时间,在读者流量少的时候可以适当延长读者上机时间,在读者流量多、出现排队等候现象的时候保持正常的上机时间。具体操作步骤如下。

登录管理系统,进入上机管理—上机规则配置,在页面中写入客户端上机时间(120分钟),点击"添加"保存(参见图3-7)。

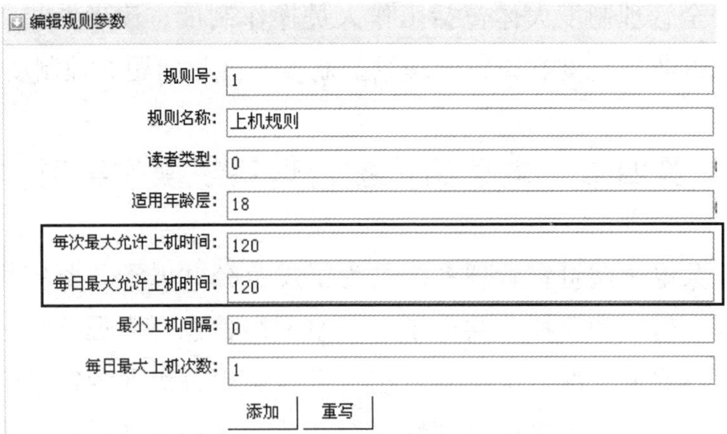

图3-7 上机规则

任务 2：读者信息登记及登录客户端。

第一步：登录电子阅览室登记系统，根据公共电子阅览室"上网实名制"的要求，工作人员需要请读者出示其有效证件进行登记（如身份证、驾驶证、护照、户口本、军官证、警官证等），未成年人可以用读者证（借阅证）登记（参见图 3-8）。

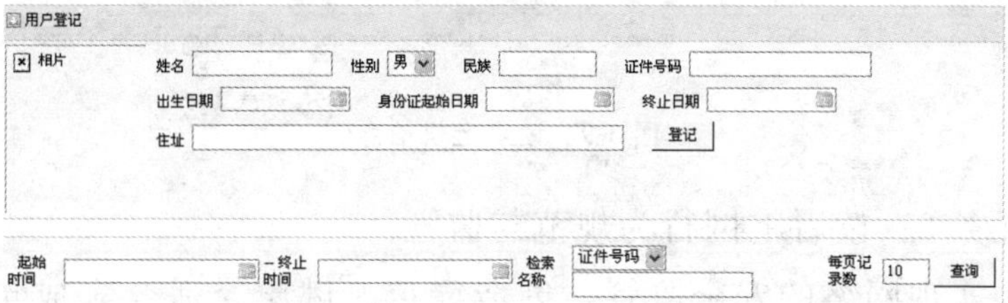

图 3-8　读者登记界面

第二步：读者上机用户名与密码分配。登记完毕后工作人员提供客户端登录名和密码供读者登录。

第三步：读者在公共电子阅览室区域内自行选择某个客户端进行系统登录。需要注意的是未成年读者需要在专门划分的未成年人阅览区内使用资源，不可进入成年人阅览区（客户端包括电子阅览室配备的公用电脑及读者自行携带的具有 WiFi 功能的笔记本电脑、手机、平板电脑等移动设备）。

第四步：读者在客户端输入登录名称和密码登录系统，登录成功后，工作人员登录管理端，进入上机管理—上机情况，会看到该读者的上机信息（参见图 3-9），以便于管理[①]。

第五步：读者换机。读者如果想要换一台电脑使用，可在正使用的客户端点击"下机"后直接去同一区域内的另外一个客户端登录，无须再次登记。

---

① 注：各种读者身份信息都是虚拟的，仅为说明操作方法。

图 3-9　读者上机信息

任务3：读者上网行为规范与监管。

为实现网络的安全监管，创造绿色、健康、适合未成年人使用的公共电子阅览室网络环境，工作人员应该对有不良信息的网站或网页进行屏蔽，同时对读者的上网行为进行监管。

第一步：设置黑名单。在管理端可以设置某些网站无法被读者访问，以屏蔽不良网站。进入资源管理—黑名单管理，在打开的界面中点击"添加行"，输入需要屏蔽的网站地址和描述、备注信息，再点"新增保存"，即可在公共电子阅览室内屏蔽该不良网站（参见图3-10）。

图 3-10　黑名单管理

第二步：设置过滤词。在管理端进行设置可禁止读者访问含有该关键词的不良网站页面。登录系统后进入资源管理—过滤词管理，在打开的界面中点击"添加行"，输入相关信息，再点"新增保存"后设置成功。

第三步：设置白名单。针对未成年人阅览区设置白名单，在白名单中列入可供未成年人浏览的绿色网站名称和网址，这样未成年读者可以访问白名单列表中的网站，不能访问其他网址，如果未成年读者需要访问白名单以外的网址，需要向工作人员申请并先由工作人员检查该网站内容，如果没有不良信息则将该网站添加到允许访问的白名单中。

第四步：读者上网行为监控。登录系统后进入统计报表—资源访问报表，可以看到读者的互联网访问记录。

任务4：读者资料复制与打印服务。

第一步：添加打印机。将服务台的某台电脑作为复制与打印服务电脑进行设置，首先需要添加打印机，保证这台电脑能连接到打印机并正常打印。

第二步：设置共享文件夹。在这台打印电脑上建立一个共享文件夹，使公共电子阅览区内的电脑都可以访问此文件夹，将该共享文件夹的访问权限设置为可以"读取"、"写入"。

第三步：读者资料复制。当读者需要复制资料时，可以直接通过电脑USB接口插入移动存储设备进行复制，或者将资料存储在打印电脑上的共享文件夹里，在下机后进行资料复制或光盘刻录。

第四步：读者资料打印。读者可以将资料放入打印服务电脑的共享文件夹里或直接放入移动存储设备中交给工作人员进行打印；如果是互联网在线资料的打印（如某些网上填写的求职简历、考试报名表等），读者需先在电子阅览室客户端完成资料填写并保存，然后在打印服务电脑登录账号后直接打印，为保证打印工作的效率，打印服务电脑不可供读者填写或修改资料。

第五步：刻录光盘、打印完毕后工作人员应及时删除读者的打印资料，按照收费标准收费并做好收费记录。

任务5：读者下机与客户端维护。

为了保护读者在使用客户端电脑的过程中产生的个人信息与资料的安全，读者下机后需要进行注销或重启客户端电脑的操作，且随着使用次数的增多，客户端电脑会出现系统垃圾不断增加、系统运行缓慢甚至系统文件损坏或中毒的现象，因此需要对客户端电脑进行必要的维护。

第一步：在管理端设置读者下机后客户端的动作。可以选择系统注销或重启电脑。

第二步：在客户端统一安装某系统还原软件。

第三步：设置阅览区每天开放时电脑开机自动还原系统，以清除前一天读者留下的个人资料。当客户端电脑出现运行缓慢、容易死机、系统出错等情况时，应对该客户端进行系统还原操作。

第四步：在对客户端电脑进行软件更新和升级后，不要忘记重新设立新的还原点，以防更新内容丢失。

任务6：读者上机信息统计与分析。

第一步：读者上机信息统计。包括读者上机人次、时长、读者登记的个人信息等内容，这些信息需要登录系统后进入上机管理—上机情况统计中查到（参见图3-11）。

上机人次	上机时长
32560	2728875分钟

统计列表

记录总数：3084　页数：155　[1 2 3 4 5 6 7 8 9 10 下一页]　跳转第 [　] 页 GO

证件号码	读者姓名	上机次数	在线总时长
10053578	肖雯莎	389	23207分钟
10051427	郑志名	356	30544分钟
10017276	李磊	340	36318分钟
10061196	陈雷	323	22580分钟
10055593	张惠芬	267	25064分钟
10049965	吴汪文	251	19553分钟

图3-11　读者上机情况统计

第二步：读者登记统计分析。登录系统，进入信息管理—登记统计分析，可以查到读者登记的相关数据分析，以便于工作人员了解、总结工作情况（参见图 3-12）。

图 3-12 登记统计分析

【思考题】

1. 图书馆为什么要提供网络服务？其意义和价值何在？
2. 请设计一份较为完整的电子阅览室信息安全管理方案。
3. 某图书馆电子阅览室实行免费开放后，出现读者擅自访问非法网站、长时间霸占计算机终端、私带外接设备等现象，请你制订一个切实可行的技术管理方案。

第四章 数字资源建设技术

【目标与任务】

数字资源建设已经成为图书馆信息资源建设的重要内容；提供数字资源的服务，也是图书馆服务融入现代化的重要标志，是顺应公众需求发展的必然趋势。本章的目的是让学习者通过学习系统掌握信息资源建设的基本原理和相关技术，掌握专题数据库建设的一般流程和技术方案，多媒体数字资源建设平台与使用，以及图书馆网站服务的建立与维护。本章主要围绕数字资源建设与服务的技术平台展开。第一节主要介绍数字资源建设的基本含义以及数字资源建设的基本技术；第二节主要介绍如何根据学科建设和地方特色建立专题性数据库，包括专题数据库的含义、功能需求、常用建设平台及实施案例等；第三节主要介绍音视频资源的采集、编辑、播放的相关技术，形成图书馆多媒体特色数字资源以资利用；第四节主要围绕图书馆门户网站建设展开，包括建设的基本原则、技术要求、平台和方法等。

第一节 数字资源建设技术概述

科学技术的发展，使得纸质材料不再成为信息资源的主流载体。相同体积下，光存储、磁存储较之传统纸质载体，所容纳的信息量呈百倍增长。在学习和科研活动中，人们生产和利用信息资源的手段和方法发生了很大变化。人们不仅直接生产数字资源，还能在同一时间、不同的地点使用同一份数字资源。数字资源建设已成为图书馆及其他信息机构资源建设的重要内容。

一、数字资源建设的基本含义

数字资源建设是指图书馆系统地规划、选择、收集、组织、存储和管理数字形态的信息资源，建立具有特定功能的、有体系的数字资源集合。从宏观层面来看，数字资源建设可以是单个图书馆、地区性图书馆联盟，乃至全国信息资源保障体系的建设；从微观层面来说，则是一个具体的资源库建设过程，它的最终表现形式通常是一个数据库。

数字资源建设工作，从图书馆具体业务角度讲，包括数字资源的采购、自建（馆藏书目数据库建设、馆藏印本声像资源数字化、馆外社会资源数字化、图书馆网站建设、虚拟资源导航系统建设等）、整合、组织、保存和挖掘等。目前，很多图书馆开展的特色数据库建设，其资源有的来自馆藏，也有的来自馆外，涉及上述多项活动。

数字资源建设方式，从图书馆之间关系角度讲，分为独立建设和联合建设。其中联合建设在资源共享方面需要解决知识产权等利益问题，同时对建设标准有很高的要求。

二、数字资源建设的基本技术

数字资源建设工作是以计算机及网络环境为基础，所依赖的技术不仅包括数据库技术、计算机技术、多媒体技术、网络技术、数字存储技术等基础性信息技术，还包括以下数字资源建设中的一些专门技术。

（一）采购查重技术

采购查重技术包括单馆开展采购时的查重技术和多馆联合采购时的查重技术。前者主要依靠图书馆的电子馆藏目录；而后者则需要专门建立多馆联合采购查重系统,主要用于图书馆联盟采取分别购买、共同使用方式联合采购数字资源时的查重,避免图书馆之间选购重复的电子文献。这种采购方式和采购技术目前已经在我国高校系统和中国科学院系统使用。

(二)信息组织技术

信息组织也称信息整序,是利用一定的规则、方法和技术对信息的外部特征和内容特征进行揭示和描述,并按给定的参数和序列公式排列,使信息从无序集合转换为有序集合的过程。目前信息组织所采用的技术主要包括代码与编码技术、分词与标引技术、主题与分类技术、描述与编目技术、本体技术等。

(三)数字化技术

数字化技术指的是运用 0 和 1 两位数字编码,通过电子计算机、光缆、通信卫星等设备,来表达、传输和处理所有信息的技术。数字化技术一般包括数字编码、数字压缩、数字传输、数字调制与解调等技术。数字化技术是图书馆自建数字资源的基础,古籍数字化技术的进步对图书馆意义重大。

(四)数字资源整合技术

数字资源整合具体是指图书馆依照一定的需求和原则,将各个数字资源系统中的对象、功能及其互动关系进行合并和重组,形成一个新的数字资源体系,使该有机整体具有更高的效能和更好的性能[①]。数字资源整合相关的技术很多,如海量数据存储技术、ETL 技术、信息源的监控与更新技术、信息源选择技术、信息抽取技术、查询处理技术、结果整合技术、语义整合技术、代理(Agent)通信和协调技术、P2P 技术、门户技术、联邦技术(如 z39.50、Dienst)、

---

① 雷鸣. 数字资源整合理论与技术[J]. 硅谷,2010(22).

采集技术(如 OAI)和链接技术(如 OpenURL、SFX)等。

(五)数字保存技术

数字保存是指为保证数字比特流可长期维护和其内容可长期获取的必要管理活动,包括长期存储和长期可获取两层含义。常用的数字保存技术包括复制、迁移、仿真、数据抽取、风干等。目前,基于云计算、云存储出现了长期保存云的概念。

(六)门户网站建设技术

图书馆建设的门户网站主要包括图书馆网站和专题门户网站。目前有条件的公共图书馆还建设了手机图书馆门户网站。相关技术包括超文本技术、信息构建技术等。

在以下各节,本书选取了公共图书馆普遍开展的特色数据库建设、音视频资源制作和图书馆门户网站三项活动,较为详细地描述了相关技术在图书馆工作中的应用。

第二节 特色数据库建设

特色数据库通常是从馆藏基础出发,或从用户需求出发,按照特定学科或主题,将处于馆藏文献结构中或在地区乃至更大范围内占有优势地位的资源集中起来,通过全面而深入地进一步收集完善,建立而成的信息资源库,使之形成规模效应,更具学术性或资料性价值,便于得到更有效的利用。一般来说,特色数据库的建设除了要满足实用性、系统性等原则外,更应满足特色性原则,即满足学科、专业特色,或者地方特色,或者馆藏特色。因此,特色数据库往往也被称作专题数据库。

在特色数据库建设时,需要有效、规范、明确的工作流程。一般来说,建库工作流程包括确定选题、系统设计、系统开发、数据加工著录、数字资源发布五大部分。

一、确定选题

(一)选题的平衡

选题是体现特色数据库特色之所在的基本点,也是特色数据库实用性的立足之基。恰当地确定选题,既可确保有效、足量地揭示信息资源,也能避免重复建设,造成资源浪费。

对公共图书馆而言,最容易发掘的便是地方特色文献,而这往往也是公共图书馆服务对象所需求的特殊资源。首先,搜集、整理、保存地方文献是公共图书馆的主要任务之一;其次,多年积累之下,多数公共图书馆也已具有一定的地方文献入藏量,且在该领域有一定的文献覆盖率。地方文献所反映的地方经济、文化和传统正是其特色所在。但是,在确定选题时,需要保持几点平衡。

1. 选题和用户需求

选题应能反映用户的信息需求或者挖掘出用户的潜在需求,闭门造车的结果只能是徒有特色,缺乏实用性。

2. 选题范围和资源数量

选题过大,虽能保证数据库中信息资源的数量足够多,但同时也容易陷入大而无用的境地。选题过小,则可能在搜集资源时面临无货可购的窘境。

3. 选题和建库人员

建库人员的组成结构直接影响到数据库最终成果的质量。建库人员中应当有选题领域的专家或顾问,为内容质量把关。

(二)确定收录范围

围绕已经确定的主题,还须确定收录范围,主要从内容和形式来操作。

1. 明确数字资源的载体来源

是否只能来自原生数字媒体,还是也能接受数字化结果的内容，如图书数字化。

2. 确定时空、语种、学科范围

细化搜集的主题，明确所要收录的资源，需回溯到哪个历史年代，如"现代纺织信息参考平台"①，仅收入现代时期的与纺织主题有关的信息；也要划定地域范围，如"东南海疆研究数据库"②；此外还要确定语种，如"中文循证医学数据库"。

3. 收录的数字资源格式

数字格式有文本类型、二进制文件，还有图片、音视频等，收录时可以各有选择。如"厦门记忆"③数据库的"闽南戏曲"子库以视频资源为主；"厦门记忆"数据库的"图说厦门"子库则以数字化加工的图像文件为主；"东南海疆研究数据库"则兼收各种格式。

4. 待收录资源的使用许可类型

不同来源的信息资源有各自的使用许可，既有私有领域的商业资源，也有开放领域的免费内容，还有采取创意共用授权的自由版权等多种类型。选择不同的使用许可类型，会影响到建库成本的增减，也会影响到特色数据库建设成果使用的授权方式。

(三)确定收集途径

1. 馆藏数字化

信息资源库的一大来源是已有的数字馆藏或者将纸本馆藏数字化，这通常是建立专题信息资源库的基础内容。

---

① 东华大学图书馆．现代纺织信息参考平台[EB/OL]．[2012-05-26]．http://202.120.146.44/DLib/index.html．

② 厦门大学图书馆．东南海疆研究数据库[EB/OL]．[2012-05-26]．http://210.34.4.13:8080/asia/login.aspx．

③ 厦门图书馆．厦门记忆[EB/OL]．[2012-06-26]．http://was.xmlib.net:8081/xmtsgweb/xmjy-index.jsp．

2. 购买公开出版物

可以向商业数据库商购买，或者是公开发行的单件。

3. 交换、赠送

与其他文献收藏机构彼此交换，互通有无，同时也接受机构和个人的捐赠。

4. 用户提交

进入 Web 2.0 时代，用户向网站主动提交内容（User Generated Content，UGC）已经成为常态。允许用户提交内容，并在用户间互动，将成为信息资源库内容的一个有效增长点。

以上只是收集资源的若干主要途径，各机构实际情况不同，会有更多的途径。但在收集的过程中，需要特别注意资料来源的知识产权状况。要保证收集来的资源不会带来知识产权风险。常见的问题如赠送获得的资源是否允许公开开放使用；用户提交的内容若非本人所有，是否已经明确获得原所有人授权等。

二、系统设计

系统设计是指确定选题后，经过调研设计数据库平台的内容框架，制定元数据方案和著录规范，建立数据库软件平台。在开始之前，应对已有资源充分调研，以期对待加工资源有整体的了解，这有助于更高效、准确地完成系统设计工作。

（一）设计内容框架

通过建立内容框架，有利于系统建设人员把握整体方向。经过调研后，可以从内容、来源、文献形态等不同角度为待加工资源建立分类体系，并在此基础上设置数据库平台的栏目；或是捋顺资源组织的线索，以此为依据建立数据库平台的导航浏览路径，便于读者浏览、定位信息资源。

(二)设计元数据方案

数字资源只有经过严密的组织和深层次的内容揭示，才能成为有结构的、可供使用的资源集合。揭示数字资源内容的过程，就是著录元数据的过程。在实际著录之前，首先需要确定元数据方案，具体步骤包括，如图 4-1 所示。

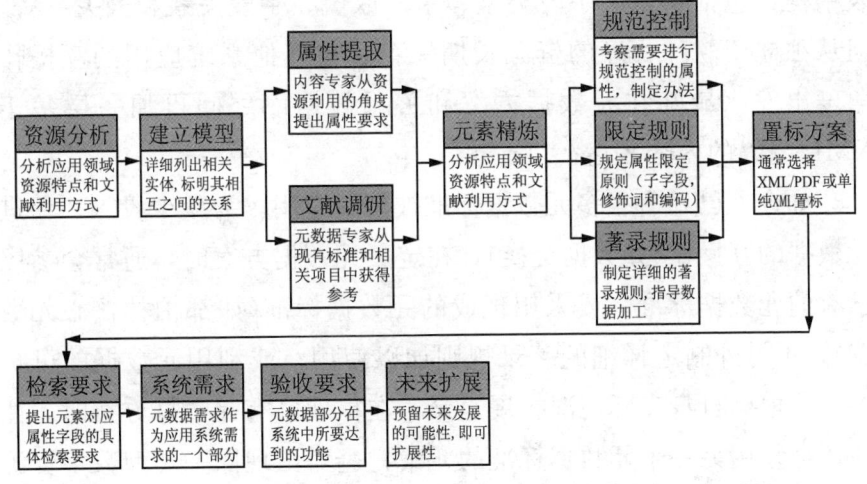

图 4-1　元数据方案设计流程图示①

第一，从整体上把握待著录的数字资源，确定资源类型、著录层次、数字资源的属性、数字资源之间及属性之间的关系、核心属性，等等。

第二，在此基础上，再设计元数据方案。元数据方案定义了信息资源库中每个著录对象的各种属性，类型有描述型元数据、管理型元数据、结构型元数据。这些属性通常按照国际通用的规范形式定义(ISO/IEC 11179)，并赋予名称，也就是元素。在方案中，包括有核心元素、扩展元素、元素修饰词的定义和它们的取值方式。

---

① 上海图书馆名人手稿数字图书馆课题组. 名人手稿馆元数据方案的设计和实现[EB/OL]. [2012-05-26]. http://www.libnet.sh.cn/sztsg/ko/reference/Celebrity-ManuscriptMetadata2.pdf.

第三，制定元数据的著录规则。著录规则是在元数据定义的基础上，将元数据方案应用到具体数字资源时的细节要求。通常包括元素及其修饰词的著录信息源、特征、取值范围、参照标准等。

第四，确定元数据的编码形式，也就是著录对象各种属性元素的表现形式。简单而言，可以将元数据方案表达为关系数据库表结构，包括字段、字段类型、字段取值、字段关系和表关系等。但从独立于软件程序的资源长期保存、与其他系统应用的互操作角度出发，最好在元数据方案和关系数据库之间再加一层基于XML编码的内容表达。

如今，已经有很多元数据标准被广泛应用。为减少投入、促进元数据的互操作(如数据交换)，在定义元数据方案时，通常会参照已有的元数据标准，或采用现成的元数据标准(如都柏林核心元数据)，再另外制定详细的著录规则加以使用；或利用元数据的可扩展性，根据自身实际情况扩展定义。在扩展已有元数据方案时，往往还会复用另一个元数据标准的元素，避免出现同一类型数字资源由不同机构重复定义的现象。如"大学数字图书馆国际合作计划(Cadal)"[1]在其电子书封装元数据中复用了Dublin Core的15项核心元素、部分元素修饰词和部分编码修饰词，同时还根据该计划的实际情况，扩展定义了版本信息、MARC记录、学位三个元素。

三、系统开发

如今的特色数据库大多是由多种类型资源的多媒体资源库构成，这使得整个数据库的存储和利用与纯文本的全文数据库或者文摘型数据库的存储和利用有所不同。首先复合媒体的数据库需要的存储空间远远大于一张光盘的存储容量，数据量甚至可能达

---

[1] 大学数字图书馆国际合作计划[EB/OL]. [2012-05-26]. http://www.cadal.zju.edu.cn/Index.action.

到数 TB，这就需要一个中央存储器；其次，为了便于维护更新，维持数据库内容增长，让更多用户同时使用，提高数据库的利用率，也会考虑将数据库通过网络提供服务。因此，大多数的特色数据库都会按照网络型数据库的类型来建设。

(一)体系结构

特色数据库系统的体系可以分为三层[1]，如图 4-2 所示。

①表现层：建库程序和用户检索程序，也就是用户界面。

②应用层：系统的各个功能模块，包括数据加工、资源著录、内容发布、系统管理等功能，也包括应用编程接口(API)，方便与第三方系统互操作。

③数据层：负责存储元数据和对象数据。

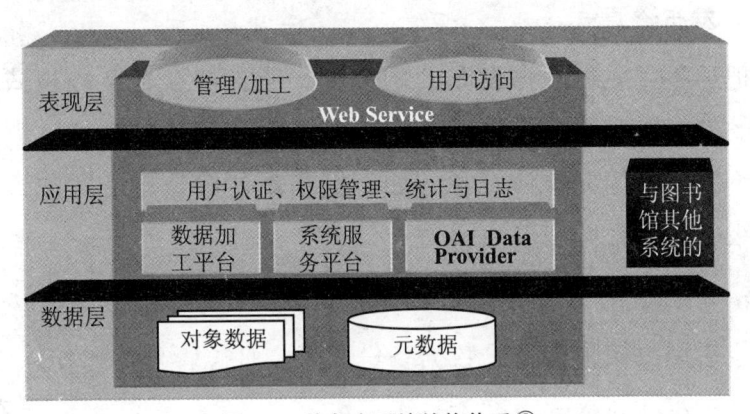

图 4-2 特色库系统结构体系[2]

(二)基本功能

1. 资源加工

包括对纸本资源的数字化过程和对数字资源的格式转化过程。

---

① Calis. 特色库子项目参建馆本地系统基本技术规范(简本)[EB/OL]. [2012-05-26]. http://202.114.65.58/cms/resupload/10000000000000000000/001/calis_t2.doc.

② 特色库系统结构体系图根据《特色库子项目参建馆本地系统基本技术规范(简本)》修改。

将纸本文献扫描后和原生数字资源一起经过图像处理、格式转换和文本识别，在文件系统中保存并等待著录元数据。

2. 元数据著录

按照数字资源组织的要求，设计元数据方案，制定著录规则，并据此开发数据库平台的加工著录模块，供专题库编辑人员增删和修改数字资源及其元数据信息。

3. 建立索引

数字资源和元数据分别存入文件系统和数据库系统后，按著录的元数据信息对其建立索引、排序，使之便于检索和迅速定位。必要时，还可以为数字对象的全文内容建立索引。

4. 发布资源

把加工完成的数据发布到网络上。能支持多种文件格式文本资源的发布，可根据资源类型、网络条件和用户的选择，向用户提供不同精度的多媒体资源，如不同像素的缩略图和原图、不同码流级别的音视频文件。

5. 系统管理

包括用户权限管理、数据备份恢复、日志管理等操作。

6. 提供编程接口

数据库平台带有 API 接口。例如定义资源收割接口，以支持通用元数据收割协议，从外部调用系统内资源；定义认证接口，允许与机构账户系统互通，支持统一认证等。

7. 数字资源存储

数字资源的存储包括元数据存储和资源对象的存储。有的元数据可以和资源绑定存储，如相片的 exif 元数据，便是留存在数码照片文件中；有的元数据和数字资源分离保存，如书目信息

MARC 记录。在数字资源入库时通常会给资源对象和元数据记录分配唯一标志号并用它将二者相关联。尤其是在将数字资源存入文件系统，而把元数据存入数据库管理系统中的时候。

在为数字资源建档入库时，当存在不同品质的版本时，建议留存最好质量的、未经压缩的或者是经过无损压缩的数字资源版本。

(三) 建库平台

不同的图书馆在技术开发、应用能力方面存在一定差异。技术开发团队配备齐全的图书馆，可以自主按需开发数据库平台；经费充足的图书馆，可以购买成熟的特色库建库商业软件；此外，还可以利用现成的开源软件，根据特色数据库功能需求做二次开发和本地化改造。

开源软件是开放源代码软件的简称，与通常只发布二进制程序的商业软件不同的是，开源软件都会允许公众获取其源代码，并且该软件的知识产权所有人在保留部分权利的前提下，允许公众免费使用、修改和再发布源代码修改。使用开源软件的好处是不用从零开发，可以借助别人已开发好的软件，满足特色数据库的基本需求，再稍加定制和功能扩展，即可较为迅速地投入使用。使用开源软件虽需要一定技术开发人员，但总体要求不会太高，对于团队人力较少的图书馆非常有效。此外，利用开源软件也能摆脱对商业软件的依赖，图书馆更具主动，符合大多数图书馆的使用需求。

以下为一些常见的开源软件建库平台。

1. 数字资产管理系统——DSpace

DSpace 是麻省理工学院图书馆和惠普公司实验室于 2002 年发布的数字资产管理系统，它是根据 BSD 开放源代码许可协议发布的开源软件。由于其功能相对齐全，符合大多数图书馆的使用需求，可扩展性强，也符合图书馆行业标准，故而成为广泛应用的数字资产管理系统。目前，全球范围内，已经有1 305个机构使用Dspace[①]。

Dspace可存储的数字对象包括论文、图书、图书章节、数据集、学习资源、图像、3D图像、地图、乐谱、设计图、预印本、录音、软件、技术报告、论著、视频、工作文档，等等，几乎囊括了所有格式的数字化的文字、图像、音频和视频资源。以上这些资源提交到DSpace系统后构成了基本的条目单元。

数据组织方面，DSpace的数据组织也即数据存储的形式有别于一般的文献管理系统，其数据组织模型与高校的学院、系别、教研室/实验室等组织结构大致相对应。其数据模型（data model）分别称为社区（community）、合集（collection）、条目（item），其中条目为存储库中的基本存档单元，即指提交到DSpace系统的数据单元。其中条目之下还可分为数字包（bundle）和比特流（bitstream）。但随着DSpace应用的延伸，community已不再严格对应机构内的组织，在实际应用中，也会被视作子系统的逻辑抽象[②]。

数据描述方面，DSpace同样采用了DC元数据，主要分为结构型、管理型和描述型三种元数据。在系统中已经预定义了要使用的DC元素及其修饰词。实际应用时，还可以增加、修改元素和修饰词。

运行环境方面，DSpace是一个基于Web的跨平台的Java应用，安装运行它需要满足如下软件环境：类UNIX系统或者Windows系统，Java JDK，Apache Maven，Apache Ant，Oracle或

[①] Dspace.org. Dspace Registry[EB/OL]. [2012-05-26]. http://www.dspace.org/whos-using-dspace.

[②] 陈和. 机构存储DSpace系统简介[EB/OL]. （2011-04-26）[2012-06-26]. http://dspace.xmu.edu.cn/dspace/handle/2288/203.

者 PostgreSQL 数据库管理系统，Apache Tomcat。

2. 通用内容管理系统——Wordpress

由于 DSpace 是由信息服务机构——图书馆开发的管理系统，紧贴行业需求，专业性很强。这既是它的优点，也带来了一些麻烦——安装、配置、使用稍显繁复，往往给小型特色数据库项目带来不便。此时可以考虑通用的内容管理系统，如 Wordpress。Wordpress 本作为开源博客软件使用，是如今个人博客平台中应用最广泛的一类博客软件。但随着应用日渐广泛、功能的完善，目前已逐步成为一个成熟的内容发布平台。根据 W3techs 的统计，截至 2012 年 5 月，全球内容管理系统市场，使用 WordPress 的网站已经超过一半[1]。

Wordpress 对系统环境要求不高，是典型的 PHP+MySQL 开源程序。其主要特性有以下几点。

①安装升级非常简单。安装过程仅需不到 5 分钟即可完成。

②国际化和本土化。不仅系统界面可以轻松在多种语言之间切换，系统核心也支持 Unicode，可支持中文。

③强大的扩展功能。不仅拥有诸多插件和主题模板可供挑选使用，更重要的是开放了系统接口，可以根据自身需求开发插件以扩展功能。这也是选择其作特色数据库建站平台的重要原因。可以参照开发文档，按特色库需求定义元数据、创建新的关系数据库表，增添数字资源管理功能。

④文件管理。可以方便地上传、发布各种类型数字资源。

⑤导入导出方便。导入导出功能允许管理员备份内容到 XML 文件和从 XML 文件恢复。

---

[1] Jason Mark. How WordPress Took The CMS Crown From Drupal And Joomla [EB/OL]．（2011-11-29）[2012-05-26]．http://wp.smashingmagazine.com/2011/11/29/wordpress-cms-crown-drupal-joomla/.

四、数据加工/著录

(一)数据加工

在数字资源入库之前,要先对其适当加工处理。对于来自纸本的藏品,需扫描数字化后入藏;已经数字化的资源或者原生数字资源,可经过适当处理后入藏。它们的工作流程基本如下[①]。

1. 纸本资源加工处理

扫描 ⟶ 图像处理 ⟶ OCR 识别 ⟶ 压缩转换

2. 电子资源加工处理

由于电子资源是已经数字化了的数据,因此对这类数据的加工主要是格式的转换、元数据分析等,往往和元数据加工一起处理。

导入 ⟶ 识别/转换 ⟶ 保存

(二)数据著录

制定元数据著录规则后,便可参照具体规则著录每一件数字资源。著录方式有以下几种。

1. 人工著录

编目人员研究分析即将入库的数字资源,依据著录规则逐条逐项添加元数据。

2. 批量导入

遇到成批量的新资源和元数据,可以分析来源数据的元数据规范以及自身的元数据规范,指定二者元素间的映射关系,将原始元数据转换为符合自身规范要求的元数据,再导入资源库中。

---

① Calis. 特色库子项目参建馆本地系统基本技术规范(简本)[EB/OL]. [2012-05-26]. http://202.114.65.58/cms/resupload/10000000000000000000/001/calis_t2.doc.

3. 自动著录

有时可以编写专门的小程序分析待著录的数字资源，或者使用软件定时从网络（如第三方网站）抓取数字资源，并从抓取结果中提取必要的元数据，初步形成简单的元数据记录。

无论是从现成的其他元数据批量导入，还是通过程序定时抓取网络资源，由于不同资源库之间元数据定义的不同，以及网络资源描述信息的缺乏，均可能导致元数据记录中的元素缺失，此时还需要编目员在批量导入的基础上进行必要的人工修订，保证最终入库资源的质量。

五、数字资源发布

著录、保存数字资源的最终目的是便于利用。在完成数字资源建档入库后，可在特定的网站平台上发布，向公众或机构用户提供使用。

当特色资源库的内容主要是文本内容时，网络查阅对网速的要求不高。但若包含图片、音频或者视频的多媒体资料时，则需要着重考虑此类资源对带宽的要求。初始入库的多媒体资源往往是未经压缩的高保真版本，为减少对网站带宽的负荷，同时也为降低用户的等待时间，发布时可以使用经事先压缩生成的、不影响一般性使用的、适合网络浏览、播放的缩略图或较低码流媒体文件，如有可能，最好可让用户选择其可接受的文件尺寸和码流大小。当原始版本对网络条件有较高要求，通常仅在本地局域网范围内使用，或仅作存档。

数据库中汇编的资源有多种来源，既有公有领域的作品，也有受知识产权保护的出版物，更有不少灰色资料。因此，当通过数据库向读者提供这些资源时，应当合理设定开放范围和使用授权，在不影响合理使用的情况下保护知识产权。粗略的划分开放范围，有完全公开使用的，如以 Open Access（开放获取）模式发布的数据库；有限定范围使用的，如仅能通过图书馆局域网或者校园网使用的；有申请使用的，使用前均需向数据库提供者提交申请后方能使用的。

六、实例：元数据定义

在特色数据库建设过程中，元数据的制订和著录直接关系到数据库成果的质量优劣，均需要首先分析待入藏资源，以制订恰当的元数据元素和著录规范。下面以某剪报资料特色数据库为例，详列其元数据定义和著录规范。

任务一：确定著录对象。

任务二：分析资源形态，确定描述信息点。

任务三：制订元数据和著录规范。

(一) 确定著录对象

某图书馆现收藏有新中国成立前某机构剪报资料若干册，如图 4-3 所示。受新闻报纸本身用纸材质和历史保存条件限制，急需对这些剪报资料做抢救性数字化处理。每份剪报资料都粘贴于固定尺寸大小的纸张上，纸张上记录了来源报纸和发表日期。简

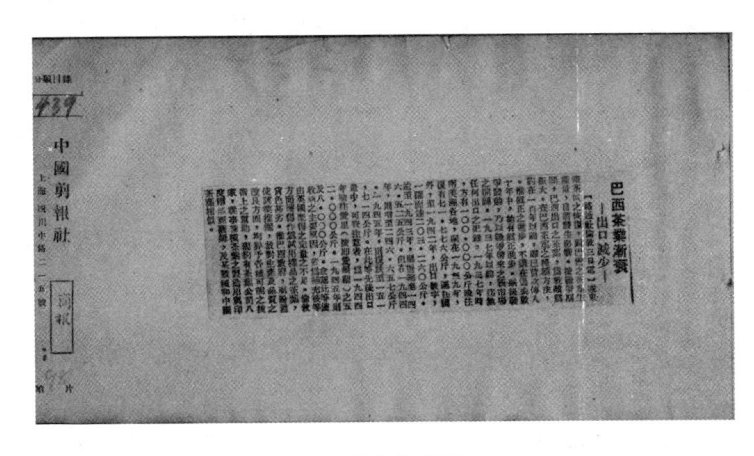

图 4-3 剪报资料图示 1

报按主题和年份分类装订成册，如"日本政治"、"世界妇女生活"等。扫描入库后，由于关系数据库和程序功能带来的便利，可以将著录对象确定为：单张剪报。

(二) 分析资源形态

本着不遗漏的原则，详细翻查待处理资料，确定与每个单张剪报有关的信息点。如图4-4所示，每册剪报合辑的封面和书脊上有该合辑名称，以及图书馆索书号等信息。

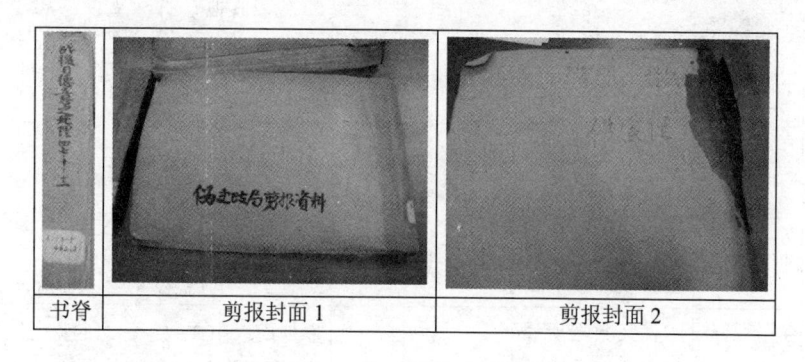

| 书脊 | 剪报封面1 | 剪报封面2 |

图 4-4　剪报资料图示 2

图 4-5　剪报资料图示 3

如图 4-5，每个单张剪报可能会有：新闻标题、小标题、作者、新闻日期、出处等。其中，新闻标题有单行和多行之分；有大标题和副标题等；新闻日期使用的是民国纪年。以上这些信息，都是每一则剪报资料的信息点，应提炼出来。

(三)确定元数据栏位和著录规范

表 4-1 剪报资料元数据定义

层级	域名	定义	著录规定	最大字符数	著录规范
成册信息	资料群	本件元数据所属的资料群	必填字段	2	01 代表史料局 02 代表史政局 03 代表其他
	案号	本件元数据的流水号	必填字段	3	从 001 开始
	专辑名称	本件元数据所属专辑名称	必填字段	开放	
	收录年份	本件元数据所属专辑收录的年份	必填字段	4	完整四位数字，如 1946。
	收录月份起	本件元数据所属专辑收录的起始月份	必填字段	2	原件内以中文数字标志起讫月，如"二一六"，代表 2 月至 6 月，著录时，收录月份起为 02，收录月份讫为 06。若仅收录一个月份的，如十一月，则收录月份起与收录月份讫皆著录为 11。
	收录月份讫	本件 Metadata 所属专辑收录的结束月份	必填字段	2	
	索书号上	贴在外皮书脊的白色标签纸，上书图书馆馆藏索书号	必填字段	8	著录第一行索书号 照实填写"—"与"."。
	索书号下	贴在外皮书脊的白色标签纸，上书图书馆馆藏索书号	必填字段	4	著录第二行索书号 照实填写"—"与"."。

续表

层级	域名	定义	著录规定	最大字符数	著录规范
内容信息	剪报语文	剪报书写语言	必填字段	开放	中文，英文或日文等
	剪报年	剪报出版年份	必填字段	4	如中华民国九年著录为9，若无法判读则填入模糊。
	剪报月	剪报出版月份	必填字段	2	原件内皆以中文数字表示，著录时应改为阿拉伯数字，如十月需打成10。 若无法判读则填入模糊。
	剪报日	剪报出版日期	必填字段	2	原件内皆以中文数字表示，著录时需打成阿拉伯数字，如二十五日需打成25。 若无法判读则填入模糊。
	剪报来源	剪报来源报纸名称	必填字段	开放	如实著录
	手写注释	剪报人员书写在剪报上的注释	可选字段	开放	如实著录，不做修改。 包含数字与中文字符时，先著录数字再著录中文字符，如"26/7 占"。 若有破损或模糊的字，以"□"（unicode 码为 25A1）表示。 若有能辨识但本机无法输入的字符，以"●"（unicode 码为 25CF）表示。 若由上下文判读出的缺字则以反红表示。

续表

层级	域名	定义	著录规定	最大字符数	著录规范
内容信息	标题	剪报的标题，通常字体比内文大，且字体不同。	必填字段	开放	不分主副标题，正文之前的句子（通常字体较大）皆为标题。按先横后直阅读顺序输入。一行标题输入在一个字段里面，预设10个标题字段，以标题1、标题2、标题3……的形式表现，若超过10个以上，可机动增加标题字段。若有破损或模糊的字，以"□"（unicode码为25A1）表示。若有能辨识但本机无法输入的字符，以"●"（unicode码为25CF）表示。若由上下文判读出的缺字则以反红表示。
	内文小标	剪报内文中用以分开章节、标示重点的小标	必填字段	开放	一行小标输入在一个字段里面，预设有10个小标字段，以内文小标1、内文小标2、内文小标3……的形式表现，若超过10个以上，可机动增加小标字段。若有破损或模糊的字，以"□"（unicode码为25A1）表示。若有能辨识但本机无法输入的字符，以"●"（unicode码为25CF）表示。若由上下文判读出的缺字则以反红表示。
	作者	剪报作者	可选字段	开放	若剪报有署名作者需著录之。

续表

层级	域名	定义	著录规定	最大字符数	著录规范
内容信息	作者单位	作者的头衔、单位或职称	可选字段	开放	如某某新闻社陈甲，需著录某某新闻社。
内容信息	图码起页	与原件图片文件起页的名称一致	必填字段		一条元数据可能因跨页对照到一幅以上的图档，此字段填写该著录数据的起页图码，仅需填最后的数字（若有英文字，则含英文字）。
内容信息	图码讫页	与原件图片文件末页的名称一致	必填字段		一条元数据可能因跨页对照到一幅以上的图档，此字段填写该著录数据的始页图码，仅需填最后的数字（若有英文字，则含英文字）。
其他字段	图片性质	图片类型包括：书脊、封面、插页、目录、内页	必填字段	开放	书脊、封面、插页、目录、内页，或其他性质可添加。
预留字段（非本次著录内容）	类别	剪报所属类别	可选字段	开放	参考整册目录
预留字段（非本次著录内容）	人名	剪报全文提及的人名	可选字段	开放	输入全名，包含尊称，如 Dr. C. T. Wang 的 Dr. 不可省略。
预留字段（非本次著录内容）	地名	剪报全文提及的地名	可选字段	开放	剪报内所提及地名。
预留字段（非本次著录内容）	关键词	剪报全文提及的关键词	可选字段	开放	重要名称。
预留字段（非本次著录内容）	全文	剪报全文	可选字段	开放	全文著录。

第三节　音视频资料制作

为了延伸和拓展图书馆的服务功能，图书馆往往定期举办形式各异、内容丰富的主题讲座，深受欢迎。这些活动，并不是举办一次后就销声匿迹了，而是通过适当的转化，录制成音视频资料，成为图书馆的特色馆藏，并使更多的读者有机会收听、收看这些难得请到的专家所作的报告。要将这种即时性的现场活动记录下来，变成馆藏资料，大致需要通过如下工作：现场拍摄录制、后期编辑制作、视频点播服务。

一、现场录制

(一)选择录制设备

录制设备的选择是否恰当，会直接影响最终音像制品的质量。在不同的应用场合有不同的选择。在经费和人力条件较充沛的情况下，尽量选择更好的设备，以确保能最大限度地还原活动现场的音像。

一般情况下，使用摄像机完成活动拍摄工作。摄像机的种类繁多，但核心功能都是从光学信号转换为电信号或数字信号并存储起来以供利用。按使用场景和功能需求的不同，有多种摄像机可以选择。

按信号格式划分，有模拟摄像机和数字摄像机。二者的最大不同在于前者是将光信号转换为模拟电信号直接记录在磁带上；后者则是通过感光器将光信号转换为数字信息记录在磁带上。由于数字信号的记录和传输过程都不会像模拟信号那样产生衰减，画质较好，能够达到高清级别，因此目前数字摄像机已经基本取代了模拟摄像机。

按用途划分，有广播级、专业级、消费级、专用摄像机之分。广播级性能全面，图像质量最高，但体积大，主要应用于广播电视等行业领域，一般在演播室或者电影拍摄时使用，价格高昂；在电化教育、监控等其他领域，性能要求比广播电视行业低，可使用性能优良的专业级摄像机；消费级摄像机也即家用摄像机，一般对画质要求不高，通常镜头和机身为一体，体积小，易于携带和使用，价格不高，但性能和广播级相比，相差甚远；专用摄像机主要指有特殊用途的摄像机，如可以悬挂在墙角或者屋顶的球体摄像机。判断数字摄像机高端与否，最简单的区分就是CCD感光器的数量和尺寸。家用摄像机一般都是单CCD，且尺寸大小不一。但随着技术的发展和硬件成本的降低，有些高端家用摄像机的性能指标堪比专业级摄像机。

按画质划分，以视频信号每帧的垂直扫描线多寡来判断，共分为标清(扫描线在720线以下)、准高清(720P)、高清(1080P)。

不同规格、不同用途的摄像机价格差异较大。若经费充足，可以选择性能较好的专业摄像机，以获得更佳的影音质量，但由于这类摄像机功能复杂，同时也会对使用者提出更高的要求；或可选择中高端的家用摄像机，价格较专业摄像机低，但易于使用。此外，手持或肩扛式摄像机均需要配备专门的摄像师操作，若人手不足，可以使用悬挂于屋顶的摄像机。高端的球体摄像机可以用遥控器实现360°旋转，录制讲座视频时足够使用。

在选择摄像机时，不能简单地根据像素来判断机器的好坏，也不能被摄像机繁复多样的功能所迷惑。同样可以拍摄准高清(720P)视频的摄像机，CCD感光器的数量和CCD的尺寸不同，成像的效果可能会有天地之差。

(二)现场拍摄

1. 勘察现场

在开始拍摄之前，最好能提前在现场查看。了解主讲人的站位、现场光照条件、会场交流电源插口、网络接入等信息，这关系到实际拍摄时的机位选择。当活动通过网络实时转播时，需要配备视频实时采集设备和较好的网络接入条件。

2. 机位选择

不论是肩扛摄像机拍摄，还是固定在三脚架上拍摄，位置的选择非常重要。选择恰当的机位有几个要点：①拍摄高度与主讲人眼睛齐平，比较符合人的视觉习惯；②镜头内没有其他干扰物，如柱子、大束鲜花等；③被拍摄者的脸部光线充足，最好是顺光；④讲座视频都是全程跟拍，耗时较长，最好能有交流电插口以保证摄像机供电充足。

一般情况下，除了主讲人口述之外，还会有投影屏播放 PPT 演示文稿或视频，所以在拍摄时，画面最好能兼顾主讲人和投影屏。但除非条件较好的图书馆，才有可能专门配备两台摄像机分工拍摄，大多图书馆仍仅用一台摄像机，主要依靠摄像师适时地在主讲人和投影屏之间切换镜头，不足之处是同一时间二者只能有一个进入画面。不过，这一缺陷可使用屏幕录像软件辅助完成。顾名思义，屏幕录像软件专门用来捕获计算机屏幕的画面，以图片或视频文件的形式保存下来。由于这是在计算机内部直接捕获屏幕内容，画面较摄像机直接拍摄投影屏更加清晰。利用这种方式获得演示文稿画面，再与摄像机拍摄的主讲人视频一同进行后期编辑，也能达到令人满意的效果。

3. 拍摄要领

简单而言，在拍摄时要遵循平稳、水平、清晰三个原则。平稳，既指拍摄出的画面不能有晃抖，也包括在变焦和摇动镜头时匀速，不致忽快忽慢使观众头晕；水平，则是指画面不歪斜，保持横平竖直；清晰，是指画面聚焦准确、即时，除非为特效镜头准备，要时刻保持画面清晰，或者被摄主体的清晰。

4. 现场录音

语音是音视频资料不可或缺的一个部分，有时由于现场条件所限，无法拍摄视频，仅能录制音频；或者需要实时将现场语音信号通过网络传播，语音资料成为视频资料的补充品或替代品。在摄像机拍摄时，通过主讲人随身夹戴的无线话筒，可同时录制语音；还可使用不同质量等级的录音笔放置在主讲人近处录音；或者直接从会场的音控台输出端口接入录音设备，来录制从主讲人话筒传入的语音信号。

5. 网络直播

拍摄活动现场，一方面可以将视频资料事后编辑制成较好的音像制品；另一方面也可以通过网络实时传播语音或视频信号，以便让无法亲临现场的观众在电脑前也能聆听讲座，这就是现场直播。要实施网络直播，设备上除了需要摄像机外，还需要有一台视频采集计算机和流媒体服务器。通过线缆将摄像机和电脑连接，从摄像机实时采集视频信号，转换格式后推送到流媒体服务器，即可完成视频直播信号的发布。

二、后期制作

拍摄完毕的视频只能算是素材，未曾经过编辑处理，还需要经过后期制作方可发布。

(一) 视频编辑

对于学术报告、讲座，视频编辑主要包括：添加片头、片尾、字幕和视频剪辑。

需要录制的讲座活动大多已经是图书馆的精品服务之一，为了更好地体现服务品牌形象，有必要给讲座视频添加片头片尾，给观众以统一包装的形象。同时也需要为视频添加文字信息，说明活动的标题、相关人物、时间地点等，甚至还可以安排专人听录讲座，按时间点为视频添加字幕。另外，还需要剪去中间与主题无关的、杂乱的画面，对不同机位拍摄的画面进行合成，等等。

(二)视频编辑原则

1. 画面连贯

在不同场景切换时循序渐进、平稳、连续，不忽快忽慢，影响观看。

2. 段落完整

剪切无关镜头时不影响上下文的衔接。

3. 如实编辑

除无关场景外，不多剪有实际内容的视频片段，以免断章取义，传播错误信息。

4. 避免失真

编辑、保存时，不变更原视频画质，尽量保持原视频的高码流级别。

(三)存档发布

完成视频编辑后，按不同存储级别保存工作成果。一般情况下，对于一份视频，至少会输出三个不同码流的文件。首先，将编辑生成的初始结果，即没有经过有损压缩的高清视频存档。除非还需进行二次编辑或者格式转换等需要，这种存储级别的视频文件不再动用；其次，输出预览级的视频文件，该层次的视频文件尺寸小、码流低，主要供著录标引或用户通过网络预览时使用；最后，输出中等码流的视频文件，一般情况下就是标清的视频文件，受网络带宽和计算机性能的限制，在网络上观看720P准高清以上清晰度的视频，用户体验可能不畅，因此可以输出标清视频供互联网点播使用。

保存工作成果，除了至少输出三个层次的不同码流的视频文件之外，也包括对视频资料的元数据著录、录入数据库。这部分工作可以在数据库的著录功能模块完成。

(四)音视频编辑工具

音视频的编辑工具非常多,按性能和成本,可以分为三种。

1. 专业的非线性编辑系统

非线性编辑是相对于传统视频按时间点顺序线性编辑而言的。传统视频编辑,需要播放磁带上顺序记录的视频信号来编辑,而非线性编辑则突破了单一的时间顺序限制,全部通过计算机实现数字化处理,编辑时不存在信号衰减,效率较高。非线性编辑系统则是专门用于非线性视频编辑的独立设备集合,包括计算机主机、采集接口、专用视频处理卡和配套软件。这种系统,性能优越,功能强大,但价格高昂,通常应用于电影、电视、广告领域。

2. 通用的非线性编辑软件

非线性编辑系统中的软件,大多需要专门定制的硬件如视频处理卡才能使用,也更能够有效发挥配套硬件的效能。但随着计算机硬件性能的提高,非线性编辑软件对专用硬件的依赖日渐降低,使得通过高端的个人电脑上处理视频成为可能。常见的非线性编辑软件有 Adobe Premiere、Ulead VideoStudio(会声会影)等,与专业非线性编辑系统相比,价格相差数十倍,对于讲座视频编辑,这样的软件已经足够了。

3. 简单易用的小软件

有时候,仅仅需要对视频进行分割、拼接、混音、格式转换等简单工作,并不需要用到上述功能强大的软件或者硬件系统。有许多小软件可以胜任此工作,如免费的通用影音转码工具 MediaCoder 和多媒体格式转换软件"格式工厂"等。

三、点播服务

视频点播(VOD)是指让用户通过网络选择想看的视频,用户选择视频后，系统以流媒体的方式播放，或者把视频完整下载到本地后再开始播放。这种服务有别于传统的广播服务，用户不再被动接受视频服务器播放的节目，而是可以自由地选择在方便的时间观看任意一种节目。

视频点播系统主要由视频服务器（或称流媒体服务器）、视频文件存储服务器、网络、客户端播放器组成。

典型的流媒体服务器和协议有：微软公司的 Windows Media Service，使用 mms 协议接受传输视频，客户端使用 Windows Media Player；RealNetworks 公司的 Helix Universal Media Server，使用 RTP/RTSP 协议向用户推送视频，客户端使用 Real Player；Adobe 公司的 Flash Media Service，使用 RTMP 协议推送视频，客户端使用 Flash Player。随着 Flash 播放器的普及，越来越多的视频封装成 Flash 播放器能播放的.flv 格式。在 Adobe 开放其 RTMP 协议后，不仅原有的流媒体服务器开始兼容 RTMP 协议，支持播放 Flash 文件类型，还有很多第三方的免费流媒体服务器基于 RTMP 开发，知名的如 Red5 Media Server。

在互联网上有不少视频分享网站允许用户将自拍的短片免费上传到网站，供其他用户免费点播。知名的视频分享网站，国外有 Youtube、国内有优酷网和土豆网。考虑到视频分享网站所拥有的庞大用户群，再加上建立专门的视频点播系统，需要不少的硬件、网络带宽和人力投入，而专门的视频点播系统商业解决方案价格不菲，图书馆或可选择将编辑好的视频上传到视频分享网站，以专辑的形式定期发布。既可以通过视频分享网站的人气吸引更多用户，又实现成本节约。

第四节　图书馆公共服务平台——门户网站建设

如今，图书馆的范围已不仅仅受实体建筑的局限，读者通过网络便可访问在数字空间的"虚拟图书馆"。家庭网络接入的普及和人民群众信息技能的提高，使得通过网络利用图书馆资源和服务的人越来越多。图书馆门户网站已经成为网络世界中图书馆的入口，是读者了解图书馆的窗口，也是图书馆的公共服务平台。

建设图书馆门户网站，大致可以分为三个阶段：前期规划、部署实施、管理维护。

一、网站建设的前期规划

网站是读者通过网络使用图书馆的入口，从内容上要涵盖本馆的服务内容、方式、范围，起到导览作用，满足读者的预期目的。网站的服务对象来自社会各阶层人员，在网站结构上也要适应读者的习惯行为，方便读者准确、迅速定位到所需资源。需要详细、全面地规划网站内容、搜集整理资料、合理安排网站结构。

（一）网站的内容框架

总地来说，图书馆网站的基本功能就是帮助用户了解自己、为用户使用本馆资源服务导览。要达到这个目的，网站至少需要提供以下内容。

1. 图书馆介绍

这是网站的基本信息，包括图书馆概况、开放时间、联系方式、馆藏分布、图书馆公告和动态信息等。

2. 资源导航和服务指南

主要是图书馆数字资源的介绍和导航，是门户网站的核心功能和重要内容,在规划时要做到覆盖全面而有重点,特别是图书馆的特色服务和自建的特色资源。

3. 信息查询

查询馆藏书目信息和个人借阅情况,主要由图书馆集成系统和在线书目查询服务提供。有的系统集成商提供的信息查询系统除了馆藏书目之外,还能同时搜索所有电子资源。

4. 交流互动

包括FAQ和留言讨论等功能,在整个网站架构中所占比例虽小,但作用很大,是图书馆获得读者反馈,改进自身服务,提高服务水平的重要渠道。

(二)网站内容建设的原则

完整:指内容的完整全面。内容是网站的核心,网站的所有功能都是为内容服务。如若没有合适的内容,网站也只能是一个仅有框架的建筑物,不能称为宜居的楼房。用户访问网站都带着一定目的,试图获得某种答案。

清晰:指页面的内容被明显地划分为不同功能区块。方便阅读的网站结构应能符合用户的一般操作和阅读习惯。

准确:指使用恰当的色彩、按钮、链接向用户传达准确的信息,引导用户浏览网页。

权威:内容及时增加和更新,向用户提供新鲜、有效的内容。

(三)技术指标

1. 页面体积和分辨率

读者在网页上每一次点击链接后,都要等待服务器程序响应,再等待新的页面从服务器传输到眼前。等待的时间也就是"网页打开速度",有研究表明,用户打开网页时最满意的时间是2秒,无法忍受的临界值则是 8 秒①。因此每次传输，网页的体积（包括文本、图片和其他文件）不能太大。在不影响阅读和美观的前提下，尽量少用大幅、高精度的图片。

根据网站流量统计分析工具"百度统计"的统计报告②，近年来人们上网时的屏幕变化有如下趋势：4∶3 的普屏尺寸逐步向 16∶9 或 16∶10 的宽屏尺寸转换；屏幕的分辨率也显著提高，可视范围增加。由此，在网页开发时，一要提高程序脚本运行效率；二要尽量降低页面体积；三要充分利用屏幕空间。

2. 兼容性

用户的电脑屏幕尺寸不一，大到 1680×1050 的宽屏显示器，小到 800×480 的智能手机屏幕。有时候为了维持页面的美观和布局，不得不固定页面的宽度，通常以用户常用的屏幕分辨率尺寸为基准设定，如 1024 像素宽度或 1280 像素宽度。但这在高分辨率的屏幕上可能会浪费不少空间，尤其在宽屏幕上，会出现两侧留白，而在小屏幕上又会出现"挤爆"窗口的现象。理想状态下，使用自适应宽度页面设计，网页布局可以根据用户电脑的屏幕宽度自动适应，充分有效利用空间，但代价则是对网页开发人员提出了更高的要求。

3. 美工设计

这是对网站色彩、图标等样式方面的要求，既要体现图书馆的文化风格，也要美观好看，有冲击力。

---

① 阮一峰. 网页打开速度的心理学[EB/OL]. [2012-05-26]. http://www.ruanyifeng.com/blog/2009/03/the_psychology_of_web_performance.html.

② 百度统计流量研究院. 分辨率使用情况[EB/OL]. [2012-05-26]. http://tongji.baidu.com/data/screen.

二、建设网站的技术准备

建设网站的技术准备，实际也是对网站技术开发人员的技术能力要求。总体来说，图书馆的技术开发人员及其团队对常见网站的功能应有较强的理解，能够熟练运用各种工具和一种以上的编程语言开发、维护网站。其技术开发路线，往往也会影响建站平台——内容管理系统的选择。大致上，对网站开发人员的要求至少有以下几点。

①明确、理解网站的内容和功能需求，从需求出发建设网站。

②网页设计：网站所有的内容最终都是借助网页显示的，不论是静态网页还是从服务器端每次程序即时生成的动态页面。这包括掌握 HTML、XML、CSS、网页脚本等基础知识。还有栏目规划、页面整体排版设计、图片美工等，也都影响网站访客对网站的第一观感和日常使用体验。

③网站后台编程：图书馆网站的内容是动态增长的，因此除静态 HTML 网页外，还有更多是即时根据从数据库中抽取内容动态生成的网页。这些都通过服务器端编程语言完成，包括有：ASP，ASP．NET，PHP，JSP，Java，Perl，Python 等其他林林总总。

④数据库管理：为了存储、管理、使用、搜索方便，网站内容大多保存在某一个数据库当中。存于数据库中的内容，除文本之外，还可以是图像、音视频等二进制文件。因此，至少要求开发人员具有数据库管理基础，对于较大型的网站，还要有专任的数据库管理工程师。

⑤系统管理：虽然可以使用现成的内容管理系统搭建网站，但仍然要求技术人员拥有系统管理基础。主要包括操作系统管理、网络管理、编程开发环境设置，等等。

三、域名和主机空间

(一)注册域名

在互联网中每一台主机都会被分配一个标识号,叫做 IP 地址。网络中数据的传输实际上是在不同的 IP 地址之间进行的。但这种数字形式的地址并不便于人脑记忆,于是产生了更方便的字符型标识名称,也就是域名。如 www.cnnic.cn,表示中国(cn)域内中国互联网络信息中心(英文缩写为 CNNIC)拥有的一台提供 Web 服务的主机。当我们在浏览器打开该域名时,实际上访问的是 IP 地址为"218.241.97.42"的服务器主机。

一般情况下,可以通过域名注册商申请域名,国内较大的域名注册服务商有万网、新网,国外有 Name.com 和 Go Daddy。由于不同的顶级域名在不同的服务商手中的价格不同,且简短易记的域名大多已经被注册,因此申请域名前,一是要设计方便记忆且有意义的域名,如 cnnic.cn 取自机构的英文名称缩写;二是尽量不要与已有的知名域名接近,这样反而容易混淆。

(二)Web 主机提供商选择

有了域名,还要选择主机空间,也就是存放网站内容(包括程序和文件)的地方。主机空间按类型可以分为以下几种。

独立主机:主机可以存放在用户自己的网络机房,也可以托管在其他网络服务商的数据中心,该服务器的存储空间和运算资源都由用户掌控。

VPS 和虚拟主机:为了充分利用服务器资源,降低成本,网络服务商使用虚拟服务器技术将一台服务器主机或者一个服务器集群在逻辑上划分成多个相互独立的虚拟单元。这种划分既可以是系统级的,也可以是按服务划分的。按系统划分就是虚拟专用主机 VPS,它和其他虚拟专用主机分享同一个服务器或服务器集群，但有独立的 IP 地址、操作系统、CPU 运算资源、内存和存储空间，用户可以自由在 VPS 上安装程序；按网络服务协议划分的虚拟空间，通常称为虚拟主机。它一般仅提供特定的一个或若干个网络服务，如 FTP、HTTP、数据库，用户不能掌控所在主机的系统权限，如无法重启系统，只需将需要的程序和网站内容文件上传到空间，设定好域名，即可公开访问。

除去独立主机可以由用户自己决定安装操作系统的类型外，VPS 和虚拟主机一般采用 Windows 或 Linux 两种操作系统。二者各有优劣，一般 Windows 主机配备 MS SQL 数据库系统、IIS 网页服务器、ASP 动态解析脚本；Linux 主机配备 MySQL 数据库、Apache 或 Nginx 网页服务器、PHP 动态解析。

在选择主机空间时，要选择合适的供应商，供应商的基础设施决定了主机空间的稳定性和售后服务质量。首先应尽量选择较大的知名的 ISP，慎重选择二级或更低层次的代理商。代理层次越低，售后响应层次和响应能力也越低；其次选择主机所在数据中心的位置，最好是在国家骨干网上的大机房或是本地的机房。因为图书馆主要为本地用户服务，选择本地或者骨干网上的机房对用户的访问速度更有保证；最后是确定主机类型。如何选择主机空间，由图书馆网站的负荷以及经费预算来确定。有条件的图书馆可以将自有独立主机托管在数据中心，只要租用数据中心的机位和带宽即可。或者根据自身情况，选择兼顾经济和性能的虚拟专用主机，或普通虚拟主机。根据网站开发的编程语言，选择不同操作系统和系统环境的虚拟主机，如若使用 PHP 和 MySQL 建设网站，则最好选择 Linux 的主机空间。

另外，在选择主机空间时，流量和带宽也是非常重要的考虑因素。主机供应商通常会提供不同级别的套餐。流量是指一个周期内（通常是一个月）网站流入和流出的数据量，计量单位是 GB

甚至 TB。带宽是指同一时间点，网站能最大流过的数据量，计量单位会是 MB 或者 GB。通常可根据网站内容选择不同的套餐，以文本为主要内容的网站和以图片或者音视频为主要内容的网站月流量和带宽需求肯定会有显著差别。

四、网站建设平台

负责发布和管理网站内容的管理系统，称为内容管理系统（Content Management System，CMS）。这些内容可以是结构化数据，也可以是非结构化文档；可以是普通文本，也可以是图像、音视频等多媒体信息。技术开发能力强、人力充沛的图书馆，可以根据自身需要量身打造一个内容管理系统供图书馆网站使用，或者利用市场上现成的内容管理系统直接或者稍加定制后使用。

在市场上，有许多成熟的、使用率很高的内容管理系统，它们或通用、或专用，如资源下载系统、音视频点播服务系统。既有商业化授权的内容管理系统，也有开放源代码的免费内容管理系统。根据使用平台（操作系统）的不同，内容管理系统也可以分为 Windows 系列和 Linux 系列，其中还能根据所使用的开发语言和数据库引擎，进行更细致的划分。

（一）使用内容管理系统的优势

1. 网站建设周期短，投入较少

内容管理系统大多是由专业团队多年开发而成，有广泛的用户群，在不同需求环境下都使用过。通常都有完备的安装手册，当需求比较简单时可以直接安装使用。除了需要付费试用的商业内容管理系统外，还有许多流行的开放源代码的免费内容管理系统，如 Drupal、Wordpress。

2. 支持模块化管理

内容管理系统通常将系统功能分成多个模块，如文章管理模块、评论模块、下载管理模块、投票模块等，可根据需要添加相应的模块。成熟的内容管理系统的开发部分都会提供丰富的功能模块以供使用，按需使用或修改要求使用即可。

3. 后台管理功能

包括所见即所得的文章发布功能和网站配置管理功能，方便非技术人员使用。由此，技术开发人员和内容发布管理人员可分工负责，避免开发人员既要负责网站开发，还要负责内容发布。也方便从事实际业务的工作者参与到内容发布管理事务中。

4. 用户权限管理

较复杂的内容管理系统还可以分别设置用户权限，如系统管理员、内容审校员、内容编辑员。适合机构或者团队成员分工协作，共同建设完整内容。

5. 网站内容与样式相分离

内容管理系统大多使用主题/模板，将网站的内容与显示样式相分离。同样的内容管理系统，管理着同样的内容，采用不同的模板，再稍加定制，会有完全不同的呈现方式。必要时，只要替换模板，即可完成网站改版。而且模板也可以根据内容管理系统提供商的系统开发文档，由图书馆的美工和技术人员自己设计。

6. 定制性高

除了现成的功能模块供选用外，内容管理系统的提供商通常也会公布详尽的 API 文档或者 SDK 开发包。当使用者发现没有现成的功能模块完全满足或者仅是部分满足自身需求时，可以根据 API 文档做二次开发。

7. 系统性能和安全性高

一个好的内容管理系统，在全球的安装使用量非常可观，一旦有系统漏洞，很容易被用户们发现，并有开发团队修补并发布补丁包。这种系统要适应优劣不同的环境，系统性能都会经过优化。尤其是开放源代码的内容管理系统，周边有众多使用者和开发者帮助修补漏洞、提高程序执行效率。

(二)选择合适的内容管理系统

市场上有各式各样的满足不同应用需求的内容管理系统，并不是任何一种都可以使用，需要根据实际情况考虑后做出选择。不同的内容管理系统支撑平台不同，可以按操作系统、数据库引擎、开发语言划分。可以先根据主机空间类型、开发人员掌握的编程语言做粗略选择。还要根据经费预算确定是否购买商业授权的内容管理软件，还是使用开放源代码的自由软件。在做出如上的基本选择之后，再来考虑如下条件。

①是否是成熟并被广泛应用的内容管理系统。这可以借助安装使用量和各种文献中论及该系统的频率来判断。

②对模块化管理的支持程度。有的内容管理系统初看功能都非常符合当前需求，但对模块化支持有限，这类系统对网站未来的发展可能存在风险。

③是否支持内容与样式相分离。二者分离，一方面意味着在不影响网站内容的前提下，便于对网站改头换面，使之在页面风格上体现本机构特色；另一方面也意味着可以单独抽取网站内容，从而便于在不同内容管理系统之间迁移。

④是否允许二次开发。如有应用编程接口，则不仅可以让网站在显示样式上有独特风格，甚至在系统功能上也可以深度定制。

⑤是否有完备的后台管理功能。对内容编辑、文件管理、栏目设定、用户权限管理等方面的支持程度。

⑥用户支持。这包括内容管理系统提供商在提供系统软件的同时，是否也提供了详尽的安装手册、使用指南、API 文档；是否有活跃的网络社区供用户提交问题、讨论使用经验；是否允许用户提交补丁、模块代码、第三方插件。

(三)常见的开源内容管理系统

由于 Windows 平台从操作系统、数据库管理系统、Web 服务器到开发软件，大都是商业授权软件，价格不菲，因此开源内容管理系统很少基于这样的平台开发和使用，大多是用同样开源的操作系统如 Linux、Web 服务器如 Apache/Nigx、数据库管理系统如 MySQL/PostgreSQL，还有 PHP、Java、Python 这样的语言进行开发。因此，这里主要介绍几个分别基于 PHP、Java、Python 的开源内容管理系统。

1. Drupal

Drupal 源自于 Dries Buytaert 所开发的一套社群讨论软件，它是用 PHP 语言开发的自由开源的内容管理系统。事实上，它并不是一个普通意义上的内容管理系统，而已经是一套内容管理框架。Drupal 的核心代码很小，只有几 MB 大小。它将所有内容视为一个"节点"(nodes)，背后由大量"组件"(modules)控制其显示、修改、排列、分类等方式。这种设计令 Drupal 核心配合适当组件，控制内容显示及处理权限的方式，即可变成适合多种需求的网站(例如 wikipedia)。一方面，核心模块加组件的模式使得 Drupal 灵活性很高，非常适合定制性的二次开发；另一方面则使得它的初始安装要求较高，需要经过更多的选项设置才能投入使用。但是，值得注意的是，Drupal 提供了数据互操作性功能，这对图书馆来说意义重大。Drupal 的用户可以轻松地创建数据输入表单，以生成结构化数据，以各种方式灵活地格式化数据，进而使用 RDF 发布这些数据。

2. Plone

Plone 是一种建立在应用服务器 Zope 和它相应的 Zope 内容管理框架之上的开源内容管理系统,最早由 Alan Runyan、Alexander Limi 与 Vidar Andersen 在 1999 年开发,之后迅速成为流行而又强大的内容管理系统。Plone 的开发语言是 Python,它是一种流行的面向对象的解释型编程语言。和 Perl 一样,经常用在处理系统管理任务和网络编程时,但它比 Perl 更简单、清晰,更容易编写,从而代码的阅读和维护也比其他语言容易。Plone 网站的内容并不存放在关系型数据库中,默认都存放在被称为 ZODB 的对象数据库中。和关系型数据库相比,这种数据库是层次化的,而不是关系型的,特别适合于层次化的文件结构。关系型数据库是行列结构的表格的集合,与主键值关联。而 Zope 的数据库与普通的文件系统结构很类似,对象包含在对象中①。另外,Plone 的底层应用服务器 Zope 也支持元数据,采用的是都柏林核心元素集。

3. OpenCMS

OpenCMS 是由德国 Alkacon 公司发起的一个开源内容管理系统,使用 Java 写成,支持多种关系型数据库来保存内容,不论是商业数据库系统 SQL Server 还是开源数据库管理系统 MySQL。OpenCMS 有两个特性值得一提:①它的资源都存在一个"虚拟文件系统"中,登录 OpenCMS 的管理界面后,对资源的管理和维护都和桌面电脑的资源管理器很类似,但这个虚拟操作系统并不实际存在,其实是从数据库中读取数据再模拟而成的,对用户来说,界面更友好,上手容易、操作方便;②XML 在

---

① Ilovemilk. Plone/Zope 简介[EB/OL]. [2012-05-26]. http://blog.csdn.net/ilovemilk/article/details/1560673.

OpenCMS中占很重要的地位，在 OpenCMS 中，可以创建 XSD 文件来自定义 Schema，从而发布结构化的数据。

五、门户网站的功能扩展

图书馆门户网站是所有数字资源的主要入口，但它不一定是读者打开电脑时首先打开的网站，读者经常去的网站也很可能不是图书馆网站。要把最新的图书馆信息送到读者面前，让图书馆的资源得到尽可能的利用，应当努力做到图书馆数字资源"随处随时可知可用"。

(一)手机访问图书馆

随着互联网技术和移动通信技术的发展，智能手机使用率逐步增长，再加上近年来移动通信运营商大幅度降低无线网络流量资费，刺激了手机用户的上网欲望。根据《第 29 次中国互联网络发展状况统计报告》，截至 2011 年 12 月底，5.13 亿中国网民中，使用台式电脑上网的网民比例为 73.4%，比 2010 年底降低了 5 个百分点；使用手机上网的网民比例则上升至 69.3%，手机上网使用率正不断逼近传统台式电脑[1]。由于终端设备尺寸、性能以及使用方式的不同，图书馆网站也需做出相应更改才能适于移动设备访问。

移动设备通常是指小尺寸、便于便携的、可无线访问互联网的计算设备，屏幕尺寸都较台式机屏幕小得多，用触控屏幕输入或者小键盘输入。典型的设备有智能手机、PDA、平板电脑，其中最为人们所熟知的有苹果公司的 iPhone 手机和使用 Google 公司 Android 系统的安卓系列手机。这类设备尺寸大小不一，其屏

---

① 中国互联网络信息中心. 中国互联网络发展状况统计报告[R/OL]. [2012-05-26]. http://www.cnnic.cn/research/bgxz/tjbg/201201/P020120118512855484817.pdf.

幕小到 2.4 英寸，大至 10 英寸，屏幕分辨率也因此多种多样。它们之间的硬件性能有较大差异，有的是多任务操作系统，可同时运行多个程序打开多个网页窗口；有的在同一时刻只能查看一个网页。由于需要服务的终端不同，移动网站的服务方式也略有差异。

在内容上，移动网站不必都和普通网站一样，可以选择仅提供馆情介绍（包括开放时间、馆藏分布、信息公告、联系方式等）、馆藏书目查询、个人借阅情况等信息。因为用户很少会在小屏幕的移动设备上做类似于在桌面电脑上进行的深度阅读文章、电子图书的活动，大多是临时查询相关信息。

呈现形式上，由于硬件性能和屏幕分辨率的差异，相对于图文并茂的富媒体普通网站，移动网站的网页代码通常是使用内容与形式相分离的 XHTML＋CSS 编写，以适应不同尺寸的屏幕。大多是使用文本为主的简洁页面，配以简单且必要的图片显示。考虑到使用触屏输入的移动设备，可以使用图标代替文本作为页面链接，以方便手指点击。无须使用或者几乎不用客户端动态脚本，以免在低性能的设备上带来不好的用户体验。

在页面结构上，移动网站也和普通网站有很大不同。用户可以用鼠标在电脑桌面上操作、点击页面链接，但在移动设备这样的操作相对困难，手指的定位不像鼠标那样精确和灵活。所以移动网站栏目的层次不宜太多，在每个页面上最好能显示用户先后点击的路径信息，以方便用户顺利回退和切换页面。

使用方式上，移动设备不仅可以通过网站使用图书馆服务，还可以通过专门的 APP 程序作为客户端访问图书馆。如同样是书目查询，可以用手机上的浏览器打开图书馆的移动版网站完成，也可以用专门定制的书目查询客户端。二者的不同在于，使用浏览器查询，在服务器和移动设备之间传输的除了书目信息之外，还包括 HTML 页面这样的信息；而通过 APP，在客户端和服务器之间只有用户关心的书目信息在传输。这对有流量限制的移动设备来说，差别会很大。

(二)RSS 信息推送

用户不可能时刻关注每一个网站，他们希望在同一个地方能获知不同网站的最新消息，甚至是不必登录到网站就能阅读到新消息的全文。RSS(Real Simple Syndication)正是符合这种需求的一种用以描述和同步网页内容的 XML 格式，非常适用于发布信息比较频繁的网站，例如新闻网站、博客、公告类栏目等。一方面，网站通过 RSS 文件发布新增加的信息全文或者摘要加上网站自己的元数据(如新信息的作者、发布时间以及网站名称、更新时间等相关信息)供使用者订阅，通常提供 RSS 订阅的网站会有醒目的 RSS 图标；另一方面，用户可以通过 RSS 阅读器定时到不同的网站抓取他们的 RSS 文件，当内容更新时会收到提醒，并在阅读器中阅读摘要或者全文。

根据使用方式和场景的不同，RSS 阅读器可以分为在线式阅读器(如 Google Reader、鲜果)和离线客户端(如周博通和 FeedDemon)。使用在线阅读器，用户可以在任意能接入网络的电脑上登录账号，即可阅读，缺点在于阅读时需要在线；而离线客户端，除了定时同步消息时需要联网外，阅读时不需要联网，但缺点在于必须在安装有客户端的电脑上使用。客户端软件，除了周博通、FeedDemon 等专用软件外，还有其他不少整合了 RSS 订阅功能的常用软件，如 Windows Internet Exploer 浏览器、Firefox 浏览器、Google Chrome 浏览器以及腾讯的 Foxmail 邮件客户端。

虽然 RSS 作为一种 XML 应用，已经非常成功，但由于历史原因，RSS 规范存在多个版本：0.9X/2.0、1.0(更接近 XML 标准)。制定 RSS0.9X/2.0 版本的和制定 RSS1.0 版本的是两个不同的阵营，相互缺乏沟通。不同版本对 XML 标准的支持程度不同，为了解决这个问题，ATOM 协议作为 RSS 的替代品而诞生。它借鉴了各种版本的 RSS 使用经验，使用 XML 标准定义规范。而且它是一组双向的协议，不仅可以作为一种信息发布的 XML 文件，也可以通过 HTTP 协议从客户端新增和修改服务端的网络资源。上述的 RSS 阅读器除了支持 RSS 各版本协议外，一般也支持 ATOM 协议。

除了用户直接在 RSS 阅读器上阅读 RSS 新消息外，作为标准化的、有结构的 XML 文件，RSS 也可以用做数据交换文件格式使用。第三方服务提供者可以将不同来源的 RSS 信息源聚合在一起，经过再次处理后（如内容筛选、标引），一方面可以存入自身的资源库内；另一方面还能再次通过 RSS 发布出去。

结合以上 RSS 和 ATOM 的功用，在图书馆网站上可以应用之处通常有以下几点。

1. 图书馆公告信息

公告类消息，是图书馆最希望广泛传播，而读者最关注的信息。通过 RSS 可以让读者在他们的常用软件中及时获知图书馆的最新消息。

2. 新书通报、预约通知、到期通知

在图书馆的在线书目查询系统 OPAC 中，同样可以把新购图书信息、读者预约图书的到馆情况、读者图书到期情况也通过 RSS 推送到用户的电脑桌面。

3. 专题数据库资源更新

图书馆的自建资源数据库，可以通过 RSS 向有兴趣的用户及时推送新增的资源。

4. 聚合外部信息资源

除了为图书馆自建资源添加 RSS 服务，还可以聚合与图书馆信息服务相关的其他 RSS 信息源，整合后再推荐给图书馆用户。如不少电子期刊都提供新刊目次信息的 RSS 服务，通过整合多种电子期刊的 RSS 信息源，再按主题分别向用户推荐。

(三) API 应用程序接口

API 指的是计算机系统的应用编程接口。在 Web 2.0 时代，网站把自身的服务、资源封装成一系列可编程处理的接口，供第三方使用，就称为 Open API。Open API 的时兴为图书馆将自身服务与其他网络服务商深度融合提供了可能。作为互联网应用的 Open API，大多是采用 HTTP 协议开发，使得 API 的应用与操作系统和应用部署平台不存在太多的限制，大部分的编程语言都能够处理。而在提供方与使用方交互过程中，传递的数据交换格式包括 XML、RSS、ATOM、JSON 等，各种编程语言都能很方便的处理。

图书馆既可以是作为 API 的提供方，也可以利用其他网络服务商提供的 API 接口。作为提供方，图书馆可以把自身的数据封装成某种数据交换格式（如 ATOM），在互联网上公开发布。作为使用者，可以利用其他服务商提供的 API 接口，获取他们的数据，丰富本馆数字资源馆藏、增强图书馆读者的用户体验。下文以"豆瓣网"和图书馆 OPAC 之间的互动为例。

①利用豆瓣网的 Open API，获取豆瓣网图书的封面、标签、书评等信息，并在 OPAC 书目详细信息页面显示，如图 4-6 所示。

②为 OPAC 增加 API 接口开放馆藏信息，用户便可以在豆瓣网的图书页面时同时获知该图书在本地的图书馆是否有可借馆藏，如图 4-7 所示。

长尾理论 = The long tail : why the future of business is selling less of more
著者 安德森, C., 乔江涛
中信出版社 2006
主题标目
• 市场营销学
• 长尾理论
出版地: 北京
ISBN: 7-5086-0724-4
说明: 235页; 25cm
内容: 本书包括:长尾市场、大热门的兴衰起伏、长尾的三种力量、新生产者、新市场、新时人、长尾经济学等共十三章内容。
索书号: F713.50/2233-5

加入到"我的邮件"

复本/藏书记录

馆址	馆藏地	索书号	状态	馆藏类型	馆藏条码
上海图书馆	保存本书库	F713.50/2233-5	归还	保存资料	54121103762611
上海图书馆	综合阅览室	F713.50/2233-5	归还	参考外借资料	54121103762608
上海图书馆	综合阅览室	F713.50/2233-5	归还	仅供阅览资料	54121103762609
上海图书馆	航头书库	F713.50/2233-5	归还	保存资料	54121103762606
上海图书馆	自助阅览室	F713.50/2233-5	归还	处理中	54126100023091

其他馆址

来自豆瓣的简介
书中阐述，商业和文化的未来不在于传统需求曲线上那个代表"畅销商品"(hits)的头部，而是那条代表"冷门商品"(misses) 经常为人遗忘的长尾。举例来说，一家大型书店通常可摆放10万本书，但亚马逊网络书店的图书销售有四分之一来自排名10万以后的书籍。这些"冷门"书籍的销售比例正以高速成长，预估未来可占整体市场的一半。这消费者在面对无限的选择时，真正想要的东西、和想要取得的渠道都出现了重大的变化，一套崭新的商业模式也跟着

图 4-6　图书馆 OPAC 界面嵌入豆瓣网内容

图 4-7　豆瓣网站上的图书馆借阅入口

六、门户网站的维护

(一)保证网站的持续性存在

网站的安全保护是提供网络服务的基本保障。包括服务器硬件安全,哪些人可以接触服务器;操作系统安全,定期更新系统,安装补丁包;网络安全,安装网络防火墙,按最小原则开放尽可能少的端口等;软件程序安全,若是使用开源软件,可以通过邮件列表、RSS 订阅获得软件的补丁、升级通告,及时查疑补漏。

(二)及时更新网站内容、与用户互动

没有更新的网站不会有回头客,建立合适的内容发布分工机制,按栏目或业务将内容归不同业务部门或人员负责,保证各个栏目可以持续地更新。避免出现既是网站技术开发人员又是网站内容发布人员的尴尬场面。

对于读者通过网站提交的反馈信息最好有专人处理,及时回复。这既能解决用户通过浏览网站不能解决的问题,也能增加用户对网站的信任感。

【思考题】

1. 若本馆已经建有公共网站,试比较本馆网站、同省同级图书馆网站、美国同级一家图书馆网站,主要的异同点有什么?对本馆网站有何改进意见?如果本馆尚未建立公共网站,在比较其他同级图书馆后尝试为本馆建立公共网站内容框架。

2. 选取本地区的某一特色文化主题,起草一份图书馆专题数据库的可行性报告(包括数据库资源的收集范围、主要途径、著录内容、所用平台、成本费用、未来利用等)。

3. 本图书馆即将举办一个重要的文化讲座,馆长要求你全程

摄像，并要求在讲座后一周内在图书馆网站上提供网上点播服务。请你提供一个详细的工作方案，包括相关设备的租借等。

【推荐阅读】

1. 肖珑，赵亮. 中文元数据概论与实例[M]. 北京：北京图书馆出版社，2007：4.

2. 泰勒著. 信息组织[M]. 北京：机械工业出版社，2006：286.

3. 秦鸿主编. RSS技术在图书馆中的应用[M]. 上海：上海交通大学出版社，2010：214.

第五章 数字化信息服务技术

【目标与任务】

本章目的是让学习者了解数字化信息服务技术的发展，对新信息服务技术和手段的概况有全面的把握，掌握几种新的服务手段。第一节介绍信息检索的基本技术，包括信息检索内涵、元搜索引擎、联邦检索、资源发现系统、SSO单点登录等。第二节介绍网络虚拟参考咨询平台技术，包括虚拟参考咨询内涵、平台功能、实时参考咨询技能和新媒体工具使用等。第三节介绍数字阅读及其相关技术，包括数字阅读内涵、数字阅读设备及相关技术、电子图书技术和实现、开放获取与数字阅读等。第四节介绍图书馆自助服务类型及设备使用。

第一节 信息检索服务

一、信息检索概述

塞缪尔·约翰逊（Samuel Johnson）认为，知识分成两类：一类是我们要掌握的学科知识；另一类是要知道在哪儿可以找到有关知识的信息。通俗地讲，信息检索（information retrival）就是信息用户为处理各种问题而查找、识别、获取相关的事实、数据、知识的活动及过程[①]。信息用户是从信息集合中查找所需信息，

---

① 符绍红. 信息检索[M]. 北京：高等教育出版社，2004：1.

这个集合,大到整个社会信息资源集合,小到一篇文献,对图书馆工作来讲,常常以图书馆馆藏或数据库的形式出现。

信息检索服务是指图书馆向机构和个人提供从信息集合中迅速、准确地查找出的所需信息的服务。一般而言,图书馆开展的信息检索服务主要包括以下内容:

①面向各类读者开展各项信息检索服务;

②针对读者学习与科研提供相应的信息检索与信息咨询服务工作;

③面向各类机构开展相应的信息检索与信息咨询服务工作,如科技查新等;

④代查代检服务,代理 SCI、EI 等入选论文检索及我国主要入选源期刊等方面的信息检索与服务工作;

⑤受理读者所需的生活、医疗、科研、学习、求职等各种信息的检索与服务工作;

⑥根据读者需求,有针对性地开展一些相应的信息检索与信息咨询服务工作,提供相关的培训;

⑦开展面向读者的讲座、学术报告、培训、画展、影展等,作为新时期图书馆信息检索服务外延。

信息检索效果的评价是根据一定评价指标对实施信息检索活动所取得的成果进行客观、科学的评价,以进一步完善检索工作的过程。一般来讲,信息检索效果如何,常从两个方面进行衡量:①用户是否得到了所需的信息;②用户得到的信息是否全面而准确。对于第一个方面问题的评判简单而明确,对于第二方面问题的评判往往比较困难,目前人们常用"查全率"和"查准率"两个指标进行评判①。

---

① 叶鹰. 信息检索:理论与方法[M]. 北京:高等教育出版社,2004:26-27.

1. 查全率(Recall Ratio)

检出的相关文献量与信息检索系统中存在的相关文献量之比值。查全率是对所需文献信息被检出程度的量度,是衡量检索系统所能够满足用户需求的完备程度。

2. 查准率(Precision Ratio)

检出的相关文献量与检出的全部文献量之比值。查准率是对检出文献准确程度的量度,是衡量检索系统拒绝非相关文献的能力。

对于信息检索者而言,理想状态是查全率和查准率都能够达到100%,但这是不可能的。现有的检索工具和检索手段,只能力争在两者之间达到一种动态平衡。

当评价一个检索系统的服务效能时,除了查全率和查准率外,还要评价检索系统的响应时间、用户负担和输出形式等内容。

二、元搜索引擎

元搜索引擎(Metasearch Engine 或 Megasearch Engine),是一种调用其他独立搜索引擎(也就是人们常说的搜索引擎,如百度、谷歌)的引擎。它将多个独立搜索引擎集成在一起,通过统一的检索界面接收并处理用户的查询提问,在进行检索时调用一个或多个独立搜索引擎的数据库,然后对来自各个独立搜索引擎的检索结果进行汇总处理并显示[1]。

元搜索引擎工作原理如图5-1所示。

---

[1] 符绍红. 信息检索[M]. 北京:高等教育出版社,2004:343.

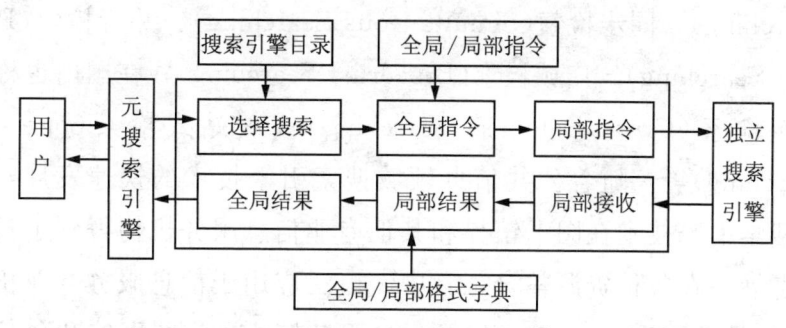

图 5-1　元搜索引擎工作原理[①]

元搜索引擎一般由三部分组成：请求提交代理、检索接口代理、检索结果显示代理。"请求提交"负责实现用户"个性化"的检索设置要求，包括调用哪些搜索引擎、检索时间限制、结果数量限制等。"接口代理"负责将用户的检索请求"翻译"成满足不同搜索引擎"本地化"要求的格式。"结果显示"负责所有元搜索引擎检索结果的去重、合并、输出处理等。相比独立搜索引擎，元搜索引擎具有信息覆盖面大，搜索结果权威性和可靠性比较强，易维护等优点[②]。

元搜索引擎是为弥补传统搜索引擎的不足而开发的一种辅助检索工具，有着传统搜索引擎所不具备的许多优势。但是，元搜索引擎依赖于数据库选择技术、文本选择技术、查询分派技术和结果综合技术等。用户界面的改进、调用策略的完善、返回信息的整合以及最终检索结果的排序，仍然是未来元搜索引擎研究的重点。

三、联邦检索

联邦检索（Federated Search），又称为集成检索（Integrated

[①] 王芳，张晓林. 元搜索引擎：原理与利用[J]. 现代图书情报技术，1998(6).
[②] 张卫丰，徐宝文，周晓宇，等. 元搜索引擎研究[J]. 计算机科学，2001(8).

Searching)、同步检索（Simultaneous Searching）、并行检索（Parallel Searching）、广域检索（Broadcast Searching），在国内也称为跨库检索（Cross Database Searching）或一站式检索（one-stop searching）等。随着公共信息领域搜索引擎技术的快速发展，各种搜索引擎技术在图书馆界和其他专业信息服务机构得到了长足的发展。在各种资源整合工具中，广泛应用于信息服务专业机构的"一站购齐"(one-stop-shopping)服务模式，为图书馆和各信息服务机构整合订购数据库资源和非结构化网络资源提供了很好的资源组织和检索工具。目前，国内外通用的"一站式检索"或"一站购齐"解决方案主要有 CrossRef、DOI、OPenURL 等基于链接解析器的解决方案。此外就是联邦检索系统，通过集成遵循 HTTP、SOAP、OAI 和 z39.50 等协议的网络和数据库资源来实现一次性检索多个数据库的功能[①]。

  联邦检索的主要优势在于它可以节省用户检索多个数据库的时间，特别是当用户需要查找的资源分散于不同数据库时，为了查找自己感兴趣的资源，用户不得不了解不同数据库系统的不同使用方法。而联邦检索将异构数据库集成到同一检索界面下，由计算机在后台实现与各个数据库之间的无缝衔接，用户一次提交，可以得到多个数据库的检索结果。有学者认为，尽管联邦检索有这方面的优势，但还是不能根本解决检索平台间日益增长的复杂性和缺乏统一性等问题。联邦检索系统需要通过真正开放和统一的信息资源利用的互操作环境，建设相互连通的检索平台，使图书馆和其他信息服务机构用户能够无障碍地利用图书馆订购的各种资源，从而消除信息获取的使用障碍和技术壁垒。

  联邦检索作为用户查询信息资源的一个常用起点，除了图书

---

① 陈家翠. 联邦检索机制及其存在的问题[J]. 图书情报工作，2006(8).

馆正在购买使用的异构统一联邦检索系统之外，其实在日常网络生活中也有很多不错的联邦检索平台，如下所述[①]。

1. Google 学术搜索(Google Scholar)

它是 Google 推出的面向网络学术资源的检索工具，随着和数据库商的合作日益增多，在学术论文等学术资源方面的搜索结果越来越完善。而在越来越多的期刊数据库商、电子期刊出版商和 Google 进行合作之后，Google Scholar 对图书馆传统检索工具包括图书馆提供的联邦检索工具带来的挑战都是致命性的。

2. WorldCat. org

它是由 OCLC 公司提供的一个以图书馆为导向的联邦检索工具，通过一个检索框，就可以检索包括期刊、图书、文章、多媒体资料在内的各类馆藏资源。在这方面 WorldCat. org 超过了 Google Scholar。

3. 数据库商提供或代理的数据库统一检索平台

它也是其中的一种主要方式，如 EBSCO、ProQuest、CSA 等提供的"search all databases"，Elsevier 开发的 Scirus 等。

4. 新兴的资源发现系统

如 Encore(Innovative Interfaces)与 Primo(Ex Libris)，这些工具不仅具有联邦检索功能，而且因为赋予了全新的 Web 2.0 元素，是未来资源检索平台的新发展方向，本书将在本节第四部分专门对这类资源发现工具进行描述。

根据 2007 年的一项调查[②]，图书馆员对联邦搜索最熟悉的前五位特点分别是：①通过来源、日期、范围、全文、同行评审进

[①] 联邦检索[EB/OL]. [2012-06-26]. http://cunfu.info/? p=450.
[②] Federated Search 101[EB/OL]. [2012-06-26]. http://www.libraryjournal.com/article/CA6571320.html.

行结果限制；②检索结果的速度；③界面外观；④结果排序；⑤去重效果。此外对于任何一种联邦搜索工具而言，从用户体验角度出发，最重要的一点是：用户能够登录且立即知道如何使用它。

四、资源发现系统

随着异构系统(主要是商业电子资源)的飞速发展，传统的基于标准协议的联邦检索技术已经无法满足有效整合多个异构系统的需求。联邦检索作为面向文章索引和全文级别的发现产品的一个早期尝试，在得到业界期许和青睐的同时，也有着其无法回避的技术上的先天不足：①与检索相关的，对通识检索资源的限制，检索速度方面难以克服的缺陷，检索表现对于每一个目标资源和网络表现的依赖；②与结果相关的查重、规定、显示和排序，同样是因为受制于来源不同的目标资源，很难确定一个较好的查重算法和一个规整统一的显示方式，而相关度排序的问题更为复杂和棘手；③与标准相关的，缺乏目标资源的记录结果，缺乏相关的标准检索协议，通常使用 z39.50、API 和 XML 网关，甚至通过 HTTP 协议进行元数据的抽取。这些不足导致其检索效果不尽如人意①。

资源发现系统区别于传统联邦检索和元搜索引擎的最大特点在于，它是通过对海量的来自异构资源的元数据和部分对象数据进行抽取、映射、收割、导入等手段进行预收集，并通过归并映射到一个标准的表达式进行预聚合，形成统一的元数据索引。通过单一但功能强大的搜索引擎向终端用户提供或是本地分布或是远程中心平台的统一检索和服务。可以说资源发现系统的核心在

---

① 聂华，朱玲. 网络级发现服务——通向深度整合与便捷获取的路径[J]. 大学图书馆学报，2011(6).

于海量的元数据和基于标准化索引的快速检索。

资源发现系统自2009年面世以来，相关厂商积极跟进，目前广受关注的产品分别是：OCLC的WorldCat Local(2008年正式推出)，Serials Solutions的Summon(2009年7月发布)，Exlibris的Primo Central(2010年6月正式推出)，EBSCO的EBSCO Discovery Service(EDS)(2010年1月发布)，以及Innovatives的Encore Synergy(2010年4月发布)。这些系统发布不久，就在全世界图书馆界得到了广泛应用，截至2011年6月，据不完全统计，全球范围内已经有超过500家图书馆应用了资源发现系统(服务)，而且增幅明显。在国内的各大高校也纷纷引进了这类系统和服务，如上海交通大学在2010年就发布了基于Primo的"思源搜索"，北大图书馆和清华大学图书馆在2011年相继推出了基于Summon的"未名搜索"和基于Primo的"水木搜索"[①]。

这些资源发现系统都着眼于为读者提供快速、准确、便捷的资源发现及获取服务。通过汇集海量的学术文献资源，采用可视化、聚类、分面等技术手段，帮助用户在查找信息过程中获得最佳体验；通过整合社会化网络的应用，注重图书馆与用户之间的互动，基于海量元数据分析呈现的"研究热点"为拓展面向学科领域的知识服务奠定了基础。

五、SSO单点登录

在目前图书馆的应用环境中，往往有众多的应用系统，如办公自动化(OA)系统、财务管理系统、档案管理系统、信息查询系统等。这些应用系统服务于机构的信息化建设，为机构的管理和服务带来了便利，提高了服务效率。但用户在使用这些应用系统

---

① 清华大学学术信息发现平台[EB/OL].[2012-06-26]. http://lib.tsinghua.edu.cn/dra/news/annoucement/3007.

时并不方便。用户每次使用系统，都必须输入用户名称和用户密码，进行身份验证；而且应用系统不同，用户账号就不同，用户必须同时牢记多套用户名称和用户密码。特别是对于应用系统数目较多，用户数目也很多的机构而言，这个问题尤为突出。问题的原因并不是系统开发出现失误，而是缺少整体规划，缺乏统一的用户登录平台，使用 SSO 技术可以解决以上这些问题。

单点登录 SSO(Single Sign-On)是身份管理中的一部分。SSO 的一种较为通俗的定义是：SSO 是指访问同一服务器不同应用中的受保护资源的同一用户，只需要登录一次，即通过一个应用中的安全验证后，再访问其他应用中的受保护资源时，不再需要重新登录验证[①]。

实现 SSO 的技术主要是：

①基于 cookies 实现；

②Broker-based(基于经纪人)；

③Agent-based(基于代理)；

④Token-based，这是现在被广泛使用的口令认证，比如 FTP，邮件服务器的登录认证，这是一种简单易用的方式，实现一个口令在多种应用当中使用。

⑤基于网关；

⑥基于安全断言标记语言(SAML)实现，SAML(Security Assertion Markup Language，安全断言标记语言)的出现大大简化了 SSO，并被 OASIS 批准为 SSO 的执行标准。

伴随着 SSO 技术和 OpenID 的发展，越来越多的网站认识到提供类似于 SSO 的服务有助于扩大网站的影响，促进网站的发展。在此背景下，包括 Google、Facebook 在内的网站巨头们纷纷

---

① 单点登录(SSO)相关技术介绍[EB/OL]. [2012-06-26]. http://yp.oss.org.cn/software/show_resource.php?resource_id=840.

推出了开放平台，国内几大互联网络运营商也都纷纷推出了其开放认证系统。

如新浪微博在开放平台中就提供了微博登录功能。基于 OAuth 协议，使用丰富的微博 Open API 进行开发，用微博账号即可登录第三方网站。极大降低新用户注册成本，利用微博社交关系提高网站用户黏性，有效传播网站内容。

QQ 开放平台也提供了类似的"QQ 空间 OAuth2.0"认证服务登录 OAuth2.0，采用 OAuth2.0 标准协议来进行用户身份验证和获取用户授权，对于用户相关的 OpenAPI（例如获取用户信息、动态同步、照片、日志、分享等），为了保护用户数据的安全和隐私，第三方网站访问用户数据前都需要显式地向用户征求授权。

【操作练习】

1. 请分别在搜索引擎中查找到以下两个资源发现系统的地址：北京大学图书馆未名搜索和清华大学图书馆水木搜索。

2. 请以"数字图书馆"为关键词进行检索，比较两者在检索结果上的异同。

3. 请利用资源搜索工具，快速查找到《数字图书馆理论与实务》一书的相关信息。

第二节 网络参考咨询

参考咨询服务历来是图书情报机构的一项核心服务内容，体现了图书情报服务专业化、智能化、知识化程度，在帮助用户有效利用图书情报服务方面发挥了重要作用。近些年，随着计算机技术、通信技术、网络技术的迅速发展和信息资源的迅猛增加，越来越多的读者选择利用网络来查找和获取信息,用户对多元化知识性信息的需求日益强烈。用户咨询问题的深度和广度也在不断增加,单个的图书馆或信息中心很难为用户提供满意周到的服务,加强多个图书馆间的合作和资源共享已经成为图书馆界的共同心声和理想境界。到了20世纪90年代末,虚拟参考咨询服务从一个图书馆开展的活动走向以联合体为依托的合作模式,联合虚拟参考咨询服务从此诞生,到了21世纪,随着网络环境的改善和计算机设备的普及,虚拟参考咨询服务开始往实时、可视化的方向发展。

一、虚拟参考咨询

虚拟参考咨询服务(Virtual Reference Service),又称数字参考服务、在线参考咨询、网络参考咨询服务等,是一种基于因特网的帮助服务机制,它不受系统、时间、资源和地域条件限制,借助网络化、数字化的手段,利用相关资源,通过参考咨询馆员为用户提供主动服务,使用户在较短的时间内获得有效答案,是一项能集中体现计算机网络技术、图书情报资源和资深专家优势的新型咨询服务。1984年,马里兰大学的健康服务图书馆首先推出虚拟参考服务。我国从20世纪90年代开始建立电子参考咨询,开展网上参考咨询服务的图书馆日益增多,而且服务的层次也逐渐拓展。可以说在互联网时代,在图书馆的各项业务中,虚拟参考咨询是最能体现图书馆及工作人员服务增值和知识提供者价值的服务[1]。

截至目前,常见的虚拟参考咨询工具主要有:

①留言本;

---

[1] 冉从敬,赵蕊菡. 中美高校图书馆虚拟参考咨询调查比较[J]. 图书情报知识,2009(5).

②BBS/论坛；

③电子邮箱 E-mail；

④QQ 等实时交流工具；

⑤采购成熟的商业参考咨询服务软件或系统（TPI，TRS，Ask A Librarian 服务等）；

⑥新兴的社会化网络如人人网、微博等。

不同的工具，其能够提供的服务层次也不同，目前较多的图书馆虚拟参考咨询的服务还局限在常规的问题解答方面，如在线帮助读者解决馆藏利用和资源检索方面遇到的问题等。

公共图书馆可以加入联合虚拟参考咨询系统，为读者提供相应服务。

二、虚拟参考咨询平台功能

虚拟参考咨询平台的功能一般而言，主要是如下几点：向用户提供在线提问系统；提供学科领域咨询专家使用的问题解答系统；提供系统管理员添加、管理学科领域专家及其个人资料和管理问题记录的功能菜单。

对虚拟参考咨询平台的选择，一般是根据拟提供的服务内容和方式、资金预算以及技术力量配备。如力量较强、资源丰富的馆，可以牵头组建参考咨询联盟，而作为中小型图书馆则应当积极地加入现有的参考咨询联盟，以弥补自身的技术和资源不足。目前在公共图书馆界，上海图书馆的网上联合知识导航站和广东省立中山图书馆牵头建设的"全国图书馆参考咨询联盟"是较为成功的案例。

"网上联合知识导航站"依托上海图书馆和上海科技情报所的强大资源和人才优势，提供实时参考咨询、知识库检索等服务工具。

"全国图书馆参考咨询联盟"是在全国文化信息资源共享工程国家中心指导下,由我国公共、教育、科技系统图书馆合作建立的公益性服务机构,其宗旨是以数字图书馆馆藏资源为基础,以因特网的丰富信息资源和各种信息搜寻技术为依托,为社会提供免费的网上参考咨询和文献远程传递服务。目前,它拥有我国目前最大规模的中文数字化资源库群:电子图书120万种,期刊论文4 000多万篇,博士硕士论文300万篇,会议论文30万篇,外文期刊论文500万篇,国家标准和行业标准7万件,专利说明书86万件,以及全国公共图书馆建立的规模庞大的地方文献数据库和特色资源库,提供网络表单咨询、文献咨询、电话咨询和实时在线咨询等多种方式的服务[①]。"全国图书馆参考咨询联盟"实行资源共享和免费服务政策。用户可得到全国图书馆提供的网上参考咨询和文献远程传递服务。

三、实时参考咨询

实时参考咨询是一种基于实时交互技术的数字化参考咨询服务。参考咨询馆员与用户在网上进行异地同时的交流和解答,使得文献资源数字化和用户服务功能多元化的图书馆,在进行虚拟参考咨询服务中保持传统的面对面咨询中实时交互的能力。实时参考咨询克服了传统参考咨询的空间局限性、响应延时性等缺点,并通过协同浏览等功能,为用户提供更加有效的咨询服务。实时参考咨询的开展依赖于三个平台:高速传输的网络媒介与实时咨询软件构成的技术平台,图书馆文献资源、电子资源、网络资源

---

① 全国图书馆参考咨询联盟服务指南[EB/OL].[2012-06-26]. http://www.ucdrs.net/admin/union/service.jsp.

构成的信息资源平台，以及馆员队伍这一人力资源平台①。

参考咨询是一项学术性和技术性要求很高的信息服务工作，网上实时参考咨询要即时回答咨询问题，要求工作人员有较强的知识背景和咨询技能，具体涉及以下几个方面。

1. 良好的信息素养

参考咨询工作人员需要具备良好的学习能力和信息技术基础，不一定知道具体是什么，但是需要知道去哪里找。

2. 沟通技巧

实时咨询最突出的特点是实时性和交互性。这两个特点决定了咨询质量在一定程度上取决于咨询员与用户的沟通技巧。咨询员要学会营造良好的对话氛围，力争以亲切、友好、敬业、高效的形象出现在用户面前。

3. 应变能力

实时咨询要面对各种各样的问题，有事实性问题、文献查找问题、研究性问题以及文献服务相关规定、检索方法等问题。咨询员要有足够的应变能力来应付千变万化的问题。首先，咨询员要仔细分析用户的提问，快速、准确地确定用户咨询问题的实质。如果用户的表达不够清晰，要通过简短的询问，把问题搞清楚。然后，在头脑中迅速生成解决问题的方案，并将其告知用户。甚至可以引导用户共同在网上进行搜索，直至得到令人满意的结果。应变能力还体现在实时咨询过程中对各种突发事件的处理，如咨询过程中的计算机故障等。

4. 敬业精神

咨询员的敬业精神是做好咨询工作的根本保证。实时咨询的服

---

① 曲鹏云，张智雄，林颖. 基于协同浏览的实时参考咨询系统的设计与实现[J]. 现代图书情报技术，2006(10).

务质量和服务效果在很大程度上取决于咨询员的敬业精神。一个优秀的咨询员会让用户感到是在千方百计地为其解决问题，而不是敷衍了事。有些问题短时间内无法找到确切答案，下线后应该进一步寻求解决问题的有效途径，然后用 E-mail 方式给用户以答复①。

四、新媒体工具

(一)微博

微博，即微博客(MicroBlog)的简称，是一个基于用户关系的信息分享、传播以及获取平台，用户可以通过 Web、WAP 以及各种客户端组建个人社区，以 140 字左右的文字更新信息，并实现即时分享。微博是 Web2.0 时代新兴的极具代表性的实时信息系统，它最大的特点就是集成化和开放化，用户可以通过你的手机、IM 软件(Gtalk、MSN、QQ、Skype)和外部 API 接口等途径向微博发布消息。随着技术的改进，微博的功能得到不断改进，不仅可以发表文字，还可以发图片，插播话题，等等。

由于其信息传递快捷，入门门槛较低，使得微博日渐成为一个重要的公共媒体和广告平台，据不完全统计，仅在新浪微博一家就有超过 500 家图书馆注册了自己的官方微博，用来发布信息和解答读者问题，成为图书馆服务宣传的重要媒体平台。通过开设图书馆官方微博，有利于对图书馆微博用户进行正确的引导，有利于做好微博舆论的疏导工作。图书馆微博人员在进一步提高自身的网络技术水平的同时，一定要提高自身的交际能力、应急能力等综合素质，在微博中为用户发挥出正确的导航能力②。

---

① 顾德南，孟连生，等. 试论网络实时参考咨询服务[J]. 图书情报工作，2005(7).

② 此处数据为作者在 2012 年 3 月份在新浪微博以"图书馆"为关键词检索查找所得。

(二)自动应答机器人

无论是传统的参考咨询服务,还是基于网络的虚拟参考咨询服务,无论是实时的,还是非实时的,无论基于何种软件,参考咨询服务最大的特点就是需要有人值守。这种人工值守的服务方式给图书馆的咨询服务带来了时间和人力成本的限制,而图书馆用户却希望在任何时候和任何地点享受图书馆的咨询服务。为了满足用户的需求,国内高校图书馆相继推出了基于知识库和人工智能的 IM 咨询机器人。IM 咨询机器人是一个基于知识库的程序,可以自助解决用户各类问题,同时具备自学习功能,可以根据用户咨询自动或手动更新知识库。

(三)网络社区

图书馆提供参考服务的途径和手段随着网络技术的发展在不断地拓展,其中包括网络社区,随着 Facebook、人人网、开心网等社会化交友社区平台的发展,图书馆也纷纷开始关注这些社区用户的信息需求,积极参与网络社区行为,提供参考咨询服务,网络社区的回复数量多,响应速度快,一般比较适合一些事务性的参考咨询和图书馆服务的营销与推广,而图书馆参考咨询系统更擅长事实性问题的解答。

【操作练习】

1. 注册开通一个新浪微博或腾讯微博账号。
2. 关注不少于五个其他图书馆的微博账号。
3. 发布、转发、回复一条微博。

第三节 数字阅读

一、数字阅读的内涵

数字阅读指的是阅读的数字化,主要有两层含义:一是阅读对象的数字化,也就是阅读的内容是以数字化的方式呈现的,如电子书、网络小说、电子地图、数码照片、博客、网页,等等;二是阅读方式的数字化,就是阅读的载体、终端不是平面的纸张,而是带屏幕显示的电子仪器,如 PC、PDA、MP3、MP4、笔记本电脑、手机、阅读器,等等。与传统的纸质出版物相比,数字化电子出版物具有存储量大、检索便捷、便于保存、成本低廉等优点。所以,数字阅读日益受到各国年轻人的欢迎和追捧①。

在以甲骨、兽皮、竹简、布帛作为传播介质的时代,我们的祖先根本无法想象人类能够利用计算机、手机、电子阅读器等手段,以数字化编码的形式享受阅读的乐趣。在 2008 年德国法兰克福书展上,以"数字化出版"为主题的参展商达 361 家,他们展示了其带来的电子图书产品。参展产品中,超过 30% 的展品为数字化产品;而为出版界专业人士举办的 400 多场活动中,50% 以上的活动与迎接图书数字化潮流有关。根据保守估计,到 2018 年,全球电子图书的市场份额将超过传统图书②。电子出版业的繁荣发展,表明当今世界已进入了一个数字化阅读的新时代。

数字阅读的兴盛为人们的生活和学习提供了更多乐趣和便利,但也引起了一些传统人士的忧虑。有人认为,随着数字化阅读的

---

① 胡耀华. 数字阅读:变革与反思[J]. 中国出版,2010(10).
② 法兰克福书展[EB/OL]. [2012-06-26]. http://www.lifeweek.com.cn/2009/1109/26514.shtml.

兴盛，用不了很长时间，传统的纸质读物将逐渐被人们舍弃，寿终正寝。这将破坏只有通过纸质阅读才能感受到的文化韵味。此外，数字图书不利于传统的阅读管理，对不具有鉴别能力的未成年人的成长可能会造成负面影响。电子图书在目前还属于新鲜事物，在很长一段时间内，已为绝大多数人所习惯和接受的传统读书方式仍将同数字化读物共生共存。至于由此而派生出来的管理等问题，我们完全有理由相信，人类创造了数字化的阅读方式，也一定有足够的智慧去驾驭它，使其更好地为我们服务。

二、数字阅读设备及相关技术

在深入了解数字阅读之前，我们有必要对现有的数字阅读设备和技术进行梳理，其中重要的概念有以下几点。

1. 电子书

新闻出版总署对电子书的定义：电子书是指将文字、图片、声音、影像等信息内容数字化的出版物以及植入或下载数字化文字、图片、声音、影像等信息内容的集存储介质和显示终端于一体的手持阅读器。它由三个要素构成：①E-book 的内容，它主要是以特殊的格式制作而成，可在有线或无线网络上传播的图书，一般由专门的网站组织而成；②电子书的阅读器，它包括桌面上的个人计算机，个人手持数字设备(PDA)，专门的电子设备，如"翰林电子书"；③电子书的阅读软件，如 ADOBE 公司的 Adobe Reader，Glass book 公司的 Glass book，微软的 Microsoft Reader，超星公司的 SReader 等。由此可以看出，无论是电子书的内容、阅读设备，还是电子书的阅读软件，甚至是网络出版都被冠以电子书的称谓①。

---

① 电子书[EB/OL]．[2012-05-26]．http://wiki.dzsc.com/info/1654.html．

2. 电纸书

一般认为，电纸书特指使用电子墨水(E-ink)显示技术，提供类似纸张阅读感受的电子阅读产品。它是一种采用电子纸为显示屏幕的新式数字阅读器，可以阅读网上绝大部分格式的电子书，比如 PDF，CHM，TXT 等。与传统的手机，MID，UMPC 等设备相比，采用电子纸技术的电纸书阅读器有辐射小、耗电低、不伤眼睛的优点，而且它的显示效果逼真，看起来和看书的效果一样。电子纸，是由两片基板所组成，上面涂有一种由无数微小透明颗粒组成的电子墨水，颗粒由带正、负电的许多黑色与白色粒子密封于内部液态微胶囊内形成，不同颜色的带电粒子会因施加电场的不同，而朝不同的方向运动，在显示屏表面呈现出黑或白的效果。同时只有像素颜色变化时（例如从黑转到白）才耗电，关电源后显示屏上画面仍可保留，因此非常省电。功耗是同尺寸大小 TFT 液晶的千分之一。电纸书环保、健康、无辐射，而且可承载的内容庞大，堪称口袋中的图书馆，又由于其对数字化内容的分发与扩散，因此只要终端足够多，就可以最大范围地传递数字化信息与内容，这些都是电纸书引发变革的优势所在[①]。

简单地说，"电纸书"就是电子阅读器，是一种电子终端，再通俗一点讲就是可以读书的数码小电器，可以阅读网上绝大部分格式的电子书，比如 PDF，CHM，TXT 等。电子书通俗来讲一般是指"电子书籍"，即数字化的出版物，也可以理解为以 PDF、DOC、CEB、TXT 或者图片格式存在的书籍，或更直接地理解为是数字化的文字内容。电纸书和电子书的关系：①电纸书是电子书的一种展示方式，读者可以手持电纸书阅读里面的电子书；

---

① 蒋建，黄燕华. 电纸书的发展及其对图书馆运作模式的影响[J]. 情报探索，2011(5).

②电子书不仅仅在电纸书上展示,其还可以在电脑、手机、PDA等终端展示,也就是说,可以用电脑手机等终端看电子书;③电纸书又称电子书阅读器。

在目前的数字阅读设备市场,根据显示屏幕不同,阅读设备大致可以分为液晶型和非液晶型两种,前者采用靠液晶颗粒通电发光的液晶显示屏作为显示屏,可以自发光,克服环境和周围光源的影响,随时随地查看图书,以苹果的 iPad、Amazon 的 Kindle Fire 为代表;后者采用电子纸技术,利用环境反射光显示内容,以 Amazon 的 Kindle、盛大锦书、汉王等为代表。

三、电子图书的技术和实现

在电子图书建设领域,有几家公司一直走在前列。

1. 北京超星公司

全称为北京世纪超星信息技术发展有限责任公司,拥有目前全国最大的图书数字化加工中心。超星公司是国内最早从事纸质资料的数字化以及制作电子出版物的公司之一,于 2000 年建成世界最大的中文数字图书馆;2000 年 5 月超星数字图书馆被列为国家"863"计划中国数字图书馆示范工程;超星数字图书馆目前藏书量达到 300 多万种,并且每年以十万种左右的速度递增。北京超星公司是中国规模最大的数字图书馆解决方案提供商和数字图书资源提供商。业务范围包括数字图书资源加工、供应、采集、管理以及提供数字图书的创作、发布和交流为一体的完整平台。用户群体不仅覆盖全国各省区以及各行业、专业的图书馆,而且承担着大量国外图书出版机构的数字化业务。成熟的超星数字图书馆技术平台和"超星阅览器",可提供各种读书所需功能。利用扫描技术将纸质图书通过扫描电子化,并封装成专为数字图书馆设计的 PDG 电子图书格式,图像清晰,保证图书的原貌,文字识别正确率达到98%以上,二次利用相对较为方便。"超星阅览器"是目前国内技术较为成熟、创新点较多的专业阅览器,具有电子图书阅读、资源整理、网页采集、电子图书制作等一系列功能。

2. 方正阿帕比公司

全称为北京方正阿帕比技术有限公司,是方正集团旗下专业的数字出版技术及产品提供商。Apabi分别代表着Author(作者)、Publisher(出版者)、Artery(流通渠道)、Buyer(读者,即购买者)以及Internet(网络)。Apabi是以因特网为纽带,将传统出版的供应链有机地联结起来,实现完全数字化的出版。Apabi技术以原版式和流式结合的阅读体验和安全稳妥的版权保护技术,数据挖掘和知识标引等作为自己的核心竞争力。目前,方正数字出版系统提供包括电子书、数字报、数字博物馆、各类专业数据库及移动阅读的技术解决方案,并提供丰富多样的数字资源产品的运营服务。其核心技术CEB(Chinese E-document Basic)版式文件处理技术,能够将各种格式的文件原版原式地转为统一格式,在转换过程中真实保持原有文件中文字、图表、公式、色彩等版式信息,实现高保真的显示效果。CEB格式数据量小,利于传输。CEB版式文件技术已经广泛应用于电子书、电子公文、电子期刊、数字报纸等数字出版物中,是方正阿帕比数字出版技术的基础。CEBX在版式文档描述的基础之上,采用XML技术来描述文档数据,实现了文档数据的结构化,能够更方便地与其他系统进行数据交换、解析、编辑、阅读,提高了文档操作和应用的灵活性。CEBX具有原版原式的呈现特点,即阅读显示与印刷一致,真实地保持了原有文件中文字、图表、公式、色彩等版式和信息,实现了高保真的显示效果。在提供如此丰富的显示效果的同时,还可实现图文及多媒体信息的动态和实时混排。CEBX通过加入文档逻辑结构信息,同时融合版式阅读和流式阅读的特性,在普通计算机屏幕和移动设备的狭小屏幕上都能给用户提供完美的阅读体验。CEBX 支持更加丰富的交互元素描述，加入了动作、脚本、注释乃至电子表单，以使文档具有更强的动态交互特性。CEBX 支持数字签名和分段授权，并可以实现本地安全、DRM 系统等多重安全特性。CEBX 是对 CEB 的革命性技术升级，将取代 CEB，成为方正阿帕比新一代数字出版技术的坚实基础。

3. 北京书生公司

全称为北京书生数字技术有限公司，其主要产品"书生之家数字图书馆"于 2000 年创办，是利用全息数字化技术，经数百家出版单位授权建立起来的数字图书馆系统平台，收录了 2000 年以来国内出版的十多万种内容涉及各学科领域的图书。采用国内外领先的、有自主知识产权的中文信息数字化技术——全息数字化技术：使得原版信息能够完美重现、使用文本形式存储、图文并茂、文字部分可以摘录、图片可以下载、支持全文检索功能、支持多种类型资源转换（纸介质、电子档）、技术扩展性强。数字版权包括：出版社及相关作者的双重授权，同时采用 TESDI（数字版权保护技术）从技术上加以保护；目前书生之家数字图书馆已获得 400 多家出版社的授权及相关作者的授权，这样既保证版权，又让图书馆用得放心。

4. 谷歌图书

谷歌图书是由 Google 公司推出的专门用来搜索图书信息的搜索引擎，他实现了在图书全文内容中搜索，其中无版权的图书读者可浏览全文，有版权的图书读者可浏览部分章节，可链接到出版商信息。

【操作练习】

现有 1 000 册民国时期的图书拟进行全书扫描数字化,作为技术负责人,请做好如下工作。

1. 列举数字化图书所需的设备。
2. 制订可行性方案。

四、开放获取资源与数字阅读

开放获取(Open Access)是一种学术信息共享的自由理念和出版机制,在这种出版模式下,学术成果可以无障碍地进行传播,任何研究人员可以在任何地点和任何时间不受经济状况的影响,平等免费地获取和使用学术成果。将开放获取定位于学术出版模式是为了区别于营利性的商业出版机制。与非学术领域的作者不同,科研人员发表成果(尤其是以论文的形式发表)的目的主要不是为了获利,而是希望在尽可能大的范围内使自己的研究成果得到传播;同时,科研人员为了开始或继续自己的研究,也希望能够方便地获取其他同行的研究成果。这种非营利的信息传播动机和利用需求促使开放获取成为学术出版的可能模式,目前,开放获取出版模式主要运用于网络学术期刊。开放获取模式兴起于20世纪90年代末,与开放获取活动(Open Access Movements,原为 Free Online Scholarship Movements)的兴起有直接的关联,同时也基于两大背景:一是订阅的传统学术期刊出版模式严重阻碍了学术交流的自由;二是网络的运用使学术期刊出版和传播的成本大大降低。开放获取期刊目录(Directory of Open Access Journals,DOAJ)是由瑞典隆德大学图书馆于 2003 年 5 月推出的开放获取期刊的检索系统,截至 2009 年 9 月,该系统可提供 4 359 种开放获取期刊的访问,其中 1 663 种支持文章级检索,涉及各个学科领域，收集论文量达 315 160 篇。该系统提供刊名检索、期刊浏览以及文章检索等功能①。

Open J-Gate 提供基于开放获取期刊的免费检索和全文链接。它由 Informatics(India)Ltd 公司于 2006 年创建并开始提供服务，收集了全球约 5 943 种期刊，包含学校、研究机构和行业期刊。其中超过 3 416 种学术期刊经过同行评议(Peer-Reviewed)。Open J-Gate 每日更新，每年有超过 30 万篇新发表的文章被收录，并提供全文检索（数据截至 2009 年 9 月 29 日），是目前世界最大的开放获取期刊门户②。

Open DOAR 是由英国的诺丁汉（Nottingham）大学和瑞典的隆德（Lund）大学图书馆在 OSI、JISC、CURL、SPARC 欧洲部等机构的资助下于 2005 年 2 月共同创建的开放获取机构资源库、学科资源库目录检索系统，用户可以通过机构名称、国别、学科主题、资料类型等途径检索和使用这些知识库，它和开放获取期刊目录（DOAJ）一起构成当前网络免费全文学术资源（期刊论文、会议论文、学位论文、技术报告、专利、学习对象、多媒体、数据集、工作论文、预印本等）检索的主要平台③。

中国科技论文在线是经教育部批准，由教育部科技发展中心主办，针对科研人员普遍反映的论文发表困难、学术交流渠道窄，不利于科研成果快速、高效地转化为现实生产力而创建的科技论文网站。内容主要是自然科学，社会科学领域仅涉及教育学、管理学、经济学。可以检索和按学科分类浏览。该网站采取文责自负的原则，一般情况下作者提交学术性论文均可被系统接收④。

---

① 李麟. 我国科研人员对科技信息开放获取的态度——以中国科学院科研人员为例[J]. 图书情报工作，2006(7).
② Open J-Gate[EB/OL]. [2012-06-28]. http://www.openj-gate.com/.
③ Open DOAR[EB/OL]. [2012-06-28]. http://www.opendoar.org/.
④ 中国科技论文在线[EB/OL]. [2012-06-28]. http://www.paper.edu.cn/.

奇迹文库是由一群中国年轻的科学、教育与技术工作者创办的，非营利性质的网络服务项目，目的是为中国研究者提供免费、方便、稳定的 eprint 平台，并宣传倡导开放获取（Open Access）的理念。该文库收录文献类型包括科研文章、综述、学位论文、讲义及专著（或其章节）的预印本，没有审稿过程。目前学科范围包括自然科学、工程科学与技术、人文与社会科学三大类。提供下载资料、文章浏览和检索等功能[①]。

古登堡计划是网络上第一家、也是最大的一家公益型数字图书馆，它致力于尽可能大量的，以自由的和电子化的形式，提供版权过期的书籍，项目全部依靠志愿者的劳动和捐款来维持和发展。它收集的所有书籍都是向所有人免费提供的，目前藏书数量已经超过了 3 万本。根据创始人 Michael Harter 教授估计，到 2015 年，藏书数量将达到 100 万本[②]。

【操作练习】

1. 请收集并整理现有的开放获取资源列表。
2. 按学科对资源进行简单分类，然后组织成网页。

---

① 奇迹文库[EB/OL]. [2012-06-28]. http://www.qiji.cn/.
② 古登堡计划[EB/OL]. [2012-06-28]. http://baike.baidu.com/view/364814.htm.

第四节　自助服务

一、自助服务的内涵

自助服务是以用户为中心、满足用户个性需求的一种用户自我服务模式。它改变了原先由工作人员包办图书馆服务的传统做法，将一些图书馆的服务项目和工作内容交由用户本人在指定的管理区域、活动范围内自行完成。同时，借助于图书馆主页，利用计算机、网络等现代化的手段，由用户根据兴趣爱好、需求特点、时间安排自行利用图书馆的各种资源，完成文献查询、收集、鉴别、传递和利用[①]。

二、自助服务的类型

图书馆自助借还设备最早问世于近 20 年前，主要是让读者自行操作借阅图书馆内的图书资料，避免流通柜台的拥挤与排队等候，既可以通过处理磁条和条形码来借还图书，在增加了 RFID 数字化功能后，操作借还书的效率更加提升。它在读者借还书环节引发了一场革命，它有效地保护了读者的隐私，也解放了图书管理人员，让馆员拥有更多的时间去帮助更多的读者。按照服务场所和应用环境的不同，自助服务可以大致分为以下三类[②]。

（一）馆内自助服务

馆内自助服务是指图书馆购置安装包括自助还书机、自助借还书机、自助扫描、打印复印系统以及自助办证系统等在内的软

---

① 王小林. 从自助图书馆到图书馆的自助服务[J]. 图书馆学研究，2010(12).
② 张培锋. 图书馆自助服务模式之我见[J]. 图书情报工作，2005(10).

硬件设备，用户根据指南，借助这些设在馆舍内外的自助服务设备，完成一系列的自助服务，主要包括自助办证、缴费、自助流通阅览一体化管理、自助借还书、自助打印复印等。这些自助服务，在如今的发达地区图书馆中越来越多见。

(二)网络自助服务

是用户通过网络访问图书馆的网站，借助自助服务平台完成的自助服务。目前图书馆的网络自助服务，一般包括信息查询、网上检索、网上续借、网上咨询、网上书刊荐购、网上提交馆际互借请求等。

(三)电话自助服务

电话自助服务分为两类，一类是语音电话自助服务，读者通过电话与电话自助服务系统交互，利用语音和电话按键向系统提交查询请求，系统根据请求处理业务并将结果反馈给读者。目前语音电话自助服务包括：①续借；②读者证件挂失；③借阅查询；④修改读者密码；⑤预约到书查询。另一类是指手机短信自助服务，是指用户按照图书馆相关系统的说明，通过手机发送指令来完成信息咨询、续借、预约等服务。

三、自助借还设备

自助服务涉及很多技术，如互联网技术、移动通信技术、射频识别技术、数据集成系统技术等。要保证自助服务的正常运行，需要一套安全完善的技术设备和简单易操作的服务平台。图书馆应根据本馆的实际情况选择合适的图书馆集成管理系统，同时搭建统一的、人性化的、简洁易操作的自助服务平台。无论是Web页面，还是服务终端，系统提供的界面都应尽可能的友好、简洁、易操作。

在进行自助借还设备的选型时，要充分调研，并结合图书馆的切身实际，不可好高骛远，也应兼顾未来发展。选择市场成熟、应用广泛的自助服务设备和系统。此外自助借还设备的使用效率和效果，更多还是依靠完善的管理制度，图书馆一旦安装自助借还设备，必须根据自助设备，进行相关业务流程和人员配置的调整，只有这样才能降低系统运行成本，提高系统运行效率。

四、24 小时自助图书馆

24 小时自助图书馆有两种形态，其倡导者是东莞图书馆，其中一种是有实体空间的，人们可以进入馆内自由阅读书报、自助借还图书的自助图书馆；另一种是机器式的，可以自动将所借图书送出、将所还图书上架的图书馆 ATM（也称图书自助服务站）。这种无人值守"永不关闭的图书馆"实现了 365 天每天 24 小时全天候服务。在东莞，总馆、镇街分馆、村（社区）分馆、图书流动车服务站、图书馆 ATM 共同构成了覆盖全市、全天候的图书馆公共服务网络，形成了新时期公共图书馆全面创新服务的新形态。

2005 年，东莞推出了全国首个无人值守的自助图书馆，服务时间不受主馆开放时间限制，凭总分馆有效读者证就可开启自助图书馆的大门。自助图书馆藏书万余册，配有阅览桌椅、报纸、空调等设施设备，在主馆闭馆期间提供自助借还和阅览服务。自助图书馆开馆已四年多，平均年接待读者 6.3 万人次，年图书借还量 6.8 万册次，相当于东莞图书馆年总借还量的 3%[①]。

2007 年 12 月，东莞又推出了国内第一台图书自助借还设备——图书馆 ATM。图书馆 ATM 外形像一个书柜，可灵活设置在城市任何需要的地方，凭总分馆读者证就可在该设备上借还图书。图书馆 ATM 利用了智能机械手精准定位和抓取技术，灵活

---

① 钟新革. 东莞图书馆自助图书馆建设实践[J]. 图书馆建设，2007(2).

地将所借图书送出，将所还图书上架，较好地减少人工干预，提高了图书流通利用率。东莞市委、市政府对这个文化创新项目给予极大的支持，制定了"先试点、后铺开"的推广应用方案，2008年在东莞推出了 5 台图书馆 ATM，分别设于广场、社区、医院等场所。如今，平均每台设备日借还书量为 50 余册次，设于东莞一住宅小区的图书馆 ATM 上岗第一天图书借还量达 257 册次[①]。

【操作练习】

如果你是一个区县级图书馆的技术部门负责人，现在需要提供 24 小时自助还书机服务，请制订一个详细的项目实施方案。

【思考题】

1. 试述开放获取资源对图书馆服务的影响。

2. 有了 24 小时自助图书馆，还需要图书馆员吗？请谈谈你的看法。

3. 本馆拟建立官方微博，并加以网络推广，请提供一份可行性报告。

---

① 东莞有了"永不关闭"的图书馆[N]. 人民日报，2009-12-08.

第六章 图书馆信息技术应用展望

【目标与任务】

公共图书馆的服务质量和服务水平的提高，与信息技术的发展密切相关。目前新兴的信息技术正在不断进入到图书馆领域之中。本章的目的是让学习者通过学习，可以系统了解到对于目前公共图书馆领域还属于比较新颖的信息技术，以便学习者可以尽早在图书馆中接触和运用这些技术。第一节主要介绍信息传输技术，包括无线技术、端对端技术和物联网技术等；第二节主要介绍信息存储技术，包括云计算技术、数字信息资源长期保存技术等；第三节主要介绍信息组织技术，包括关联数据和个人知识管理；第四节主要介绍信息检索利用技术，包括数据挖掘技术、语义技术、海量存储与检索技术等。

第一节 信息传输技术

一、无线技术基本知识及其在图书馆中的应用

（一）无线技术基本知识

所谓无线网络，既包括允许用户建立远距离无线连接的全球语音和数据网络，也包括为近距离无线连接进行优化的红外线技术及射频技术。一般将无线网络划分为无线个人网、无线局域网、无线城域网、手机无线上网等。

无线个人网（Wireless Personal Area Network，WPAN）是指

在个人工作的地方把属于个人使用的电子设备用无线技术连接起来并自组织网络。无线个人网有蓝牙、低速 WPAN 和高速 WPAN 等。最早使用的 WPAN 是蓝牙系统，数据率为 720kb/s，通信范围在 10 米之内。低速 WPAN 主要用于工业监控组网、办公自动化与控制等领域，速率是 2～250kb/s。高速 WPAN 用于便携式多媒体装置之间传递数据，支持 11～55Mb/s 的数据率。

无线局域网(Wireless Local Area Network，WLAN)利用无线技术在空中传输数据、话音和视频信号，成为传统布线网络的一种替代方案或延伸。WLAN 可以使用户对有线网络进行任意扩展和延伸，只要在有线网络的基础上通过无线接入点 AP、无线网桥、无线网卡等无线设备就使无线通信得以实现。WLAN 的网络速度与以太网相当，一个接入点最多可支持 100 多个用户的接入，最大传输范围可达到几十千米。

WiFi 原是无线高保真(Wireless Fidelity)的缩写，其实质是一种短程无线传输技术，能够在数百英尺范围内支持互联网接入的无线电信号。能够访问 WiFi 网络的地方被称为热点。WiFi 热点是通过在互联网连接上安装访问点来创建的，访问点将无线信号进行短程传输。当一台支持 WiFi 的设备遇到一个热点时，这个设备可以用无线方式连接到那个网络。大部分热点都位于大众能够访问的地方，如机场、咖啡店、旅馆、书店以及校园，等等。许多家庭和办公室也拥有 WiFi 网络。

无线城域网(Wireless Metropolitan Area Network，WMAN)是连接数个无线局域网的无线网络形式。无线城域网中，连接到公网上的每个基站可以与数以百计的固定用户端通信。用户端一般安装在楼顶，通过无线城域网 MAC，每个基站分配上行和下行传输带宽，满足用户不同优先级的带宽需求。空中接口设计在完全服务质量(QoS)的支持下传送数据或多媒体业务。MAC 在相融的体系结构内,支持频分双工和时分双工传输。它还支持实时自适应调制和编码,在每次猝发传输时,链路中对每个用户端的通信都能迅速得到优化。

(二)无线技术在图书馆中的应用

无线技术下的图书馆服务主要有两个特点:一是随时随地进行信息传输与服务;二是服务走向精准化、个性化。图书馆应用无线技术主要体现在馆藏书目查询、图书借阅与挂失、移动阅读、参考咨询、信息公告、阅读活动、个性化定制、用户反馈、读者调查、读者荐书等方面。

1. 图书馆服务内容、馆藏信息查询

把图书馆特色资源或用户定制的有关专题分成若干栏目,发送到服务频道。用户只要通过图书馆公布的客户端服务号码就可以轻松定制相应服务内容,了解馆藏情况。图书馆也可通过短信的形式主动告知用户有哪些特色专题服务内容,新增哪些文献,将要举办哪些指导活动等。用户可以不限时间地点,随意检索、阅读本馆馆藏,查询自己的借阅历史、还书日期等。

2. 查询、借阅、催还服务

用户可以利用移动客户端实时、动态地进行图书馆书目借阅、查询、续借等,利用图书馆提供的移动互动方式与管理人员交流业务信息,上网访问查询页面,直接提取借阅信息等。图书馆可以通过给用户发送信息的方式催还书目。

3. 移动参考咨询服务

咨询服务是图书馆服务的重要方式,互联网使参考咨询服务在原有的基础上增加了许多新的内容,但这些服务也必须在能上网的固定场所才能实现。而无线技术的出现使得图书馆参考咨询服务的移动、无边际服务成为可能。参考咨询服务可以通过短信

方式得以实现，I-mode、WAP、IDB 等手机上网服务方式可实现 E-mail、网上实时服务、在线参考咨询服务以及网络导航等服务。

4. 移动图书采购

用户可以利用移动客户端与图书馆采编部门进行信息沟通，进行书刊预约或预购。例如用户通过手机上网进入图书馆网站上的采访征询系统，查看最新发布的书目数据，也可将该系统未提供的书目按要求填入指定页面，采访工作人员在充分采纳用户意见的基础上，根据本馆馆藏要求确定采购图书。它可以突破时间、地点对用户访问的限制，使采访人员和用户能够针对拟购书目进行充分沟通，用户的意见反馈更加及时、准确、全面，从而加快选书速度，不仅有助于提高采编效率，还能使用户满意度大大增加。

扩展阅读：用手机 WiFi 无线上网同通过无线网卡上网的笔记本电脑一样，具备 WiFi 功能的手机同样有通过无线路由器和无线网卡上网的两种方法。一般无线路由器端不需要做任何特别的设置，只要原有无线网络能正常上网，具备 WiFi 功能的手机便同样能正常上网。要想手机实现 WiFi 无线上网功能，设置的关键点在手机端，以 HTC 手机为例说明：按手机左上侧的快捷键或进入"开始→设置→连接"，打开"通讯管理"设置界面。选"设置→WiFi 设置"，打开"WiFi"选项。在右侧选"菜单→WiFi 设置"，在"要访问的网络"中选择为"仅访问点"或"所有可用网络"皆可。将"可用的网络通知"设为"开"即可。很多用户并没有无线路由器或无线 AP 这类共享设备，而只有一台具备无线网卡的笔记本电脑，通过 ADSL 拨号上网，此种情况下，具备 WiFi 功能的手机亦能通过笔记本电脑实现无线上网，其设置步骤为：设置笔记本无线网卡，设置手机无线网卡，共享设置。

二、端对端技术及在图书馆的应用

(一)端对端技术基础知识

端对端(Peer-to-Peer,对等网络,简称 P2P)也称为"点对点",是一种用于不同终端用户之间,不经过中继设备直接交换数据或服务的技术。这种技术可节约存储成本,减轻服务器压力,而且人越多传输速度越快。

1. 端对端技术的基本原理与实现方式

P2P 在一定程度上就是人们最初创建互联网的基本思想。P2P 中,用户掌握控制权,用户通过 P2P 可以直接共享存储于本地的文件和数据,可以直接连接到其他用户的计算机进行文件的交换,而不需要连接到服务器上再进行浏览与下载。P2P 改变了互联网以大网站为中心的状态,重返"非中心化",在 P2P 网络中每个用户都是平等的,用户以自发的方式形成社区。

P2P 网络在本质上是无结构、无集中控制的分布式系统,节点通过自组织的覆盖层网络来实现文件分发、流媒体以及语音等服务。覆盖层网络的组织方式可以分为有结构和无结构两种。有结构的覆盖层网络是指网络拓扑相对固定,内容的存放也相对有序。有结构的覆盖层网络通常使用分布式哈希表(DHT)来实现,文件存放的位置由文件的唯一标识符决定。无结构的覆盖层网络通过一些松散的规则组织在一起,其文件的存放也表现出很大随机性[1]。

---

[1] Lua E K, Crowcroft J, Pias M, et al. A survey and comparison of peer-to-peer overlay network schemes. Journal of IEEE Communications Survey and Tutorial, 2005, 7(2): 72-93.

2. 常用商业软件

常用的商业软件有 BitTorrent，eMule（电驴），Thunder（迅雷），PPlive，Skype 等。

BitTorrent 中的节点在共享一个文件时，首先将文件分片并将文件和分片信息保存在一个流（Torrent）类型文件中，这种节点被形象地称作"种子"节点。其他用户在下载该文件时根据流文件的信息，将文件的部分分片下载下来，然后在其他下载该文件的节点之间共享自己已经下载的分片，互通有无，从而实现文件的快速分发。由于每个节点在下载文件的同时也在为其他用户上传该文件的分片，所以整体来看，不会随着用户数的增加而降低下载速度，反而下载的人越多，速度越快。

eMule 基本原理与 BitTorrent 类似，客户端通过索引服务器获得文件下载信息，但 eMule 共享的是整个文件目录，并允许客户端之间传递服务器信息。这使得 BitTorrent 更适合分发热门文件，eMule 倾向于一般热门文件的下载。

迅雷主要有两类技术。一类是对现有网络下载资源进行搜索和整合，将下载资源中具有相同校验值的统一资源定位（URLs）信息进行聚合；另一类是通过多资源多线程下载提高下载速率，每个用户在网上下载的文件会在迅雷的服务器中进行数据记录，若有其他用户下载同样的文件，迅雷服务器会在它的数据库中搜索曾经下载过这些文件的用户，服务器再连接这些用户，通过用户已下载文件中的记录进行判断，如用户下载的文件中仍存在此文件（文件如改名或改变保存位置则无效），用户在不知不觉中扮演下载中间服务角色，上传文件。

PPLive 软件的工作机制和 BitTorrent 十分类似，PPLive 将视频文件分成大小相等的片段，第三方提供播放的视频源，用户启动 PPLive 以后，从 PPLive 服务器获得频道的列表，用户点击感兴趣的频道，然后从其他节点获得数据文件。将数据下载到本地主机后，开放本地端口作为视频服务器，PPLive 的客户端播放器连接此端口，任何同一个局域网内的用户都可以通过连接这个地址收看到点播的节目。

Skype 是网络语音沟通工具。它可以提供免费高清晰的语音对话，也可以用来拨打国内国际长途，还具备即时通信所需的其他功能，比如文件传输、文字聊天等。在 Skype 中有两种类型的节点：普通节点和超级节点。普通节点是能传输语音和消息的一个功能实体；超级节点则类似于普通节点的网络网关，所有的普通节点必须与超级节点连接，并向 Skype 的登陆服务器注册它自己来加入 Skype 网络。Skype 的另一个突出特点是能够穿越地址转换设备和防火墙，并能够在最小传输带宽 32 kb/s 的网络上提供高质量的语音。由于其具有超清晰语音质量、极强的穿透防火墙能力、免费多方通话以及高保密性等优点，Skype 已成为互联网上使用最多的 P2P 应用之一。

（二）端对端在图书馆的应用

P2P 技术在图书馆的应用主要体现为如下几个方面。

1. 信息资源共享

P2P 通过中央服务器来进行目录集中式管理的中心文件目录/分布式文件系统，属于既集中又分布的模式，比较适合图书馆信息系统，从而实现信息资源的全面共享。用户可以直接从图书馆任意一台系统内的电脑下载和上载文件，而不是从服务器检索、复制共享文件。与此同时，将 P2P 信息资源共享应用于图书馆信息系统，使馆员与馆员之间，馆员与用户之间，馆员与外部同行之间交流更为通畅，可实现不同程度的文件交换，极大地促进馆际互借、原文传递、信息定向传送等信息服务的开展。

2. 协同工作

图书馆的工作协同是指多个用户之间利用网络中的协同计算平台互相协同、共同完成计算任务、共享各类信息资源等，使在不同地点的参与者可以一起工作。P2P 技术使互联网上任意两台电脑不需中心服务器就可直接通讯联系，其交互应用也可扩展到多点的群集。如在各馆学科馆员之间建立各专业的参考咨询群集，整合各馆的参考资源；建立面向各专业的参考咨询网络，进行联合咨询。再如建立某一地区内各馆联合采购、编目的群集，利于工作人员的交流协作及各馆资源共享，促进地区文献资源保障体系的建立。当然，图书馆用户可根据自己的兴趣主动选择加入一个或多个图书馆组织的协同工作群集，并进行相互合作。

3. 即时通信

端对端即时通信软件可随时知晓对方是否在线，而且交流双方的通信完全是点对点直接进行，中心服务器只是控制用户的认证信息并帮助完成节点之间的初始互联工作。即时通信可使馆员与读者之间可以通过各种网络设备，以文字、语音或文件形式进行直接、即时的交流。

4. 深度信息检索

P2P 网络中节点之间的动态而又对等的互联关系使搜索可以在对等点之间直接地、实时地进行，用户可深度检索文档且不受文档格式和宿主设备限制。以基于 P2P 技术的搜索精灵 Search-Demon 为例，发出搜索请求的本地对等点可按用户定制要求和评价来搜索和过滤网络信息资源；用户可决定对周围计算机进行搜寻的次序；系统可根据用户的位置选择恰当的方法与用户通信。收到搜索请求的对等点除对自身搜索外，还可将搜索信息传递到下一级，优化搜索路由，并将结果返回，从而使得系统能够控制搜索深度。将这种智能化分布式搜索方式及搜索引擎用于图书馆信息系统，检索速度及检全、检准率都会大大提高，使图书馆在快速变化的网络世界中为用户提供实时的个性化信息服务成为可能。

三、物联网基本知识及其在图书馆的应用

（一）物联网基本知识

物联网是新一代信息技术的重要组成部分，通过射频识别（RFID）、红外感应器、全球定位系统、激光扫描器等信息传感设备，按约定的协议，把任何物体与互联网相连接，进行信息交换和通信，以实现对物体的智能化识别、定位、跟踪、监控和管理的一种网络。

1. 物联网的技术架构

物联网的技术架构如图 6-1 所示。从技术架构上来看，物联网是一个层次化的网络，可分为三层：感知层、网络层和应用层。第一层为感知层，利用 RFID、摄像头、传感器、GPS 等识别物体，采集信息；第二层为传输网络，利用移动通信系统、互联网等将感知层获取的信息进行处理和传递；第三层为业务和应用网络，把感知网络和传输网络获取的信息进行分析和处理，做出正确的控制和决策，实现智能化的管理、应用和服务，该层次的网络是与生产生活需求密切结合的业务和应用系统，包括现有的各种智能物流、智能交通、机器对机器通信等应用。

物联网概念一经提出，立即受到各国政府、企业和学术界的重视。目前国际物联网最典型的解决方案有欧美的 EPC 系统和日本的 UID 系统。以 EPC 系统为例，它是一个先进的、综合性的和复杂的系统，由 EPC 编码体系、RFID 系统及信息网络系统 3 个部分组成，主要包括 6 个方面：EPC 编码、EPC 标签、读写

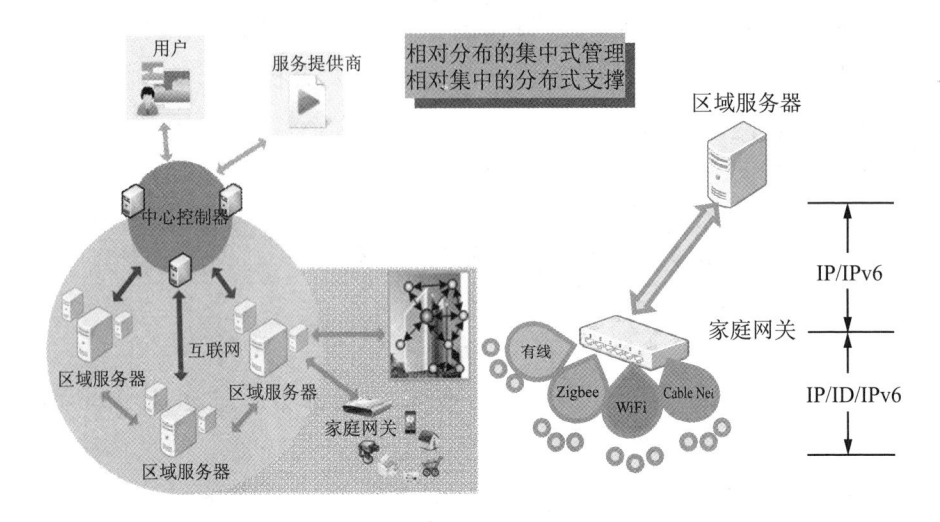

图 6-1 物联网技术架构

器、EPC 中间件、对象名称解析服务（ONS）和 EPC 信息服务（EPCIS）。

2. 物联网的应用领域

物联网有着广泛的应用领域，如智能交通、环境保护、公共安全、平安家居、智能消防、工业监测、环境监测、老人护理、个人健康、花卉栽培、水系监测、食品溯源、敌情侦查和情报搜集等。

(二) 物联网在图书馆的应用

物联网在图书馆领域的应用体现在信息资源处理、图书馆管理、读者服务和信息查询与借阅等领域。

1. 信息资源处理

图书馆利用物联网技术，可以实现信息资源处理的自动化，如文献编目和文献分类等。物联网可以提供将书目转成文件的接口，可将如中文机读目录这类的数据转入 EPC 系统，通过对图书位置、分布、流通及流向管理，加强图书等信息资源的分类、定位和数据采集，有助于图书馆了解读者需求，从而为读者提供深层次的增值服务。同时，物联网技术也可以使图书分类系统显示图书所属类别、架位、馆藏地点等信息，减少分类时间、提高归架时间、减少错架，同时还能区别显示特殊状况预约。

2. 图书馆管理

利用物联网技术（如 RFID），可以将图书馆员从收发、运输、分拣和排架等工作中解放出来，使其回归到图书信息管理和服务上来。

图书馆书籍分配工作。在一辆装满贴有 EPC 标签的图书通过读写器的扫描区时，读写器将会得到大量的不同层级的 EPC 标签信息，并辨认出各类图书的信息，同时根据需要对有关信息进行核对处理，将其结果传回数据库中，建立相应的分配清单。

图书馆盘点工作。使用物联网技术后，只需将手持阅读器在书架上横扫一遍，就能读取贴有电子标签的图书的全部数据，无须闭馆，操作时间灵活，可轻易寻找及分辨在书架的上书籍，在不影响正常工作的情况下，完成盘点和顺架工作，减少失误。并将盘点统计相关的记录传回数据库中，建立相关报表。同时也可将图书馆自动化管理中已借出和归还的馆藏数据转入系统中，做相关数据的比对和查询，提供相关的统计报表，如错架清单、取阅人数统计以及未在架清单等。此外，也支持多台设备同时盘点，也可离线工作。可完成精确典藏、快速查找、搜寻预约图书、科学排架、顺架、防盗、数据备份和恢复等功能。

3. 读者服务

物联网下的读者服务只需将条形码借书证与条形码阅读器换成 IC 卡借书证与感应式 IC 卡阅读器。利用自助借还书的外围设备，读者可自行办理图书的借阅与归还查询业务，实现读者与图书馆互动。

4. 图书信息查询与借阅

通过物联网技术可以方便地查询相关书籍设定的信息，如馆藏书目数据、借阅数据及图书当前所在位置。物联网下的借阅系统，读者只要将自己的借书证和需借阅的图书放在借阅设备的感应区上，物联网系统的 RFID 可进行自动识别和扫描处理。通过与图书馆自动化借阅系统连接，确认后即完成借书，并在屏幕上显示确认完成的信息，打印读者借阅清单，同时解除电子标签的安全侦测位元，图书能顺利通过检测门。物联网本身是一个先进的 EPC 系统，它有声、光提示报警功能，同时能拍照，可对影像做辨识处理，避免纠纷，安全性高，可实现追踪偷取图书或其他媒体资料的功能。

第二节　信息存储技术

一、云计算基本知识及其在图书馆的应用

(一) 云计算基本知识

1. 云计算

云计算是一个网络应用模式，其核心思想是将大量用网络连接的计算资源统一管理和调度，构成一个计算资源池按需为用户服务。

通俗来说，云计算是把所有计算资源集结起来作为一个整体（一朵云），通过并发使用资源，完成操作请求。每个操作请求都可以按照一定的规则分割成小片段，分发给不同的机器同时运算，每个机器只要做很小的计算就可以，最后将这些机器的计算结果整合，输出给用户。当然，云计算不是简单几个服务器就可以达

成的。每一朵云背后都有着一堆异构平台服务器群，需要一定的关键技术作为支撑。

云计算关键技术包括：并行计算、分布式计算、效用计算、虚拟化以及云安全技术等。

并行计算是通过高速网络相互连接的两个以上的处理机相互协调，同时计算同一个任务的不同部分，从而提高问题求解速度，或者求解单机无法求解的大规模问题。

分布式计算是利用互联网上的计算机的闲置处理能力来解决大型计算问题的一种计算科学，一个工作被分成多个任务包，同时在通过网络连接起来的计算机上运行。

效用计算是一种提供计算资源的商业模式，用户从计算资源供应商获取和使用计算资源并基于实际使用的资源付费。简单说，是一种基于资源使用量的付费模式。

云计算使用虚拟化技术管理服务器资源。虚拟化对上层应用或用户隐藏计算资源的底层属性。它既包括使单个资源（如服务器、操作系统、应用程序等）划分成多个虚拟资源，也包括将多个资源（如存储器或服务器）整合为一个虚拟资源。

云安全技术融合并行处理、网格计算、未知病毒行为判断等技术和概念，通过对网络中软件行为的异常监测，获取互联网中木马、恶意程序的最新消息，传送到服务器端进行自动分析和处理，再把病毒的解决方案分发到每一个客户端。

2. 云计算的服务模式

云计算主要有 3 个服务模式，分别是基础设施即服务，软件即服务和平台即服务。

(1) 基础设施即服务

消费者通过互联网从完善的计算机基础设施中获得服务。它将内存、I/O 设备、存储和计算能力整合成一个虚拟的资源池为用户提供所需要的存储资源和虚拟化服务器等服务。这是一种托管型硬件方式，用户付费使用厂商的硬件设施，如亚马逊网络服务（AWS）、IBM 蓝云等。

(2)软件即服务

它是一种通过互联网提供软件的模式，用户无须购买软件，而是向提供商租用软件来管理自己的相关活动。如 Salesforce.com，Google Doc，Google Apps 和 Zoho Office 等。

(3)平台即服务

它实际上是指将软件研发的平台作为一种服务，以软件即服务模式提交给用户。Google App Engine，Force.com 平台等是此类服务的代表产品。

3. 云计算的商业应用

目前云计算商业应用主要由亚马逊、谷歌、Salesforce、微软等企业提供。

(1)亚马逊网络服务

亚马逊云计算服务总称为亚马逊网络服务（Amazon Web Services，简称 AWS），目前包括 4 种主要的服务：简单存储服务，可以提供无限制的存储空间，让用户存放文档、照片、视频和其他数据；弹性云计算服务器，用户可以选择不同的服务器配置，并对实际用到的计算处理量进行付费；简单消息队列以及简单数据库管理。简单来说，AWS 就是通过互联网提供存储、计算处理、消息队列、数据库管理系统等"即插即用"型的服务。为这些服务提供支撑的是亚马逊巨大的后台 IT 基础架构，即亚马逊数据中心。

(2)谷歌云应用

GoogleDocs 是最早推出的云计算应用，是软件即服务思想的典型应用。GoogleDocs 是基于网络的文字处理和电子表格程序，多名用户可同时在线更改文件,并可以实时看到其他成员所做的编辑。用户只需一台接入互联网的计算机和可以使用 Google 文件的标准浏览器即可随时随地访问,并在线创建和管理文件、实时协作、进行权限管理、共享、搜索以及修订历史记录等。

GoogleAPPs 是企业应用套件①,使企业用户能够处理庞大的信息量,并可与其他同事、客户和合作伙伴随时随地保持联系进行沟通、共享和协作。它集成了电子邮件、日历、文件处理、API 扩展以及一些管理功能,包含了通信、协作与发布、管理服务三方面的应用。

Google AppEngine 支持用户在谷歌基础架构上开发和部署运行自己的应用程序。支持 Python 语言和 Java 语言以及软件开发套件,每个应用程序可以使用达到 500MB 的持久存储空间及可支持每月 500 万综合浏览量的带宽和 CPU。应用程序可根据用户的访问量和数据存储需要轻松扩展。同时,用户应用可以和谷歌的应用程序集成,用户也可以在本地计算机上模拟其所有网络服务器应用程序。

(3)Salesforce②

提供的产品主要有 SalesCloud,ServiceCloud,Chatter 和 Force.com 等。SalesCloud 是一种销售应用程序,ServiceCloud 是客户服务解决方案,Force.com 包括一个关系型数据库、多个用户接口、业务逻辑以及一个集成的开发环境 Apex。程序员可以在这个平台上测试他们基于 Apex 开发的应用软件,然后把完成的软件代码放进 Salesforce 的 AppExchange 软件交换目录中去。

---

① 注:GoogleAPP 虽然称为企业应用套件,但它同样支持教育应用,并且免费支持教育版应用。免费支持包括硬件,软件和咨询服务,详情可查阅 http://www.google.com/a/help/intl/zh-CN/users/user_features.html。

② Salesforce[EB/OL]. [2012-06-26]. http://www.salesforce.com/cn/.

(4)微软软件加服务

包括企业级软件、合作伙伴托管服务以及云服务。微软的软件即服务产品包括 Dynamics CRM Online，Exchange Online，Office Communications Online 以及 SharePoint Online 等。

(二)云计算在图书馆中的应用

云计算的核心思想"资源共享、协同工作"一直是图书馆梦想实现的目标。云计算在图书馆应用主要有两种方式，即图书馆自己构建云服务平台和利用外部云计算服务开展图书馆业务工作等。

1. 图书馆构建自己的云服务平台

基本思路即利用云计算技术建立图书馆集成系统和专用云平台等。目前成功的此类图书馆云服务有 OCLC 的 Web 级管理服务[1]项目。该项目通过 FirstSearch、WorldCat 等服务将其网络资源的传递与流通、电子与文本资源的采购与许可协议管理加以整合，以推动图书馆的集约化管理。另外一个图书馆云项目是 AlephVoyager ILS[2]。该项目通过互联网连接全球约 300 多个大型图书馆的数据库资源，拥有近亿之多的文献资源标识目录。主要监测数字内容永久访问情况，并保证相关机构在不需要本地构建技术设施的前提下能够提供数据的存储和访问。该项目保存的数字内容类型包括地理空间数据、音频视频、图像和文本数据。

2. 利用云提供商的云计算服务开展业务工作

此类图书馆云服务有虚拟主机、混搭方式等。虚拟机技术即图书馆可以用虚拟机技术将多个应用搭载在一个主机系统上，一

---

[1] Web-scale Management Services[EB/OL]．[2012-06-26]．http://www.oclc.org/webscale/．

[2] Ex Libris ILS Solutions：Information Infrastructure for the 21st Century Library[EB/OL]．[2012-06-26]．http://www.exlibrisgroup.com/category/ILSOverview．

些空闲的主机资源也可以加入到虚拟云中去。混搭云系统指的是在本地储藏读者信息和馆藏/借阅信息，当网络出现问题时可以保证本地借阅；Web 服务则最好是本地独立的域名；检索利用外面的服务器，但需要通过本地控制来链接到购买资源，便于集中流量统计和管理；在门户功能中，各个云独立可再利用，各种个性化应用与之相对应；利用云设定镜像保存功能。

简单来说，对有实力的图书馆来讲，可以搭建自己的云平台，为自己所处地区或领域的图书馆提供服务。对中小型图书馆来讲，对云计算的应用更多考虑如何通过云平台节约成本和保存自己的资源。

二、数字信息资源长期保存技术

数字信息资源长期保存是指如何及时有效地对数字信息资源进行永久性保存，以保证未来用户可以检索、获取各种数据和记录。

(一)数字信息保存技术策略

数字信息保存的目的是持续收集、选择、组织具有历史价值的文化资源和重要的信息资源，对其进行长期保存，确保其真实性，并在相应权利保护之下为公众提供存取。目前数字保存技术主要有迁移、仿真和转换等策略。

迁移，就是将信息周期性地从一种软/硬件配置转换到另一种软/硬件配置，或从一代计算机技术转换到另一代计算机技术上。迁移的策略主要有三种：一是将数字信息从稳定性低的存储介质迁移到稳定性高的存储介质上；二是从对软件依赖强的格式迁移到对软件依赖程度低的格式上；三是把数字信息从旧的计算机软硬件环境迁移到新计算机环境，从各种不同格式迁移至易于管理的最简单且符合标准的格式。

仿真，是用一个计算机系统去模拟另一个计算机系统的操作，使两者的功能完全相同，它可以使一个计算机系统执行另一个计算机系统编写的程序，而不必重新编写程序。仿真技术适合于超文本、多媒体等复杂的以及其他依赖特别软/硬件而又无法在新、旧技术平台之间进行迁移的数字信息。

转换，是指把信息从一种媒体转移到另一种媒体上，包括格式变换与复制。转换的目的是在纸张、缩微胶片、录像、磁性材料、光盘等媒体并存的混合环境中实现不同媒体之间信息内容的保存。转换的内容很多，比如对已有软件进行修改，使之在不同环境下工作时具有相似的功能，把在某一台计算机上运行的程序变换成能在另一台计算机上运行的程序，将一种文件格式转换到另一种文件格式，从一种字符编码方式转换到另一种字符编码方式，将一种媒体转换到另一种媒体上，从一种操作系统转换到另一种操作系统，改变系统的硬件使其工作于新的或不同的设备，以对系统进行升级等。

斯坦福大学图书馆 LOCKSS 项目[1]是数字资源长期保存的一个典范。该项目采取集中合作保存策略，采用同一个软件实现相互之间的备份数据。LOCKSS 技术是一个开源的、P2P 的、去中心化的架构，可以保存所有的数据格式和基于 web 出版的核心内容。该技术遵循 OAIS 标准，软件可以及时迁移内容，所备份的内容可以及时审查和维护，可以长期保存脆弱的数字资源。

（二）数字保存方法

上述数字信息保存策略可分化出一系列的保存方法，如多重备份、适时迁移、开放描述、环境封装、通用虚拟计算机（UVC）、数据恢复与数据考古等。

---

[1] LOCKSS[EB/OL]. [2012-06-26]. http://www.lockss.org/lockss/Home.

多重备份，是复制技术的一种，主要提供多源的数据备份存储能力，通常不能直接为用户提供访问服务，在需要时将备份数据上传到一定系统上提供服务。

适时迁移，是指当数据格式过时或发生其他情况时，利用迁移工具将原始的数字对象迁移到新的数据格式下，可保证数据在新的平台环境下的可用性。

环境封装，是在对数字资源进行包装的过程中，将该数字资源所需的运行环境如动态链接库等一起打包，从而实现在其他环境下运行该程序包。如在JAVA程序中加入J2SDK，从而保证在新的环境下的JAVA环境要求。维多利亚电子文件策略即采用封装技术构建数字对象VEO，使VEO具有文档自构性、自描述性（元数据捆绑）以及系统无关性等特点，实现数字对象的永久使用[①]。

通用虚拟计算机，是一个简单化的计算机虚拟表现，主要是在不断改变的软件和硬件上生成一个格外的层，为UVC程序提供一个稳定的平台。在保存实践中，首先要编写一个基于UVC的格式解码程序用于被保存内容的格式解码和呈现该解码程序，运行在仿真的UVC平台上，把保存内容转换成逻辑数据视图（LDV）。LDV是数字对象的结构化描述，通常依照一个特定的Schema构建，如果未来有人想要浏览被保存内容，就可以编写一个UVC仿真器，然后运行解码程序生成LDV。同时根据保存的LDS，再开发一个浏览器就可以实现对被保存内容的重现。

(三)图书馆开展数字信息长期保存方案的选择

图书馆开展数字信息长期保存进行方案选择时需要考虑以下

---

① Electronic Records in Australia：The Victorian Electronic RecordsStrategy[EB/OL]．[2012-06-26]．http://210.8.122.120/vers/pdf/aranz.pdf.

一些因素。

1. 达到保存的目标

就是数字信息能可靠、真实和长久地被记录和后续使用。

2. 满足保存要求

一个理想的保存方案必须能最大限度地满足以上提出的保存的要求。

3. 技术上的可实现性

这是保存方案赖以存在的基础,是其推广应用的第一步。理想的保存方案不但在技术上是可实现的,还应尽量在实际使用操作时是简单易行的。

4. 合理的经济代价

一种方案能否作为真正解决问题的方法运用于实际必须考虑其代价问题,这关系到其市场认可度和应用推广度。此外,保存的代价应与利用所保存信息产生的经济、社会效益成正比,并保持尽可能高的效益成本比。

5. 可管理性

技术的问题不能只以技术的方法来解决,保证方案在技术上的可行性只是第一步,经济上的合理性是保证方案可在实际中推广运用的基础,而要使保存方案能在可控制的范围内为我所用,它必须能为行政管理、组织管理、法律管理提供方便。

第三节　信息组织技术

一、关联数据基本知识及其在图书馆中的应用

(一)关联数据基本知识

关联数据是语义网中用来发布和连接各类数据、信息和知识的数据，现已经成为国际互联网协会 W3C 的一个推荐标准。

1. 关联数据的基本概念

关联数据作为一种规范，用来发布、连接各类数据、信息和知识，以期在现有的万维网的基础上建立一个映射所有世界的数据网络。通过对世界万事万物及其相互之间关系进行机器可读的描述，使互联网进化为一个富含语义、互联互通的知识体系，从而使人们能够借助互联网的计算设施和运算能力准确、高效、可靠地查找、共享和利用这些相关联的信息和知识[1]。

2. 关联数据的特点

关联数据使用 HTTP URI 方式表示和发表资源。所谓资源，即任何有 URI 标识的东西，既包括以编码格式存在的信息资源，也包括现实世界的实体对象和反映现实世界的概念抽象对象的非信息资源。如果资源是信息资源，则直接通过 Web 方式获取，如果是非信息资源，则链接到一个以 RDF/XML 编码的、用以指代该资源的数据文件，而不是其他任何格式的文档。RDF/XML 文件包含着这个非信息资源的元数据描述和与其他相关实体对象的关联关系描述。

---

[1] 刘伟. 关联数据：概念、技术及应用展望[J]. 大学图书馆学报, 2011(2).

关联数据一般要求采用 RDF 数据模型，利用 URI（统一资源标识符）命名数据实体、发布和部署实例数据和类数据，从而可以通过 HTTP 协议揭示并获取这些数据。关联数据的 URI 既能唯一标识 Web 资源对象，又能起到定位作用，从而能够用以关联数据。具体关联则依靠 RDF 文件中的资源链接来实现，这些链接不仅决定数据的语义，也通过"属性"关联到其所能链接到的、大量的相关资源实体。

简而言之，关联数据允许用户发现、关联、描述并再利用各种数据。人们可以通过 HTTP/URI 机制直接获得数字对象，如人、机构、地点、电视节目、图书、统计数据、概念、评论等。这些对象的内容、存储地点以及存储方式可以完全不同，但它们之间存在着关联。

3. 关联数据的功能

关联数据功能主要体现在两个方面：一是提供"可信网络"的语义要素；二是作为跨域数据整合的通用 API。"可信网络"是指信息来源可追踪或可通过一定算法计算其信度的网络。关联数据可以为信息来源、各种对象实体如每个作品、作者、机构和家庭等实体提供一个唯一的 URI 参引，或者对每个主题、概念、术语、事件等提供一个唯一的出处。这类似于图书馆的规范控制，规范控制的结果就是信息在一定程度上可信。对于跨域数据整合，关联数据的功能在于提供标准的数据访问方式，只要获得 Web 服务地址，即可直接进行访问。

4. 关联数据的技术实现方式

关联数据用 URI 解决命名和定位问题。对来自客户端的、对任何非信息资源的所有 URI "参引"请求，均采用 HTTP 协议中的"内容协商"规则，返回其所请求的信息资源描述文件（对于非信息资源的请求是无法返回具体实物对象的，只能以描述该对象的代码文件代替）。一般信息资源描述文件有两类：即如果请求来自于普通浏览器，则返回 HTML 文件的网页；如果请求为 application/rdf+xml，则返回负责该对象语义描述的 RDF 文件。

具体的"内容协商"方式，通常有两种方案，①采用 HTTP 协议的 303 指令重定向功能。客户端（或浏览器）的 URI 请求由于不存在"东西"（非信息资源），服务器就会发送一个 303 See other 给客户端，再由客户端根据重定向规则发送请求，根据客户端是 HTML 浏览器还是支持 RDF 的浏览器，决定 HTTP 文件请求何种类型的文件（HTML 或者 RDF）。②采用带"♯"号的 URI 方式。"♯"号前面的 URI 能够便于浏览器进行解析定位，而与后面带"♯"号的片段标识符共同用来标识非信息资源，该片段标识符同时起着类似于重定向的功能，允许支持 RDF 的浏览器指引到信息资源文件（如 RDF 文件）的所需位置。这种方式要求该片段标识符必须在 RDF 文件中是唯一的，且整个 RDF 文件不可过大，否则影响查询效率。

（二）关联数据在图书馆的应用

关联数据的出现为图书馆资源和外部世界相互连接提供了机会，图书馆领域关联数据的应用主要集中在以下几个方面。

1. 将图书馆资源发布为关联数据

目前已经有一些图书馆开始采用 RDF 和关联数据，如瑞典国家图书馆、美国国会图书馆、OCLC、德国国家经济图书馆等。瑞典联合目录（LIBRIS）是全球第一个将书目数据发布成关联数据的联合目录，由瑞典皇家图书馆负责管理，开放其 200 多个成员馆大约 650 万条书目记录、20 万条规范文档记录（人名、地名、主题标目），并开始创建从联合目录到 Dbpedia 的链接①。美国国会图书馆以 SKOS 格式将国会标题表 LCSH 全部关联数据化，同时也开始创建不同资源之间的关联（如 LCSH 与 LIBRIS 进行关联）。OCLC 利用 SRU 服务为 VIAF（虚拟国际规范文档）项目提供关联数据，而 OCLC 在其仓储中支持对象的通用 URI，可以为通用 URI 添加后缀来支持内容协商。

2. 利用关联数据扩展资源发现服务

关联数据可以为扩展图书馆书目信息提供结构化的数据基础，为用户提供新的资源发现和访问服务。关联数据允许图书馆关联到更广泛的信息资源，并不局限于资源本身的信息，可以扩充地点、人员等信息。通过增加提供信息的范围，不仅可以帮助用户判断是否是其所需要的图书、DVD 或期刊，还可以帮助他们获取图书馆以外的信息。

此类服务主要形式为关联数据仓库和搜索引擎，图书馆可以利用它们来扩展资源范围。根据服务对象的不同，关联数据搜索引擎分为两种类型：面向用户的关联数据搜索引擎，如 Falcons、SWSE，为用户提供基于关键词的检索服务，不仅返回相关的检索结果链接，还提供相关实体的概况②；面向应用的关联数据索引引擎，如 Sindice、Swoogle、Waston 等，它们提供关联数据的 API 接口，利用接口可以对包括实例数据的 RDF 文档进行访问。

3. 利用关联数据实现数据融合与语义检索服务

关联数据技术使得图书馆同其他组织进行数据识别、交换和重新组织成为可能。如 Europeana 作为欧洲国家图书馆的数字资

---

① Anders S, Martin M. LIBRIS-Linked Library[EB/OL]．[2012-06-26]．http://blogs.talis.com/nodalities/2009/01/libris-linked-library-data.php.

② Christian Bizer etc. Linked Data-The Story So Far[EB/OL]．[2012-06-26]．http://tomheath.com/papers/bizer-heath-berners-lee-ijswis-linked-data.pdf.

源门户,它聚合了来自欧洲的一些图书馆和文化机构的关于图书馆对象(如图书、视频等)的元数据。它采用美国国会图书馆的 SKOS 和其他一些元数据模式,可以将检索词匹配到地点、名字、题名和概念,从而提供更有意义的检索结果。

4. 进行跨机构关联数据的开放与复用

关联数据有助于实现一次写入、多次使用。对于图书馆而言,关联数据有助于在全国范围内、在跨越所有同类型的图书馆范围内提供开放扩展服务。2008 年 12 月,英国哈德斯菲尔德大学在开放数据共享许可协议(Open Data Commons license)下共享了跨越 13 年的读者流通数据和读者推荐数据,跨馆对比这类数据,可以发现不同区域的读者借阅趋势,评估馆藏的发展战略等[①]。

二、个人知识管理及其在图书馆的应用

(一)个人知识管理基本知识

个人知识管理(PKM)是用计算机技术、通信技术和网络技术帮助个人有效管理各类信息,是将个人认为最重要且将成为个人知识库的信息进行整合的框架。目前越来越多的图书馆购买或研发个人知识管理软件,指导用户使用。

1. 个人知识管理概念

个人知识管理包括对个人已有知识的管理,基于知识评估的新知识的学习和个人知识系统的建构,以及基于知识整合的隐性知识开发与知识创新。对个人已有知识管理即对自己拥有的显性知识进行整理,使之条理化、有序化。基于知识评估的新知识学习指的是对自己的知识结构进行评估,开展建构性学习。通过加

---

① Pattern D. Free book usage data from the University of Huddersfield[EB/OL]. [2012-06-26]. http://www.daveyp.com/blog/archives/528.

强个人隐性知识的管理与开发，及时将其转化为显性知识，从而可以激发个人知识的创新。

2. 常用的个人知识管理软件

常用的个人知识管理软件有 NoteExpress、Microsoft OneNote、EverNote、RefWorks、EndNote Web、iSpace Desktop 等。

①NoteExpress 是北京爱琴海软件公司开发的一款专业级别的文献检索与管理系统，其核心功能涵盖知识采集、管理、应用和挖掘的所有环节，是学术研究、知识管理的工具。其文献信息检索与下载功能可以用来管理参考文献的题录，以附件方式管理参考文献全文或者任何格式的文件。数据挖掘的功能可以帮助用户快速了解某研究方向的最新进展、各方观点等。除了管理以上显性的知识外，类似日记、科研心得、论文草稿等瞬间产生的隐性知识也可以通过 NoteExpress 的笔记功能记录，并且可以与参考文献的题录联系起来。在编辑器（比如 MS Word）中 NoteExprss 可以按照各种期刊、杂志的要求自动完成参考文献引用的格式化，精准的引用将增加论文被采用的几率。

②Microsoft OneNote 是一套用于自由形式的信息获取以及多用户协作工具。OneNote 可用于笔记本或台式电脑，更适合用于平板电脑。其界面是带有标签的三环活页夹，可直接记录笔记，也可收集打印的"页面"或由其他应用程序发送过来的页面。页面可以在活页夹内部移动，同时可通过电子墨水技术添加注释，处理文字或绘图，还可内嵌多媒体影音或 Web 链接。OneNote 适合用于整理来自某个课程或研究项目的大量信息。该软件的多用户功能可实现脱机编辑和随后的同步合并，并可以以段落为基础进行合并。

③EverNote 是一款免费的个人知识管理软件，帮助用户管理各类电子笔记、资料等，尤其适于管理微、多、乱的信息。Ever-

Note 的 Tags 分类、即时搜索以及网络同步功能适合个人进行笔记和知识管理。自 Evernote 4.5 正式版发行开始，已经支持简体中文和繁体中文界面，新版使用 Snippet 视图模式，可以方便地预览笔记内容，并支持自定义工具栏、音频笔记的创建、录制、播放等。Evernote 可应用于 Windows/Mac 客户端、移动平台客户端(包括 iPhone、iPad、黑莓、iOS、Android、WebOS 等)，用户可以随时随地访问自己的笔记。

(二)个人知识管理技术对图书馆的影响

个人知识管理技术对图书馆的影响包括两大方面，即改善图书馆服务工作和提升图书馆员个人素质。

从提升图书馆个人素质角度来看，通过个人知识管理技术，图书馆工作人员可不断学习以提高个人自身素质。

从图书馆服务工作角度来看，利用个人知识管理技术图书馆可以构建个人化网络咨询服务、个人化数字图书馆服务、我的图书馆、我的出版物等服务模式，实现多元化服务方式。目前，很多图书馆都已经为用户提供相关个人知识管理软件及其使用培训。如清华大学、北京大学、厦门大学等国内主要大学图书馆都举办了利用个人文献管理软件建立"个人图书馆"，从而有效地组织、管理已获取的文献信息[1]的讲座，培训使用的软件有 RefWorks, EndNote Web, iSpace Desktop, EverNote, NoteExpress 等。

---

[1] 厦门大学知识港资源[EB/OL]，[2012-06-26]. http://210.34.4.20/cn/detail.asp? pid=32&sid=1060.

第四节 信息检索利用技术

一、数据挖掘技术及其在图书馆的应用

(一)数据挖掘技术基础知识

数据挖掘是从存放在数据库、数据仓库或其他信息库中的大量的数据中获取有效的、新颖的、潜在有用的、最终可理解的信息或知识的过程。数据挖掘是图书馆数字化建设中重要的技术和方法之一。

1. 数据挖掘的类型

数据挖掘根据其主要研究对象的数据结构形式的不同,一般分为数值数据挖掘、Web 数据挖掘、文本数据挖掘三类。

(1)数值数据挖掘

数值数据挖掘的任务主要是关联分析、聚类分析、分类、预测、时序模式和偏差分析等。

关联分析,数据关联是数据库中存在的一类重要的、可被发现的知识。两个或两个以上变量的取值之间存在某种规律性往往被称为关联。关联分析的目的是找出数据库中隐藏的关联网。

聚类分析,聚类是把数据按照相似性归纳成若干类别,同一类中的数据彼此相似,不同类中的数据相异。聚类分析可以建立宏观的概念,发现数据的分布模式以及可能的数据属性之间的相互关系。

分类,是找出代表着某类数据的整体信息的类别的概念描述,即该类的内涵描述,并用这种描述来构建模型,一般用规则或决策树模式表示。分类可被用于规则描述和预测。往往利用训练数据集通过一定的算法求得分类规则。

预测，是利用历史数据找出变化规律建立模型，并由此模型对未来数据的种类及特征进行预测。预测关心的是精度和不确定性，通常用方差来度量。

时序模式，是指通过时间序列搜索出的重复发生概率较高的模式，用已知的数据（所处时间不同）预测未来的值。

偏差分析，数据库中的数据往往存在很多异常情况，发现这些异常情况是非常重要的，因为在偏差中往往包括很多有用的知识。偏差分析的基本方法就是寻找观察结果与参照之间的差别。

(2) Web 数据挖掘

Web 数据挖掘是指针对包括 Web 页面内容、页面之间的结构、用户访问信息、商务交易信息等在内的各种 Web 数据，应用数据挖掘方法及技术从 Web 中提取知识。依据在挖掘过程中使用的数据类别，Web 挖掘有三种主要类型：Web 结构挖掘、Web 内容挖掘和 Web 使用挖掘。

Web 结构挖掘，从表示 Web 结构的超链接中寻找有用的知识。例如：搜索引擎从链接中找出哪些是重要的网页以及发掘具有共同兴趣的用户社区等。

Web 内容挖掘，从网页内容中抽取有用的信息和知识。例如：根据网页的主题进行自动的聚类和分类，如根据模式抽取有用的商品描述、论坛回帖等，这些信息还可以被进一步分析来挖掘用户态度。

Web 使用挖掘，从记录每位用户点击情况的使用日志中挖掘用户的访问模式。其中一项重要的议题是点击流数据的预处理，以便生成可以用来挖掘的合适数据。

(3) 文本数据挖掘

当数据挖掘的对象完全由文本类型组成时，结合使用数据挖掘算法与信息检索算法对巨量文本信息进行自动化信息处理与分析的过程叫文本数据挖掘。它包括特征提取、文本摘要、文本分类与聚类、概念操作以及探索性数据分析等工作。

文本数据挖掘技术包括用于表示文档的词频反文献频率（TF/IDF）向量表示法、词串表示法，用于文本分类的贝叶斯分类算法、词集合算法，基于概念的文本聚类算法以及 K 近邻参照分类算法等。

文本数据挖掘的底层是文本数据挖掘的基础领域，包括机器学习、数理统计、自然语言处理；在此基础上是文本数据挖掘的基本技术，有五大类，包括文本信息抽取、文本分类、文本聚类、文本数据压缩、文本数据处理；在基本技术之上是两个主要应用领域，包括信息访问和知识发现，信息访问包括信息检索、信息浏览、信息过滤、信息报告，知识发现包括数据分析、数据预测。

2. 数据挖掘的主要方法

数据挖掘主要方法有统计分析、归纳学习方法、仿生物技术、神经网络、决策树、遗传算法、朴素贝叶斯网络、模糊集、粗糙集等。其中决策树、神经网络、遗传算法、朴素贝叶斯网络最为经典，决策树、神经网络和遗传算法更为成熟。

决策树根据不同的特征，以树型结构表示分类或决策集合，产生规则和发现规律。首先寻找数据库中具有最大信息量的字段，建立决策树的一个结点，再根据字段的不同取值建立树的分支。在每个分支子集中，重复建立树的各层结点和分支的过程，即可建立决策树。

神经网络是由大量的简单神经元通过丰富和完善的连接而构成的自适应非线性动态系统，具有分布存储、联想记忆、大规模并行处理、自组织、自学习、自适应等功能。神经网络模拟人类大脑的结构和功能，采用一定学习算法从训练样本中学习，并将获取的知识存储于网络各单元之间的连接中。目前的网络模型和学习算法主要用于分类、优化、模式识别、预测和控制等领域。

遗传算法的依据是自然界进化和适者生存的原则。遗传算法主要规则是创建若干个由随机产生的个体组成的初始群体，每个个体用一个二进位串表示，形成由当前群体中最适合的个体组成的新群体，以及这些规则的子女。个体的适合度用某一目标函数来评估。子女通过使用诸如交叉和变异等遗传操作来创建，在交叉操作中，来自个体对的子串交换，形成新的个体对；在变异操作中，个体中随机选择的位被反转。

(二) 数据挖掘技术在图书馆中的应用

数据挖掘技术主要应用于图书馆的个性化服务、信息检索工具、定题与查新服务、信息分析服务等中，并起着重要的作用。

1. 个性化服务

个性化服务是图书馆由被动转向主动服务，由单纯信息呈现转向信息生成的核心部分。图书馆个性化数据挖掘包括从用户通过浏览器访问图书馆系统时记录下来的用户访问数据中，提取用户原始信息和收集用户行为特征，对收集到的数据进行加工处理和组织重构，找到数据的特征，构建相关主题的数据仓库，然后可根据用户兴趣的不断变化，发现用户的最新需要，或者根据用户的兴趣度，推荐相关专题信息，并提供个性化界面等。

2. 提高信息获取速度

图书馆可以利用关联规则挖掘算法找到访问频率超过给定阈值的项目集，然后用分类算法把用户的浏览模式与频繁项目集进行相似匹配，将具有相似浏览模式的客户组织到一个服务器上，从而减少服务器缓存和传输页面的数量。此外，还可以找到图书馆数据库中某频率访问的专题集，利用关联分析得到专题之间的关联规则，存入服务器的知识库，当用户浏览某页面时，网络代理根据规则预先连接其关联页面，从而提高响应速度。

3. 信息检索服务

信息检索服务的质量是衡量图书馆服务质量的一个重要标准。通过数据挖掘进行的信息检索不仅支持概念检索、模糊检索、联想检索及多语言检索等，而且能迅速利用聚类算法将查询结果分析聚类，使之条理化显示，方便用户筛选，同时在此基础上确定进一步的检索定位，从而实现交互式检索。

4. 信息分析服务、定题与查新服务

图书馆可运用兴趣模式算法判断并争取潜在用户，在服务过程中还可利用可视化技术帮助用户进行在线实时信息分析。

二、语义技术基本知识及其在图书馆的应用

(一)语义技术基本知识

语义技术是一种让互联网上的信息都能被赋予明确的含义，计算机能够像人脑一样"理解"网络上信息的含义而不是机械化地处理信息的技术，以帮助人们更准确地查找到他们所需要的信息和答案。

语义技术的代表为语义网。互联网的创始人 Tim Berners-Lee 在 2000 年提出了语义网的概念和体系结构，设想语义网中的信息应被赋予明确的形式化定义的语义，计算机可以分辨和识别这些语义信息，并对其自动进行解释、交换和处理，从而有助于计算机之间以及计算机与人之间的协同工作。语义网关键技术主要有 XML、RDF、本体等。

1. XML

XML 是可扩展标记语言，用于标记电子文件的结构化语言，是互联网环境中跨平台的、依赖于内容的技术，也是当前处理结

构化文档信息的有力工具。

XML 语法规则规定 XML 文件有且仅有一个根标记，其他标记必须封装在根标记中，文件的标记必须形成树状结构。大多数 XML 文档以 XML 声明作为开始，它向解析器提供关于文档的基本信息。XML 声明是 XML 文档的第一行内容。如<? xml version="1.0" encoding="UTF-8" standalone="no"？>。XML 元素位于开始标记与结束标记间。一份 XML 文档有且只有一个根元素。根元素下的所有元素叫子元素。标签必须嵌套正确。不包含子元素的元素叫"叶子"；包含子元素的元素叫"分支"。

XML 属性是标记的属性，可以为标记添加附加信息。属性必须由名称和值组成，属性必须在标记的开始标记或空标记中声明，用"="为属性指定一个值。语法如下：

   <标记名称　属性列表/>
    <标记名称　属性列表>XXX</标记名称>
   例如：<桌子　width="40"　height="100"/>

使用属性的原则包括：属性不体现数据的结构，只是数据的附加信息；一个信息是作为一个标记的属性或子标记，取决于具体问题。下面是一个结构清晰的 XML 文件：

   <楼房　height="23m"　width="12m">
    <结构>混凝土</结构>
    <类别>商用</类别>
   </楼房>

XML 注释可以出现在文档的任何位置。注释以<!--开始，以-->结束。注释内不能包含双连字符(--)；除此之外，注释可以包含任何内容。注释内的任何标记都被忽略。

在如下的 XML 文档中，第一行即是一个 XML 声明，表示文档遵循的是 XML 的 1.0 版的规范。

   <? XML version="1.0"?>

```
<myfile>
<title>公共图书馆理论与实践</title>
<author>于良芝</author>
<email>ylzanankai.edu.cn</email>
<date>20120115</date>
</myfile>
```

第二行定义了文档里面的第一个元素，也称为根元素：<myfile>。再下面定义了四个子元素：title，author，email 和 date。

DTD 和 XML Schema 是确定 XML 文件有效性的重要机制。在 DTD 中只有一个数据类型，就是 PCDATA（用在元素中）和 CDATA（用在属性中），而 Schema 则完全使用 XML 作为描述手段，具有很强的描述能力、扩展能力和处理维护能力等。XML Schema 的作用是定义 XML 文档的合法构建模块，主要功能为定义可出现在文档中的元素与属性、定义哪个元素是子元素、定义子元素的次序、定义子元素的数目、定义元素是否为空或者是否可包含文本、定义元素和属性的数据类型以及定义元素和属性的默认值以及固定值。如下面的实例，根元素是 Schema，命名空间"xmlns：xsd＝http：//www.w3.org/2001/XMLSchema"用元素<element>定义实例文档中的元素，如 greeting。xsd：string 是定义的数据类型，其中的数据类型有很多，比如：int，double，dateTime，Boolean，long，intege，float 等。

```
<?xml version="1.0"?>
<xsd：schema xmlns：xsd="http://www.w3.org/2001/XMLSchema">
<xsd：element name="greeting" type="xsd：string"/>
</xsd：schema>
```

在 Schema 中凡是有两个以上的子元素被视为复合类型，采用 ComplexType 来定义，表示有多个 XML 子元素。Sequence 表示子元素依次出现的顺序。如果出现多层子元素就一直往下嵌套，如下例所示：

```
<? xml version="1.0"?>
<xsd：schema xmlns：xsd="http://www.w3.org/2001/XMLSchema">
  <xsd：element name="customer">
  <xsd：complexType>
  <xsd：sequence>
  <xsd：element name="name"type="xsd：string"/>
  <xsd：element name="address"type="xsd：string"/>
  </xsd：sequence>
  </xsd：complexType>
  </xsd：element>
  </xsd：schema>
```

限定(restriction)用于为 XML 元素或者属性定义可接受的值。对 XML 元素的限定称为 facet。下面的例子定义了带有一个限定且名为"age"的元素。age 的值既不能低于 0，又不能高于 120。

```
<xs：element name="age">
<xs：simpleType>
<xs：restriction base="xs：integer">
  <xs：minInclusive value="0"/>
    <xs：maxInclusive value="120"/>
    </xs：restriction>
  </xs：simpleType>
</xs：element>
```

2. RDF

资源描述框架(Resource Description Framework，简称 RDF)，是一套描述网络资源的方法，用来描述和表示网络资源及其之间关系的语言规范。RDF 用"主体－谓词－客体"的三元组来描述万维网上的各种资源和它们之间的关系，并提供一种基本的结构对元数据进行编码、交换和重用。

RDF 的主要设计思想是被描述的资源具有一些特性，而这些特性各有其值；特性值既可以是文字也可以是其他资源；如果特性值是资源，这个特性可以看作两个资源间的关系；对资源的描述就是对资源的特性和值进行声明。

RDF 数据模型有：①资源，即万维网上以 URI 标识的所有事物；②文字，即字符串或数据类型的值，此数据类型可以使用 XML Schema 中定义的数据类型；③特性，用来描述资源的特征、属性或关系，是资源的一个子集，一个特性也可以用另一个特性描述，甚至被自身描述；④声明，一个特定的资源加上特性及特性值就是一个 RDF 声明，声明都表示为三元组（主体－谓词－客体，区分资源的部分为主体，区分声明对象主体各个不同特性的部分为谓词，区分各个特性的值的部分为客体）。

RDF 的基本语法要求所有的 RDF 语句都必须在一个 rdf：RDF 元素中，每个 RDF 声明用一个 rdf：Description 元素表示，声明的谓词作为 rdf：Description 的子元素出现，而客体则是该子元素的属性或内容，用 rdf：nodeID 属性表示空节点。如果将空节点替换成有名资源，则使用 rdf：resource 属性来说明其为一个资源，如果客体是一个文字，相应的也可以用 rdf：literal 属性来说明。

图书馆都柏林元数据抽象模型可以很好地和 RDF 模型映射。用都柏林核心属性描述的网页①示例如下：

<rdf：RDF xmlns：rdf="http://www.w3.org/1999/02/22-rdf-syntax-ns#"
xmlns：dc="http://purl.org/dc/elements/1.1/">
<rdf：Description rdf：about="http://www.dlib.org">
<dc：title>D-Lib Program-Research in Digital Libraries</dc：title>

---

① RDF 入门推荐标准[EB/OL]．[2012-06-26]．http://blog.donews.com/dont/archive/2006/03/15/768785.aspx.

<dc：description>The D-Lib program supports the community of people with research interests in digital libraries and electronic publishing. </dc：description>

<dc：publisher>Corporation For National Research Initiatives</dc：publisher>

<dc：date>1995-01-07</dc：date>

<dc：subject>

<rdf：li>Education research related topics</rdf：li>

<rdf：li>Library use Studies</rdf：li>

</rdf：Bag>

</dc：subject>

<dc：type>World Wide Web Home Page</dc：type>

<dc：format>text/html</dc：format>

<dc：language>en</dc：language>

</rdf：Description>

</rdf：RDF>

3. 本体

(1)本体的概念

XML和RDF在一定程度上都可以为所表述的资源提供一定的语义，但是XML中的标签(tags)和RDF中的属性集(properties)都没有任何限制。如某医院和某大学的万维网页上都有<Doctor>，但是不知道它代表医生还是博士，这说明XML和RDF在处理语义上存在着"同一概念有多种词汇表示或同一个词汇有多种概念(含义)"的问题。而本体通过对概念的严格定义和概念之间的关系来确定概念的精确含义，表示共同认可的、可共享的知识，从而可以解决上面的问题。因此在语义网中，本体具有非常重要的地位，是解决语义层次上网络信息共享和交换的基础。

用准确明晰的概念进行描述，本体是共享的概念模型的形式化的规范说明，目标是捕获相关领域的知识，提供对该领域知识的共同理解，确定该领域内共同认可的概念及其属性，并从不同层次的形式化模式上给出这些概念和概念之间相互关系的明确定义。

一般来说，一个从现实世界抽象出来的本体由下列元素组成。

类（概念）：类的概念是广义上的、抽象的概念，即领域的概念组或者概念模型，也可以是任务、功能、行为、策略、推理过程等。

关系：表示概念之间的交互作用，即本体的类之间如何关联。类之间的主要关系有 Subclass-of（内在的关系）和 Subclass-partition（分解关系）。概念之间还有其他的语义关系，如 CauseBy 等。是众多的关系把本体中的概念联成一个网状结构。

公理：即自显的或者统一组织的真理。

普遍真理：表示关系之间存在的关联或者约束。

规则：用以定义领域事实。由两部分子句组成，如果子句的第一部分求值为真，则子句的第二部分也为真。

实例：表示真实世界的概念，即实例是某个概念的具体实体。类可以无数次被实例化[1]。

人们按照本体的研究主题，将其分为知识表示本体、通用或常识[2]本体、领域本体、语言学本体以及任务本体等。其中知识表示本体关注语言对知识的表达能力，是一种知识描述语言。通用本体关注常识知识的使用。领域本体描述和表示在特定的领域中可以重用的、特定的概念定义和概念之间的关系，提供该领域中发生的活动以及该领域的主要理论和基本原理等，如企业本体、基因本体、陶瓷材料机械属性本体、农业本体等。语言本体是关

---

[1] Dieter Fensel. Ontologies：A silver Bullet for Knowledge Management and Electronic Commerce[M]. 2nd ed. Berlin：Springer，2004：12.

[2] 同上书，30 页。

于语言、词汇等的本体,如普林斯顿大学的 Wordnet。任务本体主要涉及动态知识,以问题求解方法本体为代表,主要研究通用任务、与任务相关的体系结构、任务方法结构、推理结构和任务结构等。

(2)本体描述语言

本体的目的是使信息成为机器可理解的,然而机器并不能像人类一样理解蕴含在自然语言中的语义,因此本体面临着如何描述的问题,也就是概念的形式化问题。人们可以用自然语言、框架等表示本体,但通常情况下,一般是根据所用的本体开发工具选择本体描述语言。目前可供选择的本体描述语言有:谓词逻辑语言 KIF 和 CycL,基于框架方法的本体描述语言 Ontolingua 和 Frame Logic,描述逻辑语言①,XML/RDF Schema 和基于 Web 的本体描述语言 SHOE、OIL 和 OWL 等。

OWL(Web Ontology Language),是 W3C 推荐的语义互联网中本体描述语言的标准。OWL 有三个子语言。

OWL Lite,提供了一个分类层次和简单约束。

OWL DL,有较强的表达能力和推理系统,并且此推理系统能够保证计算的完全性(即所有的结论都能够保证被计算出来)和可判定性(即所有的计算都在有限的步骤内完成)。它包括了 OWL 语言的所有成分,但有一定的限制,如类型的分离(一个类不能同时是一个个体或属性,一个属性不能同时是一个个体或类)。

OWL Full,没有可计算性保证,但有最强的表达能力和完全自由的 RDF 语法。它允许一个本体在预定义的(RDF、OWL)词汇表上增加词汇,从而任何推理软件均能支持 OWL FULL 的所

---

① W3C. W3C semantic web activity[EB/OL]. [2011-08-13]. http://www.w3c.org/2001/sw/.

有功能。

这三种子语言之间的关系是：每个合法的 OWL Lite 都是一个合法的 OWL DL；每个合法的 OWL DL 都是一个合法的 OWL Full；每个有效的 OWL Lite 结论都是一个有效的 OWL DL 结论；每个有效的 OWL DL 结论都是一个有效的 OWL Full 结论。

(3) 本体构建方法与工具

自 20 世纪 90 年代初至今，人们逐渐研究出不同的本体构建方法，开发出不同本体工具。主要的本体构建方法有 Enterprise 方法、TOVE 方法、KACTUS 工程法、IDEF5 方法、Methontology 方法等。其中 Methontology 方法应用较为普遍和规范的本体构建方法，由马德里理工大学人工智能实验室提出，最先用于建构化学本体（元素周期表本体）。该方法首先对包括任务进展、所需资源等在内的项目进行管理，进而对本体进行规范说明、概念化、形式化以及执行及维护，最后对知识获取、系统集成、评价、文档说明、配置进行维护。

本体工具包括开发、合并和评价的工具及环境等。其中本体开发工具有 Ontolingua Server、WebOnto、Protégé 系列、WebODE、OntoEdit、KAON 等。本体合并与集成工具有 Chimaera、Protégé-PROMPT、ODEMerge 等。本体评价工具有 OntoAnalyser、OntoGenerator 等。基于本体的注释工具有 COHSE、OntoMat-Annotizer、SHOE Knowledge Annotator 等。本体的存储与查询工具有 RDFSuit、Sesame、rdfDB、RDFStore、Jena、KAON Tool Suit 等。Protégé 系列、WebODE 和 OntoEdit 有比较强大的集成环境，具有可扩展的、基于构件的结构，可以很容易地添加新的模块，为环境提供更多的功能。绝大多数工具都能够描述类、关系、属性、实例和公理。在推理机方面，Protégé 没有推理机，OntoEdit 采用 Ontobroker，WebODE 利用 Ciao Prolog、WebOnto 采用 OCML 进行推理。大多数本体开发工具逐渐走向 Java 平台，如 WebOnto、OILEd、OntoEdit、Protégé、KAON 和 WebODE。在本体合并方面，WebOnto 做得最好。

扩展阅读：Protégé[①] 是由斯坦福大学开发的一个开源的本体编辑器，用 Java 编写。Protégé 界面风格与普通 Windows 应用程序风格一致，比较容易学习使用。本体结构以树形的层次目录结构显示，可以通过点击相应的项目来增加或编辑类、子类、属性和实例等，在概念层次上设计领域模型，无须了解具体的本体描述语言。

Protégé 在元类、类和属性的设置上和 OKBC 兼容。公理的格式符合 KIF 和 PAL(The Protégé Axiom Language) 语言。并提供很多插件，如本体推理插件 AlgernonTab、基于 OWL 的图形可视化插件 OWLvizTab 等。Protégé 支持多重继承，并对新数据进行一致性检查，具有很强的可扩展性。

由于 Protégé 开放源代码，提供本体建设的基本功能，使用简单方便，有详细友好的帮助文档，模块划分清晰，具有完全的 API 接口，因此它基本上成为国内外众多本体研究机构的首选工具。电影本体的 OWL 类描述即为 Protégé 所构建的关于电影的"类"的形式化描述。

(二)语义技术在图书馆中的应用

语义技术在图书馆中的应用主要体现在信息发布和信息搜索方面以及基于 Web 的问题解答中。

在图书馆工作中语义技术的作用主要在于改进和提升信息发布和信息搜索服务的功能和效率。其中，XML 在图书馆信息资

---

① The Protégé project[EB/OL]. [2012-06-26]. http://protege.stanford.edu.

源组织与数据交换、图书馆标准及版权管理等方面都以其可扩展性、高度结构化和良好的约束机制而发挥作用。

本体的应用主要表现在以领域本体或通用本体为基础的各种应用。以信息检索为例，本体应用的基本思想为在领域专家的帮助下，建立相关领域的本体；收集图书馆信息源中的数据，并参照已建立的本体把收集来的数据按规定格式存储在元数据库（关系数据库、知识库等）中；接下来对从用户检索界面获取的查询请求进行处理。查询转换器按照本体把查询请求转换成规定的格式，在本体的帮助下从元数据库中匹配出符合条件的数据集合；最后检索的结果经过定制处理返回给用户。

需要说明的是，如果检索系统不需要太强的推理能力，本体可用概念图的形式表示并存储，数据可以保存在一般的关系数据库中，采用图匹配技术完成检索；如果要求较强的推理能力，一般需要一种描述语言表示本体，数据保存在知识库中，采用描述语言的逻辑推理能力完成检索。由于本体具有通过概念之间的关系来表达概念语义的能力，所以能够提高检索的查全率和查准率。本体可以帮助信息检索系统表达用户检索意图，对原始信息库进行语义标引，在检索过程中进行知识推理，从而提高检索精度。

三、海量存储与检索技术

(一)海量存储技术

图书馆数字资源的急速增长，也带来了海量信息存储的问题。人们解决海量存储的问题主要从存储设备、存储方式和存储技术入手。

1. 海量存储设备

海量存储设备有硬盘、光盘和磁盘阵列等。硬盘是最重要的大容量存储设备，是网络存储的基本单元。最近硬盘的产品密度超过100Gb/in2，实验室密度已超过1Tb/in2。光盘是光存储技术的代表性产品，目前 CD-ROM/RW 可达 650MB，DVD-ROM/RW 4.7GB，未来纪念蓝光 BD 可达 25GB，HD-DVD 可达 15GB。而目前海量存储主要的设备则是磁盘阵列，一种采用 RAID（Redundant Array of Inexpensive Disk）技术、冗余技术和在线维护技术制造的高性能、高可用性的磁盘存储设备。作为一种数据保存手段，磁盘阵列的作用是提供专用服务器中接入多个磁盘时，以磁盘阵列方式组成一个超大容量、响应速度快、可靠性高的存储子系统。通过对数据分块和交叉存储两项技术的使用，使 CPU 实现通过硬件方式对数据的分块控制和对磁盘阵列中数据的并行调度等功能。使用 RAID 可大大加快磁盘的访问速度，缩短磁盘读写的平均排队与等待时间。

2. 海量存储技术

海量存储技术有以数据为中心的网络存储技术、存储区域网、虚拟存储等。

以服务器为中心的传统的直接存储技术将通用服务器的一部分作为存储设备，该服务器同时提供数据的输入/输出及应用程序的运行。目前，这种以服务器为中心的存储方式已不能适应越来越高的信息存储需求。但其产品价格便宜，在数据容量不是很大和对数据安全性要求不是很高的部门还有一定的应用市场。

以数据为中心的网络存储技术是一种特殊的利用专门的软、硬件构造的专用数据存储服务器，又有"瘦服务器"之称。它将分布的、独立的数据整合为大型集中化管理的数据中心。它将存储设备与服务器分离，单独作为一个文件服务器存在，去掉了通用服务器原有不适用的大多数计算功能，仅保留提供文件系统功能。

存储区域网是一种将磁盘或磁带与相关服务器连接起来的高速专用网，采用可伸缩的网络拓扑结构，可以使用光纤通道连接，也可以使用 IP 协议将多台服务器和存储设备连接在一起。将数据存储管理集中在相对独立的存储区域网内，并可提供网络内部任意节点之间的多路可选择数据交换。存储局域网可以在多种存储部件之间、存储部件与交换机之间等进行通信，被广泛应用于银行、电信等行业，也适合数据量巨大、数据增长非常迅速的大型企业应用。

虚拟存储是物理存储设备到单一逻辑资源池的映射，通过虚拟化技术为用户和应用程序提供了虚拟磁盘或虚拟卷，并且用户可以根据需求对它进行任意分割、合并、重新组合等操作，并分配给特定的主机或应用程序，为用户隐藏或屏蔽具体的物理设备的各种物理特性。基于网络的虚拟存储技术已成为一种趋势，它的开放性、扩展性、管理性等方面的优势将在数据大集中、异地容灾等应用中充分体现出来。

3. 图书馆的海量存储问题

适用于图书馆的海量存储系统包括硬盘、光盘库、磁盘阵列以及网络存储等。其中，硬盘可用于网络系统中的海量数据的定期备份或离线数据的存储；光盘库可用于网络系统中的海量数据的访问或近线数据的存储；而磁盘阵列适合图书馆资源分级存储中一些重要资源（如馆藏数据、自建数据库）的存储。

(二)多媒体信息检索技术

多媒体信息检索是指根据用户的要求对图像、文本、声音等多媒体信息进行识别和获取所需信息的过程。

多媒体信息检索的方法包括基于文本的方法和基于内容的方法。基于文本的方法即目前常用的基于关键词的方法，如百度、谷歌、雅虎等的图片检索就是采用的这种方法。基于内容的多媒体信息检索是对文本、图像、音频、视频等媒体对象进行内容语义的分析和特征的提取，并基于这些特征进行相似性匹配的信息检索技术，如基于颜色特征、纹理特征、形状特征的图像检索，基于语音、音乐和一般音频的音频检索，基于代表帧、动态特征和视频浏览的视频检索等。

1. 多媒体检索的特点

多媒体信息检索采用一种近似匹配（或局部匹配）的方法和技术逐步求精来获得查询和检索结果，摒弃了传统的精确匹配技术，可以避免因采用传统检索方法所带来的不确定性。多媒体检索直接对文本、图像、视频、音频进行分析，从中抽取内容特征，然后利用这些内容特征建立索引并进行检索。多媒体检索系统通常由媒体库、特征库和知识库组成。媒体库包含多媒体数据，如文本、图像、音频、视频等，特征库包含用户输入的特征和预处理自动提取的内容特征，知识库包含领域知识和通用知识，其中的知识表达可以更换，以适应各种不同领域的应用要求。多媒体检索往往拥有数量巨大、种类繁多的多媒体数据库，能够实现对多媒体信息的快速检索。

2. 多媒体信息检索过程

多媒体检索的过程就是多媒体内容特征的提取、分析和匹配的过程，如图 6-2 所示。

特征提取即提取各种特征，如颜色、纹理、形状等。根据提取的特征不同，采取不同的处理，比如提取图像形状特征，需要先进行图像分割和边缘提取等步骤。选择合适的算法，并在效率和精确性方面加以改进，以适应检索的需要，实现特征提取模块。特征分析即对多媒体内容的各种特征进行分析，选择提取效率高、信息浓缩性好的特征，或者将几种特征进行组合，用到检索领域。特征匹配即选择何种模型来衡量图像特征间的相似度。

3. 多媒体信息检索分类

根据处理内容的不同，多媒体信息检索可分为文本检索、图像

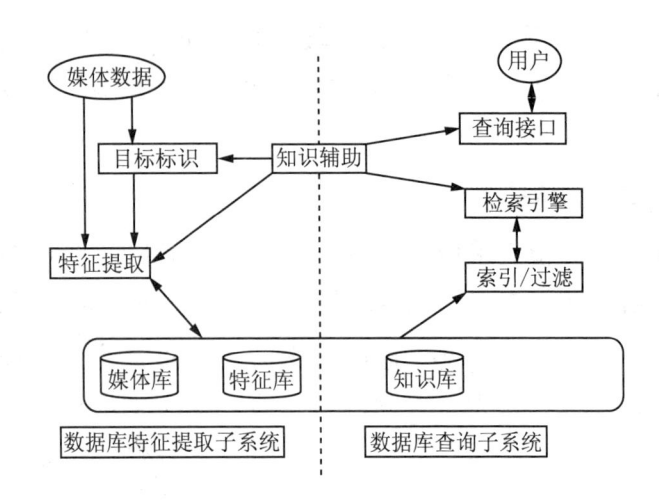

图 6-2　多媒体信息检索体系结构

检索、视频检索和音频检索。以图像检索为例，基于内容的图像检索策略主要有颜色特征、纹理特征、形状特征及语义特征匹配。

颜色特征是在图像检索中应用最为广泛的视觉特征。与其他特征相比，颜色特征计算简单，同时对图像本身的尺寸、方向、视角的依赖性较小，具有较好的紧致性。

纹理特征是一种全局特征，它描述图像或图像区域所对应景物的表面性质。与颜色特征不同，纹理特征不是基于像素点的特征，它需要在包含多个像素点的区域中进行统计计算。作为一种统计特征，纹理特征一般具有旋转不变性，并且对于噪声有较强的抵抗能力。但是，纹理特征一个很明显的缺点是当图像的分辨率变化的时候，所计算出来的纹理可能会有较大偏差。常用的匹配方法有基于传统数学模型的共生矩阵法、K-L 变换法、纹理谱分析法、基于视觉模型的多分辨率分析法和小波方法等。

形状是描述图像内容的一个重要特征，比颜色或纹理要高级一些的特征。对形状的表达比对颜色或纹理的表达从本质上要复杂得多，常需要先对图像进行分割。由于当前的技术无法做到准确和通用的自动图像分割，图像检索中的形状特征只能在特定应用场合使用。一般来说，形状特征有两种表示方法，一种是轮廓特征；另一种是区域特征。前者适用于对形状边界的描述，而后者则适用于表达形状包含的整个区域。这两类形状特征的最典型方法分别是傅立叶描述符和形状无关矩。

图像检索系统的用户往往是根据图像的语义内容，直观地进行分类并判别图像之间的相似性，而人对图像内容的理解是无法直接从图像的视觉特征获得的，需要用一些概念来表达。根据语义复杂性，将用户查询分成三个层次。第一个层次对应于图中的特征语义，即利用图像的颜色、纹理和形状等低层特征及其组合来进行检索。第二个层次的检索需要利用导出的特征进行一定的逻辑推理和识别出图像中包含的对象类别。第三个层次的检索则涉及图像的抽象属性，需要对所描述的对象和场景的含义和目标进行高层推理。这个层次的语义主要涉及图像的场景语义、行为语义和情感语义。

【思考题】

1. 结合本馆实际，说明你所在图书馆目前都采用了本章提到的哪些技术和应用程度？效果如何？

2. 谈谈你所在图书馆是否需要开展数字信息保存工作？如果需要，说明你们准备采用哪种数字信息保存技术？为什么？

3. 尝试寻找一个图书馆实例，谈谈他们采用本章某项技术的经验和教训。

第七章　重大公共数字文化工程

【目标与任务】

公共数字文化工程：全国文化信息资源共享工程、数字图书馆推广工程和公共电子阅览室建设计划是我国目前正在开展的、建立在信息技术基础上的三个重大公共数字文化工程。本章主要目的是让学习者了解这些工程的起源、价值和发展，掌握这些工程的体系结构和功能。第一节主要介绍全国文化信息资源共享工程的目标、政策及技术支撑；第二节主要介绍数字图书馆推广工程的目标、政策及技术支撑；第三节主要介绍公共电子阅览室建设计划的目标、政策及技术支撑；第四节是区域性工程举要。

我国目前正在开展的三个重大公共数字文化工程相互之间既有联系，也各有侧重。2011年11月，文化部和财政部联合发布了《文化部　财政部关于进一步加强公共数字文化建设的指导意见》，再次强调了"三大惠民工程既有内在联系又各有侧重，在组织实施上，应统一规划，统筹兼顾；在技术平台和网络建设上，应做好协调，不重复建设；在资源建设上，应各有侧重，突出特色；在标准规范上，应统一规则，相互兼容。三大惠民工程互为支撑，互相促进，形成合力，共同在公共数字文化建设中发挥重要作用"。同时要求"各地文化厅（局）、财政厅（局）要高度重视公共数字文化建设工作，将其纳入当地政府文化发展规划和公共文化服务体系建设，加强领导，科学规划，加大投入，完善机制，全面推进公共数字文化建设"。

在具体实施过程中，这三大工程往往与其他工程或活动相结合，以实现共建共享。如，2006年，全国农村党员干部现代远程教育试点工作领导协调小组办公室和全国文化信息资源共享工程领导小组办公室联合发布了《关于做好农村党员干部现代远程教育工程与全国文化信息资源共享工程资源整合工作的通知》。各省市自治区根据自身情况陆续开展了这"两项工程"的资源整合和基层服务点的整合，许多省份的村级基层点的建设是由农村党员干部现代远程教育工程完成。另外，有些地方将这些工程与本地的惠民工程进行结合。

第一节　全国文化信息资源共享工程

全国文化信息资源共享工程（下文简称"文化共享工程"）始于2002年，是由文化部、财政部共同组织实施的一项国家重大建设工程。10年间，该工程在推动覆盖城乡的公共文化服务体系的建设、改善城乡基层文化服务和切实保障人民群众的基本文化权益等方面起了重要作用。

一、"文化共享工程"的目标与政策

（一）目标

"文化共享工程"在启动时就确定了该工程的总体目标，即：充分利用现代高新技术手段、国家骨干通信网络系统，将中华民族几千年来积淀的各种类型的文化信息资源精华以及贴近大众生活的现代社会文化信息资源，进行数字化加工处理与整合，扩大网上中华文化信息资源的存储、传播和利用，建成互联网上的中华文化信息中心和网络中心，并通过覆盖全国所有省、自治区、直辖市和大部分地（市）、县（市）以及部分乡镇、街道（社区）的文

化信息资源网络传输系统，实现优秀文化信息在全国范围内的共建共享和为大众服务的目标。

根据总体目标，"文化共享工程"同时也对硬件、资源和服务等方面提出了具体的目标，主要包括以下几点。

1. 网络框架

实现网络联网的"135"计划，即实现1个国家中心、30个以上省级分中心和5 000个以上县、乡、街道和社区基层网点的联网。在建设国家中心的基础上，建设30个以上省级分中心或专业分中心；借助国家骨干通信网，在分中心的周围搭建起一个包括全国5 000个以上的县、乡、街道和社区图书馆或文化馆、文化站的联网系统，实现数字文化信息资源的广泛传播与利用。

2. 资源框架

完成全国图书馆、博物馆、美术馆、艺术研究等机构的文化信息资源联合目录；完成以"百万册(件)文献共建"与"四个一优秀作品"为核心的数字资源建设，即完成100万册(件)文献、1 000台优秀地方剧目、1 000部优秀音乐作品、1 000部优秀美术作品、1 000件珍贵文物的数字化，并提供网上服务；整合贴近大众生活的社会文化信息资源；建设支持文化信息资源共建的基础信息资源。

3. 服务框架

通过文化信息资源联合目录，建立网上文化信息资源导航系统；利用由国家中心、省级分中心以及基层中心组成的网络开展服务。

(二)相关政策

"文化共享工程"自启动以来，连续6年被写入中央一号文件，先后被列入我国《国民经济和社会发展第十一个五年规划纲要》、《国家"十一五"时期文化发展规划纲要》、《2006—2020年国家信息化发展战略》、《国家中长期教育改革和发展规划纲要(2010—2020)》、《国家"十二五"时期文化发展规划纲要》、《关于贯彻实施〈中国农村扶贫卷发纲要(2011—2010年)〉重要措施分工方案的通知》等。截至2011年底,"文化共享工程"经费投入总额达66.87亿元,其中,中央财政投入30.64亿元,各地累计投入资金37.12亿元。

文化部及其所属部门针对"文化共享工程"提出了许多具体的政策,主要包括:《全国文化信息资源共享工程"十一五"发展规划(2006—2010年)》、《全国文化信息资源共享工程"十一五"规划发展纲要》、《关于做好农村党员干部现代远程教育工程与全国文化信息资源共享工程资源整合工作的通知》(远通联发〔2006〕1号)、《文化部 财政部关于进一步推进全国文化信息资源工程的实施意见》(文社图发〔2007〕14号)、《全国文化信息资源共享工程试点工作方案》(办社图函〔2006〕437号)、《关于利用国家政务外网平台全面推进文化共享工程资源传输体系建设工作的通知》(文全信技发〔2010〕2号)、《文化共享工程建设"十二五"的主要任务和2011年工作安排》、《全国文化信息资源共享工程2011年度资源建设指南》和《文化部 财政部关于进一步加强公共数字文化建设的指导意见》(文社文发〔2011〕54号)等。

"文化共享工程"的实施,主要依托我国的各种文化设施网点进行文化信息资源的传播,包括各地的公共图书馆、群众艺术馆、文化馆、农业文化站、农村集镇文化中心和图书室等。根据2012年2月13日的《文化部关于全国文化信息资源共享工程暨公共电子阅览室建设试点工作督导情况的通报》,目前,"文化共享工程"已初步构建了层次分明、互联互通、多种方式并用的国家、省、市、县、乡镇(街道)、村(社区)6级数字文化服务网络。截至2011年底,已建成1个国家中心,33个省级分中心(覆盖率达100%),2 840个县级支中心(覆盖率达99%)，28 595个乡镇基层服务点(覆盖率达83%)，60.2万个行政村基层服务点(覆盖率达99%)，部分省(区、市)村级覆盖范围已经延伸到自然村。其中，北京、天津、河北、山西、辽宁、吉林、黑龙江、上海、江苏、浙江、安徽、江西、山东、河南、湖北、湖南、广东、海南、广西、重庆、四川、贵州、西藏、陕西、甘肃、青海、宁夏、新疆、新疆生产建设兵团等29个省(区、市)完成县级支中心全覆盖和"村村通"目标。

二、"文化共享工程"的网络结构与技术支撑

"文化共享工程"的网络基础主要有两个方面：首先，全国大部分城市和县、乡具备了一定的网络条件，只要配备上计算机设备，就可以接入国家骨干通信网。如，我国目前的中国计算机公用互联网(ChinaNet)、中国教育和科研计算机网(CERNET)、中国网通高速宽带互联网(CNCnet)、中国科技网(CSTNet)、中国金桥网(ChinaGBN)、中国远程教育卫星宽带网(CEBsat)分别发挥效用，通达全国各地，同时许多城市也开始提供宽带接入服务。其次，我国电视人口覆盖率已达92%，对偏远地区，可以使用电视机加机顶盒接入网络。如中国有线电视网(CATV)现已覆盖了31个省(市)，335个地市，2614个县市，4.5万个乡镇，72万个行政村。是全球最大的有线电视网。中广电信有限公司的"天网通"(CBT)是中国卫星高速宽带多媒体通信系统。

(一)"文化共享工程"的六级网络结构及功能

"文化共享工程"是由六级网络结构构成，如图7-1所示。

国家中心承担着建设资源、汇总资源和提供资源服务的工作。汇总资源是指国家中心汇总自身及各地提交的加工后的数字资源，然后上载到中心服务器。提供资源服务是指国家中心将中心服务器中整合的资源向外提供，包括通过互联网直接向外传播，以及

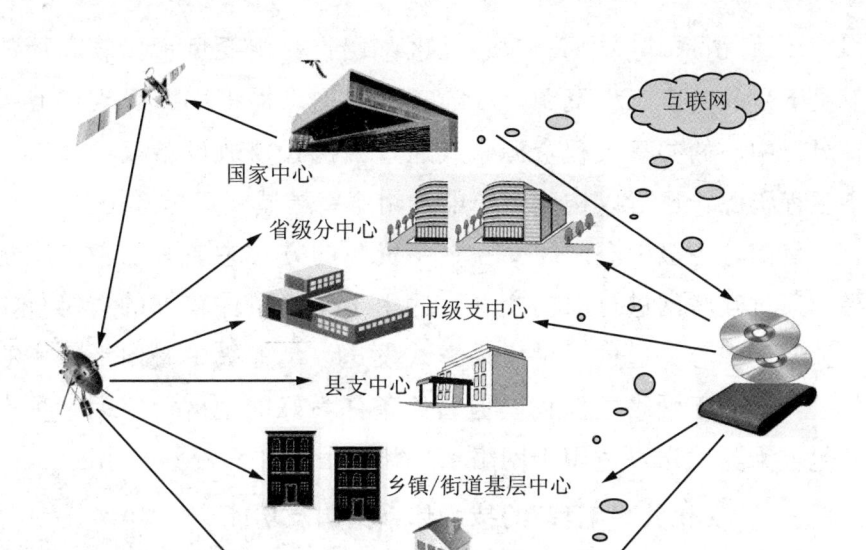

图 7-1　全国文化信息资源共享工程六级网络结构

将资源传递给下级中心。为了便于下级中心选择资源，国家中心提供信息资源联合目录。

省(包括各省、自治区、直辖市)级分中心负责为本地区的网络用户提供服务，承担着建设资源、汇总及提交资源、获取资源和提供资源服务等工作。省级分中心负责向市、县级支中心征集优秀文化资源并提交给国家中心。同时，根据国家中心提供的信息资源联合目录，省级分中心选择所需数字资源并从国家中心获取，建立向外提供资源的数据库。资源的元数据通常都放在省级中心本地服务器上。具备网络服务条件的省级中心，同时也将对象数据放在本地服务器上。另外，省级分中心承担更新基层中心数据的任务。

市级支中心和县级支中心都属于基层中心，主要负责为本地用户提供服务。基层中心接收省级中心下发的资源，为最终用户提供点播和直播业务，并对终端实行监控和统计，同时收集和自建特色优秀文化资源。

乡镇/街道基层中心和村/社区基层点：主要负责接收和播放卫星下发的共享工程资源，或通过互联网点播市（县）级支中心或省级分中心的共享工程资源，或通过便携式播放设备流动播放共享工程资源，还可以构建乡镇电子阅览室局域网点播系统。

目前，各级中心之间交互数字资源的方式主要有三种可供选择：通过互联网进行双向交互，适用于网络条件较好的省级分中心和基层中心；通过卫星广播方式发送，是上级中心向下级中心传送，适用于网络条件较差但通信条件尚好的地区；定期将数据打包成光盘发送，适用于网络条件和通信条件都较差的地区。

（二）"文化共享工程"的技术体系结构及功能

以下内容主要来自"文化共享工程"管理中心几位负责人如张晓星、吴晓和孙承鉴的文章内容。

如图7-2所示，"文化共享工程"的技术体系是由8个部分组成的。

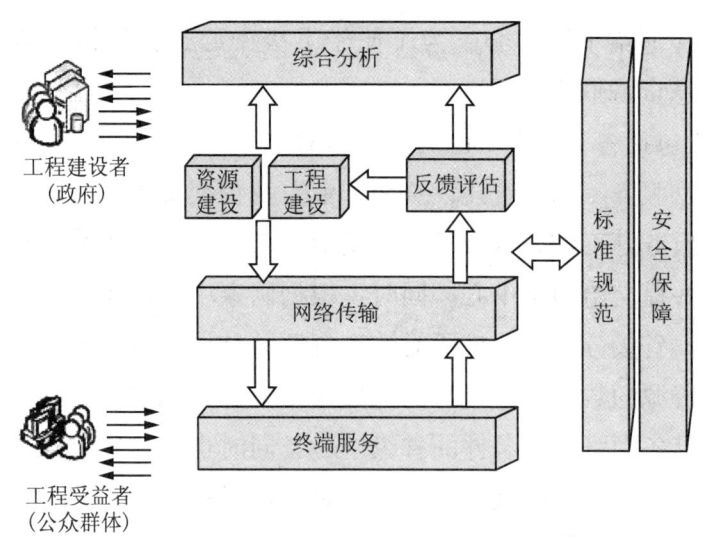

图7-2 文化共享工程技术体系总体示意图①

---

① 张晓星. 科学构建文化共享工程技术体系[J]. 数字图书馆论坛，2007(1).

1. 工程建设体系

通过互联网，将"文化共享工程"的六级网络结构连接起来，进行网络化协作和规范管理。主要工具为"文化共享工程运行管理系统"，其中包括了工程建设管理子系统，另外还包括运行监控管理子系统。

2. 资源建设体系

以资源库和资源目录为中心，以标准规范和版权管理为基础，形成覆盖全国的元数据统一维护、对象数据分布存储、内容建设开放合作的资源建设平台。"文化共享工程"建设初期，资源加工主要是由国家中心和少部分特定省级分中心进行，并集中存储到国家中心。随着业务向扁平化方向发展，各省中心、市、县支中心积极主动参与资源建设，逐渐形成开放的资源建设体系转变[①]。

3. 网络传输体系

包括主传输体系和辅助传输体系。主传输体系包括有线网、无线网、卫星网、有线电视网、数字电视网、移动通信网、VPN、政务外网等，其中由国家信息中心搭建的政务外网正逐步成为资源传输的主干道。辅助传输体系包括光盘、移动硬盘、移动存储播放器等，主要用于网络基础设施薄弱、主传输体系覆盖不到的地区。

4. 终端服务体系

是文化共享工程向公众群体提供多种服务模式和手段的总称。面向终端用户服务的窗口包括国家中心网站、省级分中心网站、省级分中心镜像站、卫星终端服务系统、文化共享工程基层服务

---

① 吴晓，孙承鉴. 全国文化信息资源共享工程技术体系的发展与展望[J]，图书馆建设，2008(2).

系统、有线电视/数字电视、移动硬盘/光盘移动存储播放器等。

5. 反馈评估体系

包括资源建设反馈评估和工程建设反馈评估。具体任务是各级分中心和基层站点将资源使用数据、设备使用数据、需求及其他信息反馈给上级中心，上级中心进行统计汇总并据此进行评估。目前运行监控管理子系统包括了反馈评估分析功能，具体完成反馈评估工作。

6. 综合分析体系

以数据仓储技术为基础，将基础建设体系、网络传输体系、终端服务体系、反馈评估体系的应用及运行数据经过抽取、转换，加载至文化共享工程数据仓库中，应用人工智能和多维展现等技术实现文化共享工程总体建设及运行情况的综合性分析。

7. 标准规范体系和安全保障体系

标准规范主要包括工程建设管理类、资源建设管理类、网络传输类、终端服务类、评估及考核指标类、统计分析类等。安全保障体系主要包括系统安全、网络安全、传输安全、应用安全、设备安全和安全制度等。

(三)县级支中心网络拓扑结构

县级支中心可以采取的技术服务手段包括：互联网、政务外网、有线电视、计算机、移动存储和卫星接收等。图7-3显示了县级支中心的网络链接情况和业务情况。按照文化部下发的文件，对于县级支中心，文化部是按照68万元标准进行配置，主要涉及中控机房、多媒体演示厅、流通服务、电子阅览室及资源加工与办公区域的必配项和选配项。其中，硬件部分包括了服务器4台、存储设备一套、管理工作站5台、工作终端20台、网络设备、卫星接收设备以及其他相关硬件等，软件部分包括了数据库、办公自动化、办公软件等。另外县级支中心的建设还包括了对现有环境进行电气和环境改造的机房改造。为了保证县级支中心设备的可靠运行，文化部建议各地通过集成商的方式，对所有设备进行统一管理和维护。除了卫星接收软件是由国家中心提供外，其他软件都是由当地自行采购或开发。

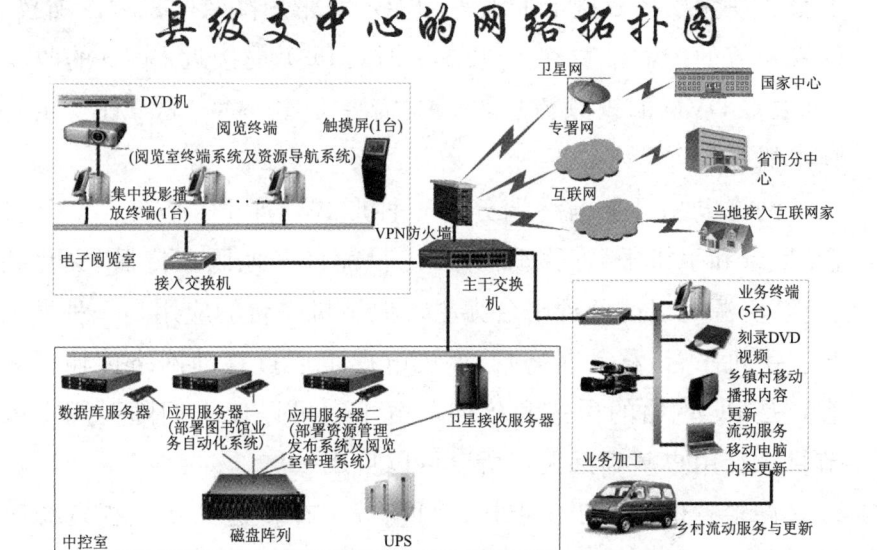

图 7-3　县级支中心的网络拓扑图[①]

(四)"文化共享工程"主要应用的信息资源传播技术模式

从信息资源传播模式角度来看，文化共享工程已经逐步形成了互联网模式、卫星模式、有线/数字电视模式、IPTV模式、VPN模式、无线网模式、电子政务外网模式、3G移动网模式、

---

① 罗云川. 公共电子阅览室的技术工作与公共电子阅览室信息管理系统建设思路[EB/OL]. [2012-03-01]. http://huodong.ndcnc.gov.cn/yuelanshi_files/files/%E7%BD%97.ppt.

光盘/移动硬盘模式等。以下介绍部分应用模式。

1. IPTV 网络电视传播模式

IPTV，也称交互式网络电视，是一种利用宽带有线电视网，集互联网、多媒体、通信等多种技术于一体，向家庭用户提供包括数字电视在内的多种交互式服务的崭新技术。一般用户在家中可以采取两种方式享受 IPTV 服务：计算机，网络机顶盒加普通电视机。IPTV 利用计算机或机顶盒加电视机完成接收视频点播节目、视频广播及网上冲浪等功能。它采用高效的视频压缩技术，使视频流的传输带宽在 800Kb/s 时可以实现接近 DVD 的收视效果（通常 DVD 的视频流传输带宽需要 3Mb/s），是一种个全新的技术概念。

网络电视可根据终端分为三种形式，即 PC 平台、TV（机顶盒）平台和手机平台（移动网络）。目前许多地区在传播"文化共享工程"资源时以前两种平台为主，但手机平台的应用是一种发展趋势。手机平台（移动网络）：手机电视是通过移动网络传输视频内容，是 PC 网络的子集和延伸。由于它可以使人们随时随地收看节目，且用户基础巨大，所以可以自成一体。

许多省份如山西、吉林、河南等，在传送共享工程资源时采用了 IPTV 网络电视传播模式，即宽带接入加终端机顶盒加电视机加前端播出平台的方式。省级分中心将国家资源、本省制作的资源统一接收后进行转码制作分发至各市县级支中心；市县级支中心接收并存储省级分中心分发的节目资源，提供给用户点播。

2. 基于互联网的分布式视频点播（CDN 加 VOD）模式

CDN 的全称是 Content Delivery Network，即内容分发网络。CDN 是构建在 IP 网络上的一种分布式的内容分发网，主要采用"中心—边缘"的存储与服务分布方式。其基本原理为：所有的节目都在中心服务器存储，而通过骨干网把用户访问相对集中的内容分发到边缘服务器，直接由边缘路由器提供用户服务。CDN 起初只是一个互联网概念，是为了加快用户的访问速度而建立的网络。

VOD(Video On Demand)即视频点播技术的简称，也称为交互式电视点播系统。在 VOD 业务中，由于电视观众对视频信号的高质量及实时性要求，CDN 的地位显得尤为重要。它不仅承担着提高用户响应速度的重任，而且还要减轻巨大的数据流量对骨干网的压力。电信运营商一般都具有相当长时间的 CDN 网络运作经验，而广电运营商还缺少 CDN 网络的运作经验。基于 HFC 网(Hybrid Fiber-Coaxial 的缩写，是光纤和同轴电缆相结合的混合网络)的分布式 VOD 体系结构充分利用已有的 CATV 网络(有线电视上网的一种方式)，可以将海量的节目迅速高效地提供给用户，为开展 VOD 等多媒体互动业务提供了一种合理的框架。山东和湖南主要采用的就是基于互联网的分布式视频点播(CDN 加 VOD)模式。

3. 数字电视模式

数字电视就是指从演播室到发射、传输、接收的所有环节都是使用数字电视信号或对该系统所有的信号传播都是通过由 0、1 数字串所构成的数字流来传播的电视类型。其信号损失小，接收效果好。按产品类型分，可以分为数字电视显示器、数字电视机顶盒、一体化数字电视接收机。

数字电视技术主要有以下几个特点：信号杂波比和连续处理的次数无关；数字设备输出信号稳定可靠；可避免系统的非线性失真的影响；易于实现信号的存储，而且存储时间与信号的特性无关；由于采用数字技术，与计算机配合可以实现设备的自动控制和调整；可实现时分多路，充分利用信道容量；可以合理地利用各种类型的频谱资源；在同步转移模式(STM)的通信网络中，可实现多种业务的"动态组合";很容易实现加密/解密和加扰/解扰技术;具有可扩展性、可分级性和互操作性,便于在各类通信信道特别是异步转移模式(ATM)的网络中传输,也便于与计算机网络联通;可以与计算机"融合"而构成一类多媒体计算机系统,成为未来"国家信息基础设施"(NII)的重要组成部分。陕西、四川、青岛和浙江目前主要采用的就是与有线电视结合的数字电视播放模式及其一些关键技术。

第二节 数字图书馆推广工程

2011年,文化部和财政部共同推出"数字图书馆推广工程"(下文简称"推广工程")。这是继"文化共享工程"、"公共电子阅览室建设计划"之后,在"十二五"时期启动实施的又一项重大文化惠民工程。

数字图书馆推广工程以国家数字图书馆工程建设和我国各级公共图书馆的数字图书馆建设为基础。前者起步于2005年,是我国"十五"期间重点文化建设项目,目前已经取得了阶段性成果,为实施数字图书馆推广工程提供了坚实的资源保障和技术支撑。后者积累了一定的经验,形成了大量的数字资源和专业技术人才队伍,为实施数字图书馆推广工程提供了良好的平台。特别是2010年,文化部实施了"县级数字图书馆推广计划",为实施数字图书馆推广工程提供了可资借鉴的经验,也为进一步形成分级分布、覆盖全国的数字图书馆服务网络奠定了基础。

目前数字图书馆推广工程建立了自己的官方网站[①],以下信息主要来自于该网站对数字图书馆推广工程的各种介绍和说明。

---

① 数字图书馆推广工程[EB/OL]. [2012-05-21]. http://www.ndlib.cn/.

有关的政策信息主要来自文化部网站。

一、"推广工程"的目标与政策

(一)目标

"推广工程"的建设目标：数字图书馆推广工程将建设分布式公共文化资源库群，搭建以各级数字图书馆为节点的数字图书馆虚拟网，建设优秀中华文化集中展示平台、开放式信息服务平台和国际文化交流平台，打造基于新媒体的公共文化服务新业态，最终实现数字图书馆的服务惠及全民，切实保障公共文化服务的公益性、基本性、均等性、便利性，最大限度地发挥数字图书馆在文化建设中引导社会、教育人民和推动发展的功能。力争通过五年的建设，要达到：资源总量上使社会公众能够获得的数字资源总量扩大10倍，达到10 000TB；覆盖人群方面，手机用户达8亿人，数字电视用户达8 000万户，互联网用户达4.2亿人。

其建设内容主要包括以下几点。

①构建覆盖全国公共图书馆的数字图书馆虚拟网。构建以国家数字图书馆为核心，以各级数字图书馆为主要节点，覆盖全国公共图书馆的数字图书馆虚拟网，支持全国各地区数字图书馆间互联互通、共建共享。

②建设海量分布式数字资源库群。其中以国家数字图书馆为主，包括了资源建设中心、资源服务中心和资源保存中心。

③建设多层次、多样化、专业化、个性化的数字图书馆服务平台和数字图书馆推广工程。将在构建海量分布式资源库群的基础上，对数字资源进行有效的组织、整合、知识挖掘，实现元数据集中与统一检索，依托互联网、移动通信网、广电网，建立满足不同需求的数字图书馆服务平台，通过新技术应用，提供基于移动通信网的移动数字图书馆服务和基于广播电视网的数字电视

服务。

④建设图书馆业务工作平台。

⑤建设数字图书馆标准规范体系。

扩展阅读：《"数字图书馆推广工程"的推广计划》包括以下两点。①2011—2012年为工程的基础构建阶段。2011年在全国15个省级馆和52个市级馆实施推广工程，2012年将完成其余省级馆和131个市级馆的硬件平台搭建工作，并与国家数字图书馆进行网络连接与资源整合，初步建成覆盖全国的数字图书馆服务网络。启动数字资源建设中心、数字资源保存中心和数字资源服务中心的建设，同时启动数字图书馆推广工程软件平台的建设，以及主要资源库的设计。②2013—2015年为全面推广阶段。2013—2015年，除完成所有市级馆的硬件平台搭建工作外，汇集整合全国各级数字图书馆的文献资源，向全国公众和业界提供统一解释服务；在扩大数字图书馆覆盖范围的同时，持续增加数字资源数量，加大对新媒体服务的推广力度，不断创新，增强数字图书馆服务能力，提升公共图书馆服务水平。

(二)相关政策

从建设意义角度来讲，在网络化、信息化、全球化的时代背景下，实施"数字图书馆推广工程"，有助于提升文化软实力和维护国家文化安全；有助于创新文化发展体制机制和增强文化发展活力与动力；有助于加快公共文化服务体系建设和保障人民群众基本文化权益；同时，对于实现全国公共图书馆资源与服务共建共享，整体提升图书馆服务水平，促进图书馆事业均衡发展，也具有重要的意义。

为进一步推动数字图书馆的建设，文化部、财政部决定于"十二五"期间在全国范围实施数字图书馆推广工程，推广我国在数字图书馆软硬件平台建设方面的成果，搭建标准化和开放性的数字图书馆系统，全面提升各级公共图书馆的文献保障水平和信息服务能力，为广大公众提供多层次、多样化、专业化、个性化的数字图书馆服务，打造基于新媒体的图书馆服务新业态。

2011年5月，文化部、财政部联合下发了《关于实施"数字图书馆推广工程"的通知》，数字图书馆推广工程相继展开。2011年9月，文化部印发了《"数字图书馆推广工程"省级、市级数字图书馆硬件配置标准的通知》。2011年9月，为落实中央领导关于数字图书馆推广工程的重要批示精神，文化部在京召开数字图书馆推广工程工作会议。会议强调，数字图书馆推广工程和文化共享工程都是利用现代信息技术加强公共文化服务的重大工程，应紧密结合，互为支撑，形成合力，共同在公共数字文化建设中发挥作用。

二、"推广工程"的技术支撑

(一)"推广工程"的总体框架

"推广工程"的具体任务包括软硬件平台搭建、资源建设、新媒体服务构建及人员培训等内容。图7-4展示的是"推广工程"的总体框架。

数字图书馆虚拟网是以国家图书馆为网络中心、省级图书馆和市级图书馆为节点、通过IPSEC VPN技术组成的互联网链路。各馆之间能够在虚拟网上进行跨库检索和数据传输。同时构建统一管理平台，对虚拟网的网络拓扑、应用系统状态和数据存储进行监测和统计。2011年7月，虚拟网对接工作在云南和贵州两省率先启动。

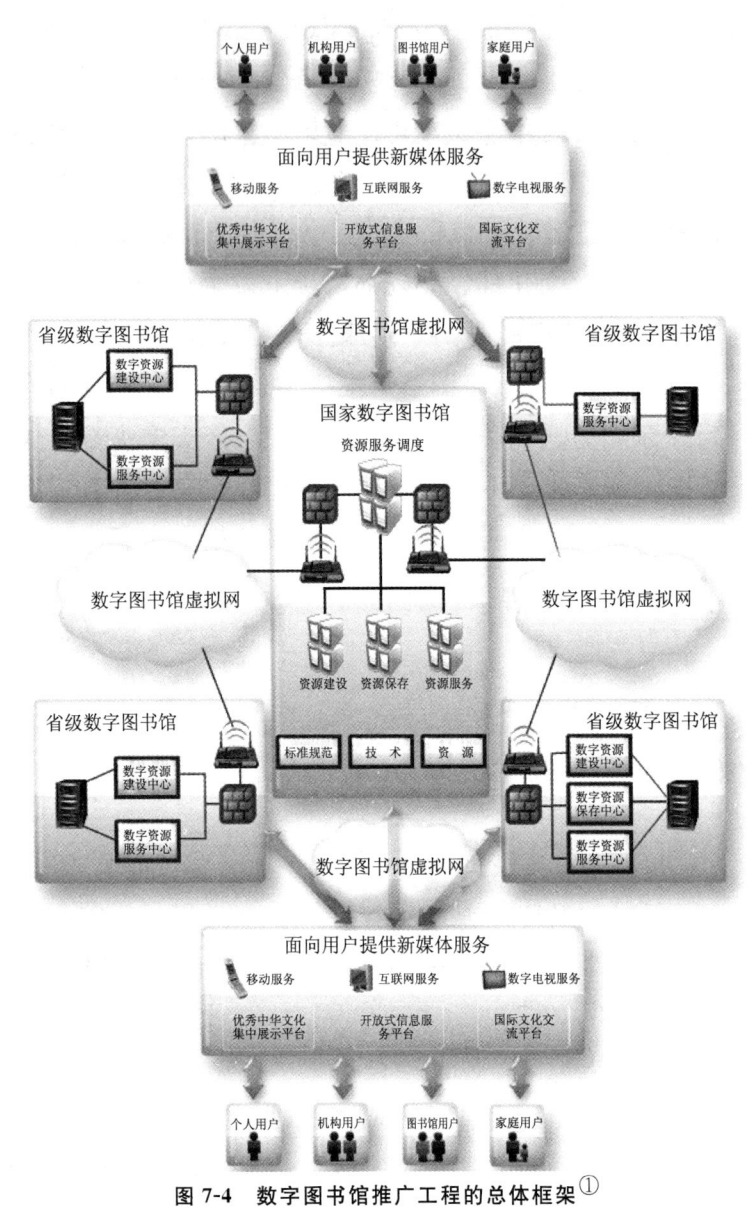

图 7-4 数字图书馆推广工程的总体框架[1]

新媒体服务具体包括移动数字图书馆、电视图书馆、少儿数

---

[1] 数字图书馆推广工程的总体框架[EB/OL]. http://www.ndlib.cn/gcjs_1/201108/t20110818_47872_2.htm.

字图书馆、残疾人数字图书馆、盲人数字图书馆和中国政府公开信息整合平台。

数字图书馆虚拟网上传输的数据主要有三类：

①服务类数据，即国家图书馆及各地方图书馆的数字资源；

②生产类数据，即国家图书馆与省馆、市馆之间的应用系统交互的业务数据；

③沟通交流类数据，即国家图书馆与地方馆的交流与联系的数据，如视频会议系统数据等。

其中最主要的就是服务类数据，也是"推广工程"数字资源建设的重点。截至2011年底，国家数字图书馆数字资源总量已达561.3TB，主要来源为外购数据库71TB、馆藏特色资源数字化466.8TB、网络导航和网络资源采集19.2TB，以及接受缴送的光盘。"推广工程"将在国家数字图书馆成果基础上，加强全国各级公共图书馆的资源共享与合作共建，在全国范围内形成有效的数字资源保障体系。

扩展阅读："数字图书馆推广工程"数字资源建设的5个重点：①重点开展基于手机、数字电视、网络电视等新媒体服务的资源建设，且开展跨行业合作；②重点开展为立法决策支撑服务的数字资源建设；③加强为少年儿童、残疾人士等特殊群体服务的数字资源建设；④开展数字资源整合，包括元数据集中仓储的准备工作和网络资源的整合揭示工作；⑤开展数字资源征集工作，主要是在现有工作基础上，将采集自主申报与定题征集两种方式相结合。

(二)业务系统结构及功能

以数字资源为中心、围绕整个数字资源生命周期的各个业务系统是数字图书馆推广工程的重要内容，也是数字图书馆建设的核心技术支撑。

数字图书馆推广工程设计的业务系统结构如图 7-5 所示。

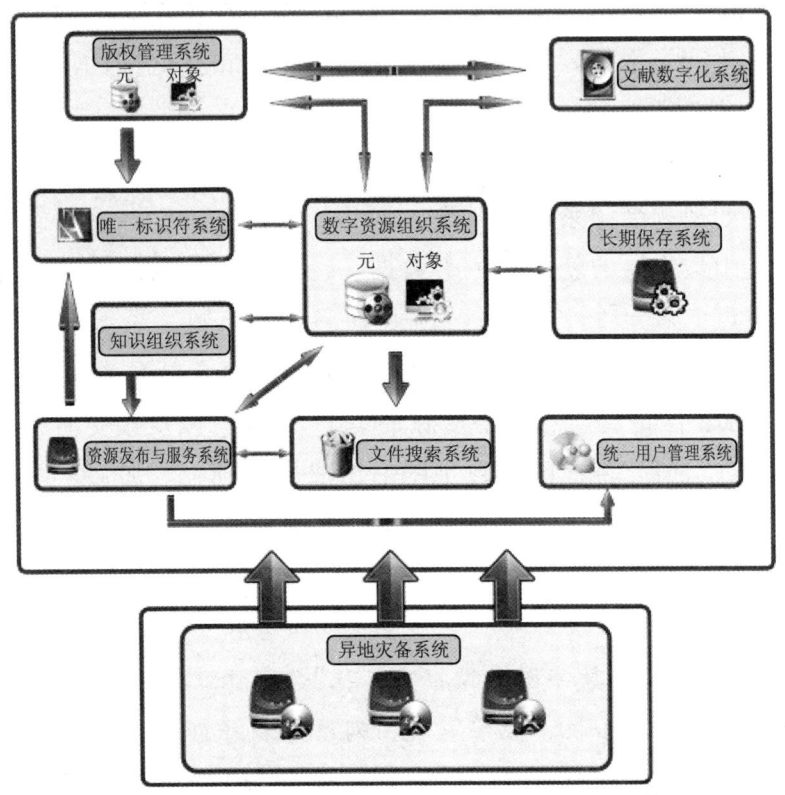

图 7-5　数字图书馆推广工程设计的业务系统结构[1]

图 7-5 中的文献数字化系统和长期保存系统承担着数字资源建设的任务。其中，数字资源采集活动包括对现有印本或其他类型资源进行数字化加工、对电子出版物（电子图书、电子期刊、电子论文等）进行标准化格式转换以及对网页资源进行抓取等。所采用的数字化技术手段包括拍照、扫描、数字水印等。为了能够有

---

[1] 数字图书馆推广工程设计的业务系统结构［EB/OL］.［2012-05-01］. http://www.ndlib.cn/xtjs2012/201201/t20120113_57991.htm.

效地长期保存数字资源，在对文献进行数字化的过程中，按照标准生成元数据并进行关联保存。目前，国家图书馆已经开发了网络资源工作平台，具备了网络资源的采集、保存、编目和发布与服务功能。国家图书馆将抓取的网络文档保存为符合 ISO 28500 标准的 WARC 文档，以实现网络资源的长期保存。数字图书馆推广工程目前已经制定了一系列的对象数据加工标准、元数据规范和长期保存规范，作为上述数字资源建设活动所遵守的标准。

图 7-5 中的数字资源组织系统、知识组织系统和唯一标识系统承担着数字资源组织和管理的任务，是数字图书馆建设的核心。前两个系统将图书馆文献数字化系统、外购数据库系统和其他系统的数据进行收集，并根据"推广工程"制定的标准进行加工，形成规范的、有序的数字资源库，然后将元数据提交到文献检索系统，将元数据和对象数据提交到数字资源发布与服务系统，将封装好的保存数据包提交到数字资源保存系统。图 7-5 专门列出了"知识组织系统"，强调了对收集的数字资源的组织开始采用先进的知识组织方法和技术。图 7-5 中的唯一标识系统负责对"推广工程"的数字资源进行唯一标识。目前国家数字图书馆标准规范体系中已经包含了"唯一标识符规范"，具体包括"国家图书馆数字资源唯一标识符规范"和"国家图书馆数字资源对象管理规范"。"推广工程"执行这两个具体的规范，可以实现全国公共图书馆数字资源的唯一标识，打破不同行业、不同地域图书馆之间的界限，使全国分散异构的数字图书馆系统能够连接为一个超大型数字图书馆。

图 7-5 中的资源发布与服务系统和文献搜索系统是直接与用户接触的服务系统。"推广工程"推出了移动数字图书馆、电子图书馆、少儿图书馆、残疾人数字图书馆、盲人数字图书馆和中国政府公开信息整合平台。

图 7-5 中的统一用户管理系统，将建成由国家数字图书馆中

心节点、省级分中心节点和多级地方节点组成的全国数字图书馆统一用户管理系统。该系统将对全国公共图书馆读者用户进行统一管理,并完成读者用户注册、实名认证、单点登录等功能,读者只要通过身份认证便可以享用各中心馆开放的资源和服务[①]。

图 7-5 中的版权管理系统,实质上是版权信息管理系统,是贯穿数字资源整个生命周期的配套服务系统,其应用方式如图 7-6 所示。该系统主要包括了通用版权管理系统、版权分类检索及导航系统、全版权库应用管理系统、版权接口服务系统和第三方系统的分馆版权管理系统。具体内容为对各类数字资源著作权信息的建设、维护和管理,建设全国数字图书馆版权信息库,实现国家数字图书馆与其他图书馆之间的版权信息资源共享。

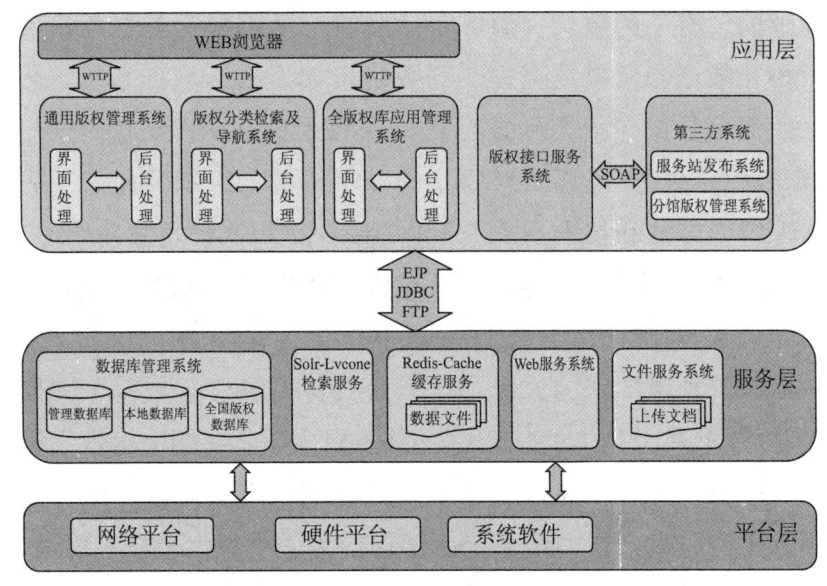

图 7-6 "推广工程"的版权信息管理系统的应用图示[②]

[①] 统一用户管理系统简介[EB/OL].[2012-05-01]. http://tgpt.nlc.gov.cn/read.php?tid=16.

[②] 数字图书馆推广工程. 版权信息管理系统[EB/OL].[2012-05-01]. http://www.ndlib.cn/xtjs2012/201201/t20120113_57991_4.htm.

扩展阅读："数字图书馆推广工程"新媒体服务项目包括以下几项。①移动数字图书馆：包括手机门户、短信/彩信服务、采用电子纸技术和电子墨水技术的手持阅读器，以及在苹果和安卓应用程序商店推出了一系列精彩的、体验良好的应用程序，在不同渠道建立专业化、个性化的服务平台。②电子图书馆：包括数字电视和IPTV，IPTV业务在我国刚刚起步，2011年年底前在包括北京在内的10个省市开通。少儿图书馆综合考虑不同年龄段孩子的发展特点，设置了书刊查询、小读者指南、书刊阅读、展览讲座、校外课堂、才艺展示等多个板块。③残疾人数字图书馆和盲人数字图书馆：是国家图书馆分别与中国残疾人联合会、中国残联信息中心和中国盲文出版社合作建设的，提供信息无障碍服务。④中国政府公开信息整合服务平台：是数字图书馆推广工程第一批向全国推广复用的软件平台之一。平台的建成将为社会公众更加方便、快捷地发现与获取政府信息资源及相关服务提供一站式解决方案，促进全国公共图书馆政府信息服务工作的交流合作与资源共享，提高公共图书馆政府信息服务的效益。

第三节　公共电子阅览室建设计划

"公共电子阅览室建设计划"是文化部"十二五"期间实施公共文化服务体系建设的一项重要措施，由文化共享工程具体实施，因此，也是文化共享工程"十二五"期间的一项重要任务。

一、"公共电子阅览室建设计划"的目标和政策

(一)目标

根据2012年2月文化部和财政部联合发布的《"公共电子阅览室建设计划"实施方案》,"公共电子阅览室建设计划"的总体目标为:以科学发展观为指导,坚持公益性、基本性、均等性、便利性原则,以保障人民群众基本的文化权益为目标,以未成年人、老年人、进城务工人员等特殊群体为重点服务对象,依托文化共享工程的服务网络和设施,以及文化共享工程、国家数字图书馆丰富的数字资源,与文化共享工程建设、乡镇文化站建设、街道(社区)文化中心(文化活动室)建设以及中央文明办组织实施的"绿色电脑进西部"工程相结合,在城乡基层大力推进公共电子阅览室建设,努力构建内容安全、服务规范、环境良好、覆盖广泛的公益性互联网服务体系。

扩展阅读:《"公共电子阅览室建设计划"实施方案》提出的实施步骤:①试点阶段(2010年11月—2011年12月):大力推进试点工作,为计划全面实施积累经验、奠定基础。组建"公共电子阅览室建设计划"专家咨询机构,制定公共电子阅览室管理办法、公共电子阅览室技术平台规范。对55%以上的已配备文化共享工程设备的乡镇/街道、社区公共电子阅览室进行设备升级。完成公共电子阅览室信息资源导航系统建设,完成资源建设总量的20%,并提供服务。②逐步推进阶段(2012—2013年):全面推进已有公共电子阅览室的免费开放。完成已配备文化共享工程设备的乡镇/街道、社区公共电子阅览室的设备升级。完成公共电子阅览室信息管理平台建设。完成"十二五"期间资源建设总量的60%,并提供服务。③全面完成阶段(2014—2015年):对符合条件的公共互

联网服务场所进行认定，推进全社会共同参与建设公共电子阅览室。发展完善面向三网融合的资源传输调配体系。全部完成资源建设计划，并提供服务。

（二）相关政策

为了推进公共电子阅览室的建设，2010年9月，文化部确定在文化信息资源共享工程中工作突出且网络条件好的辽宁、山东、浙江、广东、安徽、陕西、北京、天津、上海9个省市先行试点"公共电子阅览室建设计划"，时间为2010年9月—2011年12月，并出台了《公共电子阅览室建设试点工作方案》。该方案要求，各试点要结合国家公共文化服务体系示范区的建设，确定1~2个地级市，选择不同层级、不同类别、具有一定代表性的单位开展试点，包括各级图书馆、文化馆、工人文化宫、少年宫、乡镇（街道）文化站、社区文化中心（村文化室），各类学校、工业（产业）园区以及其他具备条件的企事业单位等。该方案规定了试点的主要任务，包括：建设一批规范化的公共电子阅览室；推进免费开放；丰富数字资源供给；建立技术支撑平台；建立健全公共电子阅览室管理制度；探索社会力量参与公共电子阅览室建设的机制等。

2011年5月，在前期试点的基础上，文化部、财政部决定在2011年内在全国各省（区、市）范围全面推开公共电子阅览室建设的试点，并于"十二五"期间组织实施公共电子阅览室建设计划，力争到2015年底，在全国所有乡镇和街道建立起公共电子阅览室，为基层群众，特别是广大青少年提供绿色上网空间。为了配合试点工作的实施，2011年文化部先后下发了《公共电子阅览室设备配置标准（试行）》、《公共电子阅览室配发资源目录（试行）》、《公共电子阅览室管理规范（试行）》、《2011年度公共电子阅览室设备配置标准》、《公共电子阅览室标牌样式》、《公共电子阅览室管理信息系统技术规范（征求意见稿 V2.0）》等。并先后在青岛和西安召开了"全国文化信息资源共享工程工作会议暨公共电子阅览室建设试点工作现场经验交流会"和"2011 年度全国文化共享工程技术交流会"。2012 年 1 月文化部又发布了《公共电子阅览室终端计算机配备标准》和《公共电子阅览室管理信息系统功能规范》。

在试点工作的基础上，2012 年 2 月文化部和财政部联合发布了关于印发《"公共电子阅览室建设计划"实施方案》的通知。

二、"公共电子阅览室建设计划"的技术支撑

公共电子阅览室是直接面向用户的服务空间。根据《公共电子阅览室建设试点工作方案》，公共电子阅览室应具备以下基本功能：

①互联网信息浏览与查询服务；

②电子文献阅览、信息资源导航、检索、参考咨询等数字图书馆服务；

③影视欣赏、健康益智类游戏等休闲娱乐服务；

④与计算机、网络应用有关的各类学习、培训服务。

为了实现上述功能，公共电子阅览室应具备一定的技术支撑能力。《公共电子阅览室管理信息系统功能规范》给出了具体技术支撑要求。

(一)公共电子阅览室的基础设施和技术平台

《"公共电子阅览室建设计划"实施方案》指出，"十二五"期间，重点推进乡镇和街道、社区公共电子阅览室的建设。该方案对公共电子阅览室的基础设施和技术平台提出了原则性要求。

在基础设施方面，该方案提出的建设标准为：

①面积不少于 40 平方米；

②终端计算机不少于 10 台；

③局域网存储空间不少于1TB；

④互联网出口带宽不低于2M。

另外，文化部还下发了《2011年度公共电子阅览室设备配置标准》和《公共电子阅览室终端计算机配置标准》，对具体的硬件设备提出了要求。前者明确表示省级、市级和县级各中心不进行升级，主要是对乡镇、街道、社区三级提出了终端计算机配置要求。因此省级、市级和县级各中心主要还是采用全国文化信息资源共享工程之前下发的配置标准。

在技术平台方面，《"公共电子阅览室建设计划"实施方案》提出应当充分应用云计算、智能服务、流媒体、移动互联网等最新适用技术，与"三网融合"发展战略紧密结合，依托已有技术管理平台，建立先进实用、安全可靠、开放互联的公共电子阅览室技术平台。主要包括：

①信息安全管理平台；

②资源传输调配体系；

③公共电子阅览室用户的资源导航与信息采集。

对县级支中心来讲，公共电子阅览室的技术工作主要包括①：

①终端服务，用于用户管理，资源导航，网络接入环境提供，设备、系统、网络的运行维护，防非法访问、防不良信息进入，防病毒，访问记录，使用统计等；

②后台支撑，用于内容提供，信息安全管理，运行信息管理，技术平台支撑，标准规范等。

(二) 公共电子阅览室的信息管理系统

公共电子阅览室管理信息系统是整个公共电子阅览室技术平

---

① 罗云川. 公共电子阅览室的技术工作与公共电子阅览室信息管理系统建设思路[EB/OL]．［2012-03-01］. http://huodong.ndcnc.gov.cn/yuelanshi_files/files/%E7%BD%97.ppt.

台的一个组成部分，包括国家中心管理信息系统、省级分中心管理信息系统、地市级支中心管理信息系统、县级支中心管理信息系统和终端管理信息系统五级。目前主要采取统一标准、分级建设的方式，下一级要与上一级对接。地市级支中心、县级支中心原则上使用省级分中心建立的管理信息系统。如具备条件可建设本级管理信息系统，并承担下辖范围内各级管理信息系统的建设和管理。终端管理信息系统原则上由负责建设管理系统的分支中心统一开发。对各级采购或开发的公共电子阅览室管理信息系统，文化部功能上提出了总体要求：2012年2月文化部下发了由文化部全国文化信息资源建设管理中心制定的《公共电子阅览室管理信息系统功能规范》（以下简称"规范"），之前已经下发过试用版本。

"规范"指出，公共电子阅览室管理信息系统的建设目标包括3个方面：规范公共电子阅览室上机用户的行为，管理和监督公共电子阅览室网络信息，以及掌握公共电子阅览室的运行服务状况。公共电子阅览室信息管理系统部署架构、县级支中心管理信息系统基本功能及终端管理信息系统基本功能请参见本书第三章第二节。"规范"同时给出了公共电子阅览室管理信息系统编码规范和公共电子阅览室管理信息系统数据交换格式规范。

第四节　区域性工程举要

各省市在开展上述三大文化工程过程中，根据自身特点形成了比较有特色的面向本地区服务的方式方法。如云南省的"农文网络学校"模式、辽宁省的"进村入口"模式、黑龙江省自主构建远程监控管理系统模式、山东省一站式公共电子阅览室资源管理模式、北京市有线电视广播网传播模式、上海市专业化管理运作模式、浙江省的"进企业、进军营、进机关"模式、陕西省的自主研发基层信息管理平台模式、湖南省的信息素养援助模式、海南省的数字电视利用模式、江西省的特色数据资源库建设模式、广东省的数据及时跟进模式、吉林省的多工程结合模式等。

根据本书的主题，这里我们主要从技术应用角度介绍一些区域性工程的具体做法。以下内容主要来自2011年文化部召开的几次相关经验交流会以及培训课程。

一、省级公共数字文化工程实施举要

（一）安徽省的公共电子阅览室技术方案[①]

安徽省的公共电子阅览室技术方案主要包括两大部分：公共电子阅览室技术支撑平台和各级公共电子阅览室终端管理系统。

公共阅览室技术支撑平台包括两部分：信息采集管理系统建设和资源传输管理系统建设。其中，前一系统用于及时收集并上报基层文化信息需求和利用文化信息资源开展服务的情况；后一系统实现资源广播、用户自定义下载及资源统计功能，解决资源日常更新途径单一（资源接收过度依赖卫星天线）以及用户在获取资源上无法实现交互性等问题。

公共电子阅览室终端管理系统拥有基础信息管理、上机管理、安全策略、内容审计、报警管理、系统管理等功能，特别在安全方面，采取了实名注册制度、上网限时制度、上网内容即时监控等措施。

在各级公共电子阅览室终端管理系统建设中，安徽省以前期共享工程建设统一应用软件品牌为基础，将前期使用的电子阅览室管理软件及信息浏览监控软件统一整合并建立与各级中心技术

---

① 安徽省公共电子阅览室技术方案介绍[EB/OL]．[2012-06-12]．http://huodong.ndcnc.gov.cn/yuelanshi/update/5b895fbd_897f5b896280672f4ea46d414f1a4ecb7ecd67506599.ppt．

平台应用接口，使其满足电子阅览室日常业务开放及信息网络安全标准。

(二)北京市的"资源共建共享"①

北京市4 295个文化共享工程基层服务点覆盖了全部街道乡镇和行政村，形成了"国家中心—北京市分中心—区县支中心—街道、乡镇基层服务点—行政村基层服务点"的五级网络体系。

2010年北京市分中心对文化共享工程专网进行改造，实现专网内资源共建共享：北京市共享工程网站资源在各区县支中心实现自动同步镜像；各区县支中心与北京市分中心的内部资源在共享工程专网内共建共享。

北京市分中心通过政务外网下载共享工程国家管理中心的全部视频资源，然后对其加工分类，挂接到北京市文化信息资源共享服务平台（www.bigxgc.cn）。同时，分中心还集中采购了多种商用数据库并进行整合，依托北京市公共图书馆计算机信息服务网络提供服务。具体方式有：为基层服务店办理一卡通读者卡，建立镜像站点，流量控制使用，购买外网用户权限等，在全市范围内共享数字资源。北京市2009年开始筹划，2010年正式建设"北京市多媒体信息资源服务平台"。2010年，该平台对北京市文化系统现有的平台和资源进行了整合，建成一个开放式的内容发布平台以及一个统一的资源管理系统，提供跨平台、跨库检索、异地发布系统等功能。2011年，对农村党员干部现代远程教育系统（北京长城网）、北京农村远程教育网（农业信息资源中心）进行整合。

"北京市多媒体综合信息服务平台"，并不影响各系统原有平

---

① 王菲菲. 全国文化信息资源共享工程[EB/OL]. [2012-06-12]. http://wenku.baidu.com/view/6c672aa7f524ccbff1218485.html.

台的运行和服务。最终该整合平台将与原有的各系统网站形成一个网站群,实现多网合一的信息传输与服务模式。

(三)福建省的"整合"模式[①]

福建省构建了云计算基础设施网络、资源采编发多点协同云平台、海西资讯监测平台以及移动闽图服务平台,并实现跨平台统一检索功能。

资源采编发多点协同云平台中,资源完全分布式功能是使每个节点都有完整资源的完整信息(包括描述和对象),每个节点都可以独立提供服务。包括集中式和半分布式;资源播发多点协同云平台,则是一处建设,全网共享,每个节点都可以随意进入或者退出网络,可以在任何节点创建新的资源,修改已有的资源,其更新操作也自动同步到整个网络中。

海西资讯监测平台,每日监测省内外媒体、境外媒体,特别是中国台湾地区媒体对于福建省的报道,监测分类涵盖政治、经济、文化等多个方面。

在统一检索平台上,通过统一元数据标准整合所有数字资源:包括国家数字图书馆资源、文化共享工程资源、互联网资源以及自建和采购的资源。

利用云技术解决传输瓶颈。如,通过元数据统一存放和对象数据分布存放的模式,实现全省全网共享资源;采用云服务模式,对云数据中心进行智能调度、统一管理,通过 CDN 技术手段实现网络直播负载均衡;利用云存储、智能调度等技术,为海量文化信息资源的建设、存储、应用、管理提供先进技术支撑。

通过整合移动闽图平台、统一检索平台与资源播发平台,提

[①] 郑智明. 公共电子阅览室的资源共享——福建省公共电子阅览室资源整合的探索与实践[EB/OL]. http://huodong.ndcnc.gov.cn/yuelanshi/download.

供无线接入、移动终端、新媒体等一站式访问终端服务。

(四) 山东省的"一站双网三平台的技术体系"①

山东省文化厅在开展文化共享工程以及公共电子阅览室工程时，采取了"一站双网三平台"的技术体系，如图7-7所示：

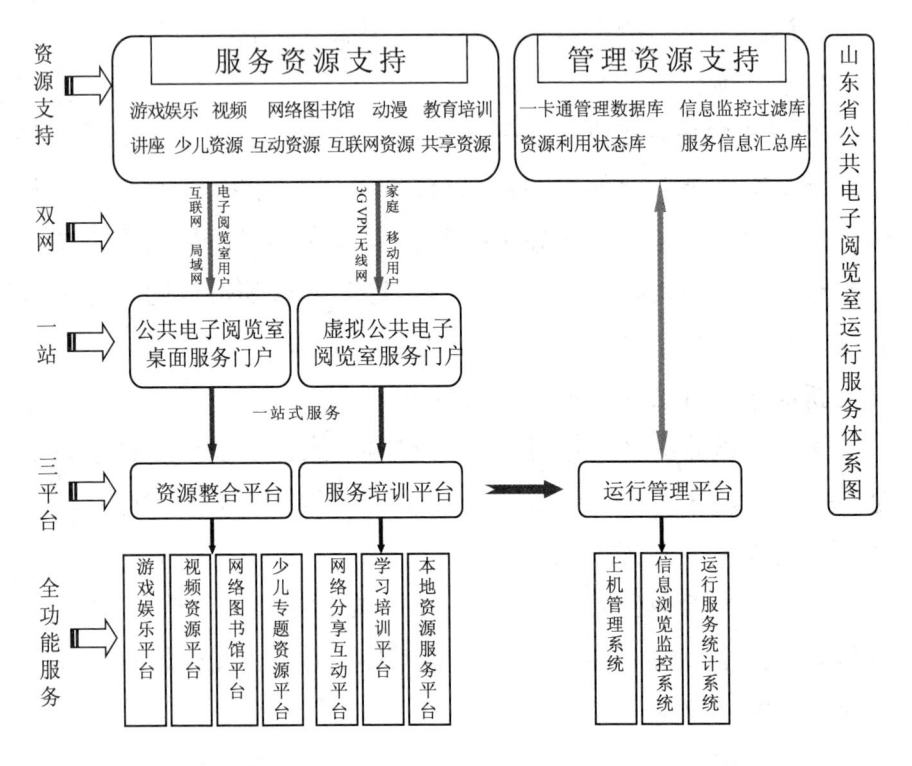

图7-7 山东省公共电子阅览室"一站双网三平台"的技术体系

其中，"一站"为一站式服务门户；"双网"为互联网和3G网技术体系；"三平台"为资源建设、技术管理和服务培训三个平台。

"一站式服务门户"包括"山东省公共电子阅览室桌面服务门户"和"山东省虚拟公共电子阅览室服务门户"。其中，前者主要用

---

① 孙振东. 山东省文化共享工程公共电子阅览室全功能技术服务模式[EB/OL].
http://huodong.ndcnc.gov.cn/yuelanshi_files/files/%E5%B1%B1%E4%B8%9C.ppt.

于公共电子阅览室；后者主要用于家庭和移动用户。桌面服务门户采用导航方式，列出了全国文化信息资源共享工程、山东文化共享工程、山东省虚拟公共电子阅览室、国家图书馆、山东省图书馆、山东政务信息公开、各地图书馆、农村党员远程教育等栏目；同时在门户的下方也直接列出了"山东虚拟公共电子阅览室"的具体栏目：少年宫、图书馆、公共教室、互动空间、电影院、动漫世界等。

"互联网和 3G 网技术体系"中，互联网和局域网主要用于电子阅览室用户，支持电子阅览室用户通过公共电子阅览室桌面服务门户访问资源；3G 和 VPN 无线网主要用于家庭和移动用户，支持用户在公共电子阅览室外边通过虚拟公共电子阅览室服务门户访问资源。山东省向群众发放专用 3G 无线上网卡，通过无线 3G 网络实现与共享工程资源中心的 VPN 连接，通过 3G VPN 网络访问山东省公共电子阅览室专门定制的资源内容。

"三平台"中，资源建设平台——山东省从以接收为主向接收与建设并重转变，各市中心可本地自行开发、搜集、整合特色资源，在存储于市中心资源库的同时向省中心资源库缴送共享。技术管理平台——建设了山东省公共电子阅览室一卡通管理平台，同时应用了信息浏览监控平台和统计评估平台。服务培训平台——主要以提供学习资料、考试训练平台为主，既包括了各中心资源库中主动提供的资源，如"山东省公共文化在线学习考试系统"；也包括了用户自己上传的资源，如"我秀互动分享平台"是用户上传和分享自己制作的各种资源的平台。

另外，据文化部网站新闻，2012 年 4 月 24 日，"文化方舟·山东省文化信息资源共享工程有线电视平台"开通，这是山东省文化共享工程服务领域的又一创新，标志着文化共享工程进入千家万户,是文化惠民工程的一个亮点①。

(五)陕西省的"方舟系统"②

陕西省利用在全省建立了虚拟服务专网(VPN)的优势,通过"登记录入静态信息"与"网络抓取动态信息"相结合的方式,自主开发相关应用管理软件、引入成熟的应用系统。陕西于2009年开始研发《综合信息管理系统》,经过不断研发完善和规模化测试,形成了目前的"方舟系统"版本。

未成年人上机管理:家长签署《未成年人公共电子阅览室上网家长知情同意书》,办理未成年人上网卡,以身份证号为唯一识别码,全省可以凭卡通用。上机时长不超过2个小时,超过后自动关机。系统内仅安装了"文化部游戏产品内容审查委员会"向社会推荐的三批适合未成年人的网络游戏产品,其余游戏通过技术手段限制安装。

白名单设置:考虑到黑名单的限制比较困难,网站经常改变IP地址和域名,难以控制,因此设置了白名单功能。各服务网点都要向读者明示"白名单"情况,并每月上报读者要求增加的网站名单,经审核后可不断持续增加。

数字图书馆服务:利用VPN优势,全省在大型局域网内共享省图书馆购买的电子图书、期刊,降低全省数字图书馆的总体采购成本。另外,还通过专网平台、统一的参考咨询网络系统,为广大读者提供专业、方便、快捷、免费的网上参考咨询和文献远程传递服务。

分布式存储的影视资料库:采用了最新基于流媒体的P2P技

---

① 山东省文化信息资源共享工程有线电视平台开通[EB/OL]. http://www.ccnt.gov.cn/xxfbnew2011/xwzx/lmsj/201204/t20120425_238127.html.

② 谢林. 陕西省公共电子阅览室技术应用交流[EB/OL]. http://huodong.ndcnc.gov.cn/yuelanshi_files/files/%E9%99%95%E8%A5%BF.ppt.

术。利用各基层支中心空余的存储空间，实现全省影视数字资源的分布式存储。各视频资源必须到基层服务点观看，公网上只能看到影视资源的海报与宣传资料。这样既实现高清视频的播放，也保护了资源的版权。

可自主上传的播客频道：各基层单位和读者个人也可自主上传视频资源。省级分中心在实现了用 TRS WCM 自主上传文图资源后，又开发了播客频道。播客频道采用 web2.0 技术。

软硬件设备的运行管理："方舟系统"实现了各电子阅览室与省级分中心管理机构之间的信息互通与数据交换。系统可提示管理员每周将基层中心机房设备运行情况进行检查，并将检查维护的结果自动上报省级分中心。同时系统也主动抓取电子阅览室每台阅览机的软硬件配置信息，统计全省文化共享工程资产。

另外，"方舟系统"还具备服务记录和统计分析管理，远程视频监控的可视化管理，利用成熟商用软件开展远程培训等功能。

陕西省计划完善"方舟系统"的研发，加强与电子政务外网建设的合作，全面实现我省数字资源的分布式存储，为下一步云存储、云计算打下可平滑升级的较好基础。同时，结合方兴未艾的3G 通信技术，通过手机、平板电脑等移动设备，满足基层群众随身的、便捷的服务要求，实现"时时可看，处处可学，人人可享"。

(六)上海市的"社区信息苑"推进方式[①]

上海主要采用与城市信息化建设结合的文化信息资源传播模式及技术，这种模式主要是依托社区信息苑与其他各政府机构资源整合，实现一站式服务。

东方社区信息苑是自 2003 年起，在上海市委宣传部、上海市

---

① 上海分中心. 上海社区公共电子阅览室试点技术支撑平台介绍[EB/OL]. http://huodong.ndcnc.gov.cn/yuelanshi_files/files/%E4%B8%8A%E6%B5%B7.ppt.

文广局、文明办、信息委等领导和直接推进下，由东方网组建相关实体。社区信息苑一开始建设即被确定为"共享工程"的重要服务平台。目前又推出"社区信息苑·公共电子阅览室"建设工程，通过整合资源、创新方式、积极探索，初步建立了以东方社区信息苑为主体，以委托社会化管理为模式的上海公共电子阅览室服务网络。

在技术方面，上海采用的系统架构如图 7-8 所示：

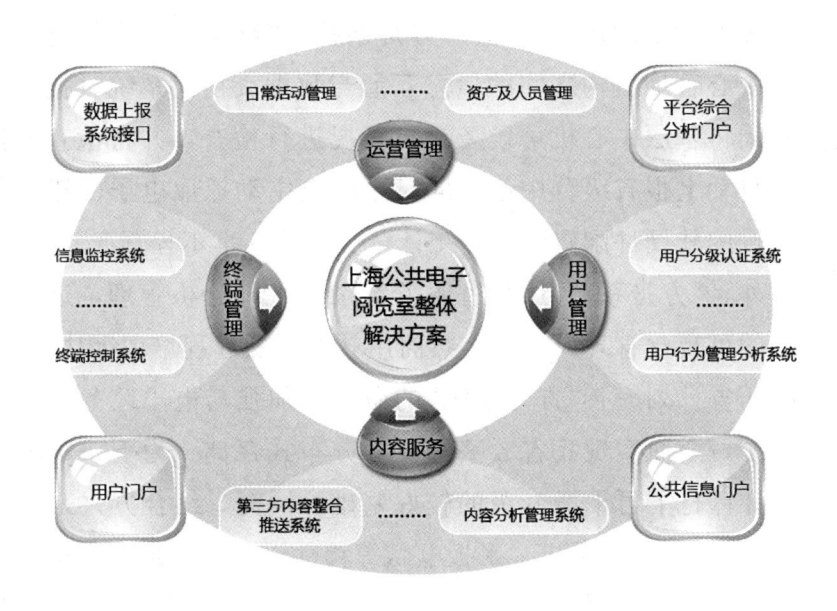

图 7-8　上海公共电子阅览室系统架构

　　终端管理系统实现分层次的中央集中管理和终端上网安全监管功能。主要功能包括终端控制、终端桌面设定、终端行为日志记录、公告发布应用、信息浏览监控、软件操作监控、网店运营状态监控、数据上报管理和统计查询等。

　　实名用户管理系统提供活动人群信息管理、分级授权、上网行为管理与分析等一系列功能。

　　内容管理及分发推送系统是一个多应用的整合型平台，平台建设由后台内容整合系统、内容分发系统、内容门户、内容管理系统、视频点播系统、第三方认证接口等部分组成，其中前三项是核心部分。

运营管理系统借鉴现代连锁服务业的管理理念，归纳挖掘公益性公共文化服务日常工作的特点，对公共电子阅览室运营所涉及的资产、人员、活动的各个方面进行服务、管理与统计分析，共17个子系统。

二、市级公共数字文化工程实施举要

(一)东莞市的"云计算服务集群式管理"[①]

东莞市是文化部"公共电子阅览室建设计划"的首批试点区域。相对来讲，东莞市的外来务工人员多，人口年轻化，正是公共电子阅览室服务的主要对象。同时，东莞市的通信网络覆盖率很高，并且建立了总馆、分馆、服务站、汽车图书馆、24小时自助图书馆等五种形态一体的图书馆集群系统，为公共电子阅览室的试点提供了很好的基础。

东莞图书馆作为公共电子阅览室试点的具体实施单位，采取了"统一标识、统一风格、统一技术、统一服务、统一管理"的"5个统一"；开展了有线网络加无线网络的立体式网络服务；建立市域公共电子阅览室云服务管理中心，依托总分馆体系，实现对基层阅览室的统一管理、统一监控、统一服务和统一技术支持的体系化管理。

在管理技术方面，东莞市图书馆充分利用云计算技术，建立了"文化e管家"，如图7-9所示：

---

① 李东来. 公共电子阅览室的功能设计与部署——东莞公共电子阅览室的建设与思考[EB/OL]. http://huodong.ndcnc.gov.cn/yuelanshi/download.

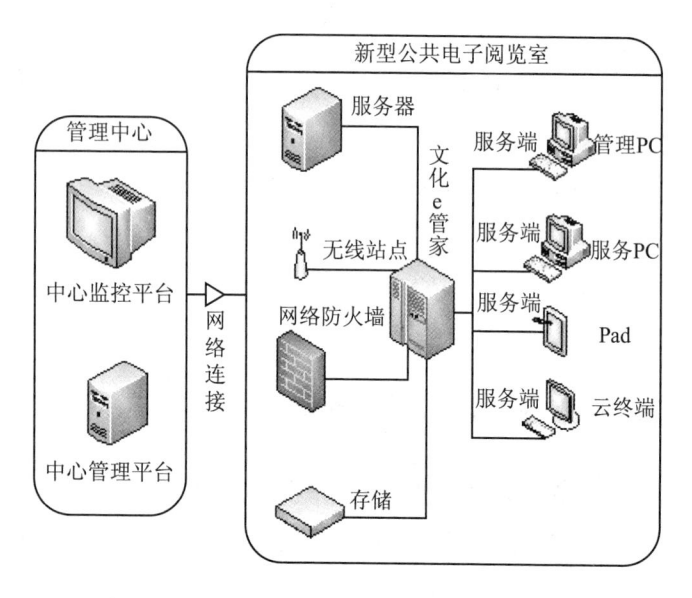

图 7-9　东莞市图书馆公共电子阅览室文化 e 管家

"文化 e 管家"采用云计算技术，将软件系统、数字资源、安全网络设备、无线接入设备等集成到一台服务器上，无须安装客户端，采用中心监控、管理和维护，对基层管理人员要求低。云计算服务模式下，监控中心实施监控每个阅览室在线运行细节，并能远程控制电子阅览室的网络访问。

(二)青岛市的"三个三"

青岛市在开展公共电子阅览室试点工作时，采取了"三个系统、三项功能和三个保障"策略。

①三个系统为全市公共电子阅览室的一卡通管理系统、统一资源管理及远程维护系统、统一网络监管及统计系统。

②三项功能包括阅读功能、娱乐功能和培训功能。其中培训活动包括"新市民子女暑期系列活动"、"资源信息助民工创业培训班"和"老年人电脑知识"培训班。

③三个保障包括人力保障、财力保障和培训保障。

另外，青岛市还统一在媒体上对公共电子阅览室进行了推介宣传。

在具体实施过程中，对公共电子阅览室划分了不同的功能区域；通过讲座、讨论与上机实践相结合方式开展计算机基础知识和信息检索的专题培训，并与人事部门合作开展了电子政务培训、专业军人培训和职称计算机考试培训，与劳动保障部门联合开展了下岗工人、进城务工人员再就业培训，与老年大学合作开展老年人电脑培训，与媒体合作开展"夕阳红"电脑培训项目；举办各种网络技能大赛。今后还将加大力度开展针对青少年的培训活动。

全国文化信息资源共享工程是公共文化服务体系的基础工程和重要平台，数字图书馆推广工程为公共数字文化建设提供了强有力的服务资源保障和技术与标准支撑，公共电子阅览室是汇聚前两个工程以及互联网海量信息资源的公共数字文化服务的终端和基层服务窗口。

这三个重大公共文化服务工程，通过互联网、卫星通信、移动设备等硬件以及各种规章制度、运行管理系统、网站等软件，充分利用各种先进的信息技术，将各级图书馆、文化馆、群艺馆、文化站、文化中心、图书室等连接起来，建设和提供丰富的文化数字资源，成为服务于全民大众的公共文化服务体系的重要组成部分。本章节对这三大工程的目标、政策和技术支撑进行了概略介绍。

【思考题】

1. 结合本馆实际，说明你馆目前在文化信息资源共享工程建设方面主要采用了哪些技术？存在什么问题？解决方案是什么？

2. 结合本馆实际或者你所了解的其他图书馆的实际情况，谈谈在数字图书馆推广工程中，你馆或你所了解的图书馆具体采用了哪些资源建设技术和服务整合技术？主要存在的问题是什么？解决方案是什么？

3. 谈谈你们地区开展公共电子阅览室建设时，在技术应用方面存在哪些问题和困难？

4. 本章介绍的几种区域性工程所采取的信息传播模式，你认为你馆比较适合采用哪种？为什么？如果你们还采用了其他信息传播模式，请简略介绍。

参考文献

[1] Dieter Fensel. Ontologies: A silver bullet for knowledge management and electronic commerce[M]. 2nd ed. Berlin: Springer, 2004.

[2] Ed Sununers et al. LCSH, SKOS 和关联数据[J]. 现代图书情报技术, 2009(3).

[3] 磁盘阵列技术(一)[EB/OL]. http://tech.sina.com.cn/roll/2008-12-17/0926918738.shtml.

[4] 磁盘阵列技术原理学习[EB/OL]. [2012-06-21]. http://www.enet.com.cn/A20040422304341.html.

[5] 符绍红. 信息检索[M]. 北京: 高等教育出版社, 2004.

[6] 傅守灿, 陈文广. 图书馆自动化基础教程[M]. 北京: 北京大学出版社, 1996.

[7] 顾德南, 孟连生. 试论网络实时参考咨询服务[J]. 图书情报工作, 2005(7): 99-100.

[8] 国家遥感中心. 地球空间信息科学技术进展[M]. 北京: 电子工业出版社, 2009.

[9] 侯定芳. 基于本体的信息检索研究[D]. 北京: 北京师范大学管理学院, 2005.

[10] 蒋建, 黄燕华. 电纸书的发展及其对图书馆运作模式的影响[J]. 情报探索, 2011(5): 116-118.

[11] 金海, 廖小飞. P2P 技术原理及应用[EB/OL]. [2012-06-21]. http://www.zte.com.cn/cndata/magazine/zte_communications/2007/6/magazine/200712/t20071220_150736.htm.

[12] 雷鸣. 数字资源整合理论与技术[J]. 硅谷，2010(22)：155.

[13] 李东来. 公共电子阅览室的建设与思考[J]. 图书馆建设，2012(1)：50-52，56.

[14] 李克征. 数字信息长期保存的技术方法分析[J]. 图书馆工作与研究，2006(2).

[15] 李麟. 我国科研人员对科技信息开放获取的态度——以中国科学院科研人员为例[J]. 图书情报工作，2006(7)：34-38.

[16] 刘伟. 关联数据：概念、技术及应用展望[J]. 大学图书馆学报，2011(2)：5-12.

[17] 刘晓辉. 网络设备[M]. 北京：机械工业出版社，2007.

[18] 马费成. 基于关联数据的网络信息资源集成[J]. 情报杂志，2011(2).

[19] 聂华，朱玲. 网络级发现服务——通向深度整合与便捷获取的路径[J]. 大学图书馆学报，2011(6)：5-6.

[20] 秦鸿. RSS技术在图书馆中的应用[M]. 上海：上海交通大学出版社，2010.

[21] 邱冠华，于良芝，许晓霞，等. 覆盖全社会的公共图书馆服务体系模式、技术支撑与方案[M]. 北京：北京图书馆出版社，2008.

[22] 曲鹏云，张智雄，林颖. 基于协同浏览的实时参考咨询系统的设计与实现[J]. 现代图书情报技术，2006(10)：12-16.

[23] 冉从敬，赵蕊菡. 中美高校图书馆虚拟参考咨询调查比较[J]. 图书情报知识，2009(5)：64-67.

[24] 石铁峰. 计算机网络技术[M]. 北京：清华大学出版社，2010.

[25] 史敏鸽. 浅析数据分级存储在数字图书馆建设中的运用[J]. 江西图书馆学刊，2005(3).

[26]泰勒. 信息组织[M]. 北京：机械工业出版社，2006.

[27]陶茂芹. 个人知识管理技术与方法探究[J]. 图书馆学研究，2010(2).

[28]天津市小蜜蜂计算机技术有限公司. RFID 图书馆应用解决方案[EB/OL]. [2012-06-21]. http://www.iotworld.com.cn/html/ImportLib/201108/b17bfa3cc2c3e398.shtml.

[29]王芳，张晓林. 元搜索引擎：原理与利用[J]. 现代图书情报技术，1998(6)：19-21.

[30]王小林. 从自助图书馆到图书馆的自助服务[J]. 图书馆学研究，2010(12)：56-59.

[31]吴晓，孙承鉴. 全国文化信息资源共享工程技术体系的发展与展望[J]. 图书馆建设，2008(2)：78-81.

[32]吴振新. 数字信息资源长期保存技术策略分析[J]. 现代图书情报技术，2006(4).

[33]肖珑，赵亮. 中文元数据概论与实例[M]. 北京：北京图书馆出版社，2007.

[34]徐晓琳. 海量存储系统在数字图书馆中的应用[J]. 四川图书馆学报，2003(1).

[35]颜小栋. 保存数字信息技术方案选择与评价[J]. 档案管理，2003(1).

[36]杨秀丹. 政府信息资源组织工具集成研究[D]. 北京：北京大学信息管理系，2007.

[37]杨云，平寒. Windows Server2003 网络操作系统[M]. 北京：人民邮电出版社，2009.

[38]叶鹰. 信息检索：理论与方法[M]. 北京：高等教育出版社，2004.

[39]云计算数据中心网络技术全面剖析[EB/OL]. [2012-06-21].

http://tech.watchstor.com/Data-Center-131904.htm.

[40]张培锋.图书馆自助服务模式之我见[J].图书情报工作，2005(10)：60-62.

[41]张卫丰，徐宝文，周晓宇，等.元搜索引擎研究[J].计算机科学，2001(8)：36-41.

[42]张文彦，张瑞贤.美中WAP手机图书馆发展现状比较[J].图书馆杂志，2009(7)：64-68.

[43]张晓星.科学构建文化共享工程技术体系[J].数字图书馆论坛，2007(1)：15-21.

[44]中国云计算[EB/OL].[2012-06-21].http://www.china-cloud.cn/.

[45]钟新革.东莞图书馆自助图书馆建设实践[J].图书馆建设，2007(2)：7-8.

附 录

附录1 2010年度县级支中心配置标准

文化共享工程县级支中心按照68万元标准进行配置

一、必配项

分类	序号	设备名称	配置及关键特性	单位	数量	备注
中控机房	1	应用服务器	2个INTEL Xeon E5520或AMD Opteron 2400以上处理器，ECC DDR3内存4G，SAS硬盘2*300G，双1 000M网卡，支持远程管理，配Windows或Linux操作系统，原厂商3年以上免费现场质保，省内提供备件功能。	台	1	用于运行文化共享工程应用管理系统。
中控机房	2	业务服务器	2个INTEL Xeon E5520或AMD Opteron 2400以上处理器，ECC DDR3内存4G，SAS硬盘2*300G，双1 000M网卡，支持远程管理，配Windows或Linux操作系统，原厂商3年以上免费现场质保，省内提供备件功能。	台	1	用于运行业务自动化系统。
中控机房	3	传输服务器	2个INTEL Xeon E5520或AMD Opteron 2400以上处理器，ECC DDR3内存4G，SAS硬盘2*300G，双1 000M网卡，支持远程管理，配Windows或Linux操作系统，原厂商3年以上免费现场质保，省内提供备件功能。	台	1	用于数据资源管理或数据远程传输。
中控机房	4	管理服务器	1个INTEL Xeon E5520或AMD Opteron 2400以上处理器，ECC DDR3内存4G，SAS硬盘2*300G，双1 000M网卡，支持远程管理，配Windows或Linux操作系统，原厂商3年以上免费现场质保，省内提供备件功能。	台	1	用于设备的远程管理。

续表

分类	序号	设备名称	配置及关键特性	单位	数量	备注
中控机房	5	存储（磁盘阵列）	方案一（IP-SAN）：能够实现 IP SAN，标准 19 英寸工业机架；SATA 盘，至少可扩展到 8TB，支持 RAID1、RAID5、RAID10 等；至少提供 4 个以上主机接口，主机接口支持聚合，支持以太网交换机 Trunking 功能；硬件需通过主流服务器厂商的兼容性测试；高速缓存 2GB，具备高速缓存保护功能；支持 VLAN 功能；支持 3 年原厂现场保修。	套	1	请在选型时遵循以下原则：①可用容量≥3.6TB；②可扩展；③不附属于服务器设备；④交换机可选。
			方案二（FC-SAN）：2 台 8 口光纤交换机；标准 19 英寸工业机架，具备至少 4 个 4Gb 光纤主机接口，每台连接的服务器至少一块 HBA 卡（4Gb/s 速率），至少可扩展到 8TB，支持 SAS 或 FC、SATA 混插，支持 RAID1、RAID5、RAID6、RAID10 等，支持在线 RAID 级别变更、在线数据迁移、中英文多语言界面管理等，硬件需通过主流服务器厂商的兼容性测试，3 年原厂现场保修。			
	6	交换机	方案一：提供 48 个 10/100M Base-T 以太网接口，4 个千兆以太网口。场馆服务区内提供 802.11a/b/g 无线接入能力。支持设备堆叠，支持 SNMP 网管。	台	1	交换机的配置和数量要根据当地机房环境决定。
			方案二：提供 24 个 10/100M Base-T 以太网接口，2 个 1 000Base-X SFP 千兆以太网口，2 个 10/100/1000M Base-T 以太网接口。场馆服务区内提供 802.11a/b/g 无线接入能力。支持设备堆叠，支持 SNMP 网管。	台	2	

续表

分类	序号	设备名称	配置及关键特性	单位	数量	备注
中控机房	7	安全设备	自主知识产权，具有完备的状态检测防火墙、入侵防御、防病毒及VPN功能，支持IPSec、SSL及L2TP VPN，病毒库和入侵防御库可更新，具备对P2P应用的控制功能，具备对IM软件的控制功能，支持远程管理和实时监控。	台	1	要为政务外网接入预留端口。建议能够和信息浏览监控软件进行联动实现终端准入控制、安全状态检测访问控制，如需建设全网VPN，应通过兼容性测试。
	8	网络专用配线架	24端口网络专用配线架，用于灵活连接业务终端计算机、服务器、管理工作站等物理设备，提高系统配置的灵活性。	套	2	
	9	键盘、鼠标、显示器	1U机架式可折叠键盘/鼠标/15英寸或17英寸液晶显示器。	套	1	
	10	4路KVM切换器	支持电动四路KVM切换功能。	台	1	
	11	42U标准机柜	用于安装中心机房服务器、网络设备，包括必要的盲板、滑轨、电源插座、螺丝、底板、密网门、风扇等规定部件。	个	1	
	12	配电箱	具备15kW以上三相交流电（AC 380V）。	套	1	
	13	地线系统	按照国家相关标准。	套	1	
	14	防雷系统	按照国家相关标准。	套	1	
	15	机房空调	根据当地自然状况而定，确保机房温度适合。	套	3	
	16	防火器材	按照国家相关标准。	套	3	
	17	电话及互联网接入	互联网出口带宽不低于2M，至少提供一部电话。	套	1	

续表

分类	序号	设备名称	配置及关键特性	单位	数量	备注
中控机房	18	政务外网接入	本地具备政务外网接入条件的地区，应提供不低于2M的接入带宽，接入方式根据当地政务外网建设情况而定，并配置相关接入设备。	套	1	网络带宽应根据当地政务外网设计具体调整，可选2M、4M、10M等。
	19	机房设备集成安装	按照国家相关标准。	套	1	
	20	防静电地板	按照国家相关标准。	套	1	
	21	综合布线	按照国家相关标准。	套	1	
	22	机房装修	按照国家相关标准。	套	1	
	23	UPS电源设备	10KVA断电后电池维持1小时以上，UPS设备、净化稳压电源，机头为机架式。	套	1	为中控室和电子阅览室设备供电。
	24	网络杀毒软件	30以上PC客户端，4服务器客户端。	套	1	
	25	信息浏览监控软件	能够屏蔽不良网站，抵御网络攻击；能够制定访问策略，具备上网行为管理和访问控制功能；具备用户上网信息数据采集能力。	套	1	系统应具备数据上传功能，提供给国家中心统计，并符合相关规范。
	26	业务自动化系统	具备对馆藏各类资源(含数字资源)的采访、编目、检索、流通等管理功能；具备读者管理功能；对人员、网络及硬件设备要求不高，客户端免维护。	套	1	如业务需要实现总分馆模式，可选用统一图书馆自动化业务平台。

续表

分类	序号	设备名称	配置及关键特性	单位	数量	备注
中控机房	26	业务自动化系统	具备对文化共享工程资源的有效管理和控制，能够播出文化共享工程提供的数据资源，提供节目单的编排和管理、按单播出等功能。	套	1	适用于以电视台等为县级支中心的地区。
	27	资源应用管理系统	能够自动识别、导入国家中心通过多种途径下发的数据资源，对资源管理系统提供的资源进行有效的展示，能够对资源进行统一管理和控制，需要具备资源的生命周期管理、实时使用统计、资源接收和导入、版权控制等功能。	套	1	各地根据当地技术方案自行采购，可采用集中部署或各地分别部署的架构。
	28	设备远程管理软件	对支中心内部的主要设备进行桌面服务、网络管理和硬件诊断的远程管理和维护。	套	1	
多媒体演示厅	29	投影机	标准显示分辨率 1024*768，投影灯泡寿命不小于 4 000 小时，用于室内的亮度不小于 2 500 ANSI LM，用于室外的亮度不小于 3 500 ANSI LM。	台	1	安装在多媒体室。
	30	投影幕	不小于 100 英寸，具体尺寸根据场地环境确定。	套	1	用于多媒体室和开放环境。
	31	电视机	52 英寸以上大屏幕电视，HDMI 输入 1 组，可视比例 16：9、4：3，制式 PAL/NTSC/SECAM。	套	2	用于多媒体室或门厅。
	32	触摸屏	15 英寸以上，具备较好的防尘功能。	套	1	用于门厅，为用户提供共享工程简介和基本信息。
	33	4 路 VGA 输入切换器	用于多路 VGA 信号源输入，切换一路输出到投影机上显示用。	套	1	
	34	有源音箱	高保真有源音箱(200W)。	套	1	安装在多媒体室。

续表

分类	序号	设备名称	配置及关键特性	单位	数量	备注
流动服务	35	投影机	标准显示分辨率 1024 * 768，投影灯泡寿命不小于 4 000 小时，用于室内的亮度不小于 2 500 ANSI LM，用于室外的亮度不小于 3 500 ANSI LM。	台	1	以上设备用于流动视频播放，设备的选择应充分考虑便携性和安装简易性。
	36	投影幕	不小于 100 英寸，具体尺寸根据场地环境确定。	套	1	
	37	有源音箱	高保真有源音箱，选择适合开放环境下使用设备。	套	1	
	38	多媒体播放器	能够识别和播放共享工程的视频和 Flash10 资源，并具备日志记录、统计汇总等功能，数据格式符合运行管理系统相关要求。	台	1	
电子阅览室	39	终端计算机	Intel Core i3 530 或 AMD Phenom II X4 965 处理器，内存 2G，硬盘容量 160GB，光驱类型：DVD-ROM，19 英寸以上液晶显示器，配操作系统，具备系统还原功能，原厂商 3 年以上免费现场质保。	台	25	25 台是最低标准，各地可根据实际应用予以增加。建议具备主动管理或同等远程管理技术。

续表

分类	序号	设备名称	配置及关键特性	单位	数量	备注
资源加工及办公区域	40	多功能扫描仪	光学分辨率2400dpi/范围216mm×356mm/扫描元件CCD。	台	1	
	41	激光网络打印机	具备传真、复印、打印功能，提供网络接口模块。	台	1	
	42	移动硬盘	1TB USB2.0接口，配有USB数据线及电源线，带eSATA接口。	块	2	
	43	数码照相机	入门级单反相机和卡片式相机各1台	台	2	用于各地采集和制作节目。
	44	数码摄像机	一台专业级摄像机，一台家用级DV，配套专用三脚架和电池等附属设备。	台	2	摄像机制式需考虑与相关机构进行文件和内容交互的方便性。
	45	日常管理工作站	Intel Core i3 530 或 AMD Phenom II X4 965 处理器，内存2G，硬盘容量320GB，光驱类型：DVD-ROM，19英寸以上液晶显示器，配操作系统，具备系统还原功能，原厂商3年以上免费现场质保。	台	5	5台是最低标准，各地可根据实际应用予以增加。建议具备主动管理或同等远程管理技术。
	46	便携式计算机	Intel i5520 处理器，14.1英寸宽屏显示器，2GB DDR3，320GHDD，DVD刻录光驱，10－100－1000M内置以太网卡，中文Windows，802.11g无线局域网卡，集成显卡，3年以上免费现场质保。	台	2	

续表

分类	序号	设备名称	配置及关键特性	单位	数量	备注
政务外网接入	47	政务外网接入设备	根据各地政务外网建设和连接方案，具体选定所需设备。	套	1	

二、选配项

选配项一

分类	序号	设备名称	配置及关键特性	单位	数量	备注
中控机房	1	卫星接收系统	天线、高频头、外置USB接口DVB卡、馈线等器材构成。	套	1	用于卫星接收模式，卫星接收软件可由国家中心提供。

选配项二

分类	序号	设备名称	配置及关键特性	单位	数量	备注
多媒体演示厅	1	移动存储播放器	容量250GB以上，具备身份认证、资源录入、日志记录、统计汇总功能，支持共享工程的视频、Flash10资源的播放。	台	20	用于本地移动播放，播放高清资源。
	2	高清视频播放机	2GB内存，750G硬盘；10/100M网卡；支持用户使用记录监管，自动升级；支持高清数字电影放映；支持遥控器操作；支持共享工程的视频、Flash10资源的播放。	台	1	

选配项三

分类	序号	设备名称	配置及关键特性	单位	数量	备注
多媒体演示厅	1	IP机顶盒	支持共享工程的视频、Flash10资源的播放；支持网络接口：双RJ45 10/100Base-T接口；视频输出格式：PAL/NTSC。	台	1	用于IPTV模式。
	2	电视机	42英寸等离子屏幕，屏幕比例16∶9，分辨率1 366 * 768，兼容1080P信号，反应时间8ms，输出：AV端子和音响，输入：即插即用PC接口，数字音频HDMI。	台	1	

选配项四

分类	序号	设备名称	配置及关键特性	单位	数量	备注
中控机房	1	IP网关	64M内存，支持H.323中的编解码，1个以太网口，4个以上FXS接口，支持回波抵消、舒适噪声、防抖动(Jitter Buffer)等功能。	套	1	该设备用于IP语音通讯，具体部署数量和位置要根据基层站点数量而定。
	2	IP通讯服务器	2个10/100M以太网口，600MCPU，1G内存，支持的信令协议SIP、H.323，设备可级联数目不少于8台，同时允许在线网关数4 000。	台	1	

选配项五

分类	序号	设备名称	配置及关键特性	单位	数量	备注
中控机房	1	多媒体网关	通讯标准：ITU-T H.323/IETF SIP；活动图像分辨率CIF、QCIF；会议带宽：IP可达2Mbps；具备数据会议；幻灯、文档观看；即时消息；白板；文件传输。	台	1	该设备用于实现视频、普通语音、IP语音等功能，具体部署数量和位置要根据基层站点数量而定。
	2	多点控制器（MCU）	实现多媒体信号合成和会议控制；支持H.323协议架构；H.264和H.239双流协议；可实现双机通过IP网的热备；能够与主流MCU和终端设备兼容；实现互联互通。	台	1	

选配项六

分类	序号	设备名称	配置及关键特性	单位	数量	备注
资源加工及办公区域	1	光盘刻录塔	可以同时刻录10张以上的DVD光盘。	台	1	

选配项七

分类	序号	设备名称	配置及关键特性	单位	数量	备注
中控机房	1	多功能一体机	大屏幕电视和电脑一体机，可以接收多种信号，访问互联网资源，可以通过硬盘导入数据，可以实现日志统计和上传数据功能。	台	1	

说明：①本方案分为必配项和选配项。必配项为各地应达到的基本要求；选配项中的设备，各地可以根据当地的具体应用方案选择一种或多种。

②为保证县级支中心设备的可靠运行，建议各地通过集成商的方式，对所有设备进行统一管理和维护。

③除卫星接收软件可由国家中心提供外，其他软件由当地自行采购或开发。

附录2 信息技术标准与规范指南

图书馆数字化建设是当前每个图书馆必须面对的实际问题，而信息技术标准与规范又是图书馆数字化建设的基础。从我国基层图书馆发展情况来看，有的图书馆已经有能力独立或与其他图书馆合作开展图书馆数字化建设；有的则仅是运用从外界获得的图书馆网络系统。无论是哪种情况，都必须了解相关的信息技术标准和规范。

本附录主要列举与图书馆工作密切相关的主要信息技术标准与规范。包括三个方面：第一，图书馆数字化建设中主要运用的标准，包括数字对象及存储标准，信息结构表达与交换标准、信息查询与显示标准、信息系统互操作标准、信息安全与应用服务标准等；第二，目前我国已经或正在研制的数字图书馆建设指南，涉及安全管理、知识产权保护、服务政策及资源建设等方面；第三，公共图书馆体系化建设中必然要面对的一些技术标准和规范，如条形码行业标准、区域图书馆代码规范等。

一、与图书馆数字化建设相关标准

说明：图书馆数字化建设中所应用的信息技术标准和规范很多，且还在不断发展。根据标准性质划分，标准可分为强制性标准和推荐性标准，前者常表现为法规形式。与图书馆数字化建设相关的标准多为推荐性标准。从标准适用范围来分，我国标准分为国家标准、行业标准、地区标准和企业标准，与图书馆数字化相关的标准多为国家标准和行业标准。同时，国际组织以及其他国家标准部门或者大型企业也发布了一些相关标准，这些标准如果在市场上有一定的应用范围，也是我国图书馆界需要关注和运用的标准。

（一）数字对象及存储标准

在现代图书馆中，数字化资源所占的比例正在逐渐上升。这些数字化的资源能够被计算机存储与处理是基于一系列基础的信息处理技术，字符集与编码是其中重要的一个方面。同时，数字化资源具有多种媒体格式，不同媒体格式对软硬件环境的要求不尽一致，这是数字化资源与传统信息资源的一个重要区别，也是在开发和利用数字信息资源时必须要考虑的一个问题。

1. 字符集与编码标准

字符集及其编码标准是计算机输入、处理和显示各种字符的技术基础，也是数字信息交流的技术基础。字符（Character）是文字与符号的总称，包括文字、图形符号、数学符号等。一组抽象字符的集合就是字符集（Charset）。字符集常常和一种具体的语言文字对应起来，该文字中的所有字符或者大部分常用字符就构成了该文字的字符集，比如英文字符集。一组有共同特征的字符也可以组成字符集，比如繁体汉字字符集、日文汉字字符集。而在计算机中，所有的数据在存储和运算时都要使用二进制数表示，计算机要处理各种字符，就需要将字符和二进制内码对应起来，这种对应关系就是字符编码（Encoding）。制定编码首先要确定字符集，并将字符集内的字符排序，然后和二进制数字对应起来。根据字符集内字符的多少，会确定用几个字节（八个比特位为一个字节）来编码。每种编码都限定了一个明确的字符集合，叫作被编码过的字符集（Coded Character Set），这是字符集的另外一个含义。

早期的计算机只能支持英文字符的处理与显示。随着计算机在全球范围的应用与普及，非英文系的国家为了使计算机支持本国语言的处理与显示，纷纷制定各自的字符集和编码标准。而随着国际交流的日益频繁，为了适应跨平台、跨语言之间交换信息的需求，又制定了国际通用的字符集和编码标准。在以上过程中，先后出现了 ASCII 码、UCS、Unicode、GB2312 等主要字符集和编码标准。

（1）ASCII（American Standard Code for Information Interchange，美国信息交换标准码）

ASCII 码是目前计算机中用得最广泛的字符集及编码标准，由美国国家标准局（ANSI）制定，起始于 20 世纪 50 年代后期，在 1967 年定案。它已被国际标准化组织（ISO）定为国际标准，称为 ISO 646 标准。ASCII 字符集由控制字符（回车键、退格、换行键等）和图形字符（即可显示字符，英文大小写字符、阿拉伯数字和西文符号）组成，采用单字节字符编码方案，使用指定的 7 位或 8 位二进制数组合来表示 128 种或 256 种可能的字符。

标准 ASCII 码也叫基础 ASCII 码，使用 7 位二进制数来表示所有的大写和小写字母、数字 0 到 9、标点符号以及在美式英语中使用的特殊控制字符，即将每个字符与一个 7 位二进制数对应起来，取值范围是 0～127（十进制）。其中，0～31 及 127（共 33 个）是控制字符或通信专用字符；32～126（共 95 个）是字符，其中 32 是空格，48～57 为 0 到 9 十个阿拉伯数字，65～90 为 26 个大写英文字母，97～122 号为 26 个小写英文字母，其余为一些标点符号、运算符号等。同时还要注意，在标准 ASCII 中，其最高位（b7）用作奇偶校验位。

7 位编码的字符集只能支持 128 个字符，人们为了表示更多的欧洲常用字符对 ASCII 码进行了扩展，得到 ASCII 扩展字符集。ASCII 扩展字符集使用 8 位表示一个字符，取值范围是 0～255，共 256 个字符。ASCII 扩展字符集比 ASCII 字符集扩充出来的符号包括表格符号、计算符号、希腊字母和特殊的拉丁符号等。

(2)ISO 8859

ISO 8859 全称是 ISO/IEC 8859，是国际标准化组织(ISO)及国际电工委员会(IEC)联合制定的一系列 8 位字符集的标准，现阶段定义了 15 个字符集。ASCII 码收录了空格及 94 个"可印刷字符"，足以给英语使用。但是，其他使用拉丁字母的语言，都有一定数量的变音字母，对于这些语言，ASCII 码无法满足需求，可以使用 ASCII 码以外的区域(128～255)来储存及表示。除了使用拉丁字母的语言外，使用西里尔字母的东欧语言、希腊语、泰语、现代阿拉伯语、希伯来语等，都可以使用这个形式来储存及表示。ISO 组织在 1998 年之后，陆续发表了一系列代号为 8859 的标准，作为 ASCII 编码的标准扩展，借此也统一了单字节的西方字符编码。

ISO 8859 系列主要包括以下标准：

ISO 8859-1(Latin-1)——西欧语言；

ISO 8859-2(Latin-2)——中欧语言；

ISO 8859-3(Latin-3)——南欧语言，世界语也可用此字符集显示；

ISO 8859-4(Latin-4)——北欧语言；

ISO 8859-5(Cyrillic)——斯拉夫语言；

ISO 8859-6(Arabic)——阿拉伯语；

ISO 8859-7(Greek)——希腊语；

ISO 8859-8(Hebrew)——希伯来语(视觉顺序)；

ISO 8859-8-I——希伯来语(逻辑顺序)；

ISO 8859-9(Latin-5 或 Turkish)——它把 Latin-1 的冰岛语字

母换走,加入土耳其语字母;

ISO 8859-10(Latin-6 或 Nordic)——北日耳曼语支,用来代替 Latin-4;

ISO 8859-11(Thai)——泰语,从泰国的 TIS620 标准字集演化而来;

ISO 8859-13(Latin-7 或 Baltic Rim)——波罗的语族;

ISO 8859-14(Latin-8 或 Celtic)——凯尔特语族;

ISO 8859-15(Latin-9)——西欧语言,加入 Latin-1 欠缺的法语及芬兰语重音字母,以及欧元符号;

ISO 8859-16(Latin-10)——东南欧语言,主要供罗马尼亚语使用,并加入欧元符号。

ISO 8859 系列字符集是对 ASCII 码的标准扩展,同时保持与 ASCII 码的兼容,每一字符集的 0~127 对应的就是 ASCII 码中的字符,只是在 128~255 这一取值区间进行扩展。

(3)UCS(Universal Character Set,通用字符集)

UCS 是由 ISO 制定的 ISO 10646(或称 ISO/IEC 10646)标准所定义的字符集,采用 4 字节编码。ISO/IEC 10646-1 标准第一次发表于 1993 年,现在的公开版本是 ISO/IEC 10646-1:2000,ISO/IEC 10646-2 在 2001 年发表。UCS 包含了已知语言的所有字符,除了拉丁语、希腊语、斯拉夫语、希伯来语、阿拉伯语、亚美尼亚语、格鲁吉亚语,还包括中文、日文、韩文这样的象形文字,UCS 还包括大量的图形、印刷、数学、科学符号。

UCS 是所有其他字符集标准的一个超集,它保证了与其他字符集的双向兼容,即,如果将任何文本字符串翻译到 UCS 格式,然后再翻译回原编码,不会丢失任何信息。UCS 不仅给每个字符分配一个代码,而且赋予了一个正式的名字,表示一个 UCS 值的十六进制数,通常在前面加上"U+",就像"U+0041"代表字符拉丁大写字母"A"。UCS 字符 U+0000 到 U+007F（0～127）与 ASCII 是一致的，U+0000 到 U+00FF（0～255）与 ISO 8859-1（Latin-1）也是一致的。

虽然 UCS 采用了 4 字节编码，但是迄今为止只分配了前 65534 个码位（0x0000 到 0xFFFD），这个 UCS 的 16 位子集称为基本多语言面（Basic Multilingual Plane，BMP）。将被编码在 16 位 BMP 以外的字符都属于非常特殊的字符（比如象形文字），且只有专家在历史和科学领域里才会用到它们。

（4）Unicode（Universal Multiple-Octet Coded Character Set，通用多八位编码字符集）

Unicode 又称统一码、万国码、单一码，是由一个名为 Unicode 学术学会（Unicode Consortium）的机构制定的字符编码系统，支持现今世界各种不同语言的书面文本的交换、处理及显示。该编码于 1990 年开始研发，1994 年正式公布，最新版本是 2005 年 3 月 31 日的 Unicode 4.1.0。

Unicode 是基于 UCS 来发展，二者不同之处在于研发的组织不同。历史上存在两个独立的尝试创立单一字符集的组织，即国际标准化组织（ISO）和多语言软件制造商组成的 Unicode 学术学会。前者开发了 ISO/IEC 10646 项目，后者开发了统一码项目，因此最初制定了不同的标准。1991 年前后，两个项目的参与者都认识到，世界不需要两个不兼容的字符集。于是，它们开始合并双方的工作成果，并为创立一个单一编码表而协同工作。

Unicode 字符集的编码可以用 2 个字节表示（UCS-2），也可以用 4 个字节（UCS-4 编码），目前的用于实用的 Unicode 版本使用 16 位的编码空间，基本满足各种语言的使用。Unicode 到来时，一起到来的还有计算机网络的兴起，Unicode 如何在网络上传输也是一个必须考虑的问题，于是面向传输的众多 UTF（UCS

Transfer Format)标准出现了。UTF 标准是 Unicode 的实现方式。一个字符的 Unicode 编码是确定的，但是在实际传输过程中，由于不同系统平台的设计不一定一致，以及出于节省空间的目的，对 Unicode 编码的实现方式有所不同。UTF-8 是 Unicode 的其中一个使用方式，使用可变长度字节来储存 Unicode 字符，例如 ASCII 字母继续使用 1 字节储存，重音文字、希腊字母或西里尔字母等使用 2 字节来储存，而常用的汉字就要使用 3 字节，辅助平面字符则使用 4 字节。除此之外还有 UTF-32、UTF-16 等方式。

(5)中文字符集及编码标准

为了实现中文信息的处理与显示，不同的国家和组织也制定了多个中文字符集及编码标准。GB2312 码是中华人民共和国国家汉字信息交换用编码，全称《信息交换用汉字编码字符集——基本集》，由国家标准总局发布，1981 年 5 月 1 日实施，通行于内地。新加坡等地也使用此编码。GB2312 收录简化汉字及符号、字母、日文假名等共 7 445 个图形字符，其中汉字占 6 763 个。GB2312 规定"对任意一个图形字符都采用两个字节表示，每个字节均采用七位编码表示"，习惯上称第一个字节为"高字节"，第二个字节为"低字节"。

GB2312 仅收汉字 6 763 个，这大大少于现有汉字，随着时间推移及汉字文化的不断延伸推广，有些原来很少用的字，现在变成了常用字，为了解决这个问题，以及配合 Unicode 的实施，全国信息技术化技术委员会于 1995 年 12 月 1 日提出《汉字内码扩展规范》(GBK)。GBK 向下与 GB2312 完全兼容，向上支持 ISO 10646 国际标准，在前者向后者过渡过程中起到的承上启下的作用。GBK 亦采用双字节表示，共收入 21 886 个汉字和图形符号。

GB18030－2000《信息交换用汉字编码字符集基本集的扩充》

是我国较新的最重要的汉字编码标准，是我国计算机系统必须遵循的基础性标准之一。GB18030－2000编码标准是由信息产业部和国家质量技术监督局在2000年3月17日联合发布的，并且作为一项国家标准在2001年的1月正式强制执行。该标准于2005年进行了更新，GB18030－2005《信息技术中文编码字符集》是我国自主研制的以汉字为主并包含多种我国少数民族文字（如藏、蒙古、傣、彝、朝鲜、维吾尔文等）的超大型中文编码字符集强制性标准，其中收入汉字70 000余个。GB18030标准采用单字节、双字节和四字节三种方式对字符编码。

除以上标准外，较重要的中文字符集和编码标准是BIG5码，BIG5码是通行于台湾地区、香港地区的一个繁体字编码方案，俗称"大五码"，采用双字节编码方案。

2. 媒体格式标准

图书馆数字化资源主要包括文本文件、图像文件、音频文件和视频文件，每种文件又有多种格式。

（1）文本文件格式

文本文件是由若干行字符构成的计算机文件，存在于计算机文件系统中。主要的文本文件格式有以下几种。

TXT格式（扩展名为.txt）。TXT格式是微软在其操作系统中附带的一种文本格式，是最常见的一种文件格式，主要存储文本信息，大多数的软件均支持显示和查看，如记事本、浏览器等，优点是所占空间小，缺点是对文件格式的支持较弱。TXT格式也是目前移动阅读领域应用最为广泛的格式之一，各种移动终端设备普遍支持TXT格式。

DOC格式（扩展名为.doc）。DOC格式是微软Office中Word程序独有的文件格式，是Word默认的保存格式。DOC格式文件包含的内容多，表现力强，操作简便，可在文件中嵌入图表、图片、数学公式，建立超链接等。由于文件中包含了字体信息、段落格式、文字色彩、页眉页脚等信息，DOC文件体积相对纯文本文件较大。

WPS格式（扩展名为.wps）。WPS是中国金山公司的一款专注中文办公的软件。在微软Windows系统出现以前，DOS系统盛行的年代，WPS曾是中国最流行的文字处理软件，其对应的文件格式为WPS格式。WPS能读取Word的所有格式，但WPS更注重于中国人使用文字的习惯，而Word则是在西文基础上汉化而来的，另外Word系列不一定能读取WPS格式的文件。

RTF格式（扩展名为.rtf）。RTF(Rich Text Format，富文本格式)是由微软公司开发的跨平台文档格式，是一种类似DOC格式的文件，与DOC格式相比，RTF格式具有更好的兼容性，大多数的文字处理软件都能读取和保存RTF文档，比如记事本、Word、WPS Office、Excel等都可以打开RTF格式的文件。

PDF格式（扩展名为.pdf）。PDF(Portable Document Format，便携式文件格式)是由Adobe Systems在1993年用于文件交换所发展出的文件格式，PDF阅读器Adobe Reader专门用于打开后缀为PDF格式的文档。PDF格式的优点在于文件格式与操作系统平台无关，也就是说，PDF文件不管是在Windows，Unix还是在苹果公司的Mac OS操作系统中都是通用的。这一特点使它成为互联网上进行电子文档发行和数字信息传播的理想文档格式。越来越多的电子图书、产品说明、公司文告、网络资料、电子邮件开始使用PDF格式文件。PDF格式文件目前已成为数字化信息事实上的一个工业标准。

(2)图像文件格式

图像文件包括各类经扫描生成或数字化存在的图形和影像文件，如照片、图画等。主要的图像文件格式有以下几种。

BMP 格式（扩展名为 .bmp）。BMP 是英文 Bitmap（位图）的简写，是 Windows 系统的标准图像文件格式，能被多种 Windows 应用程序所支持。这种格式的特点是包含的图像信息较丰富，几乎不进行压缩，但也由此导致了它与生俱来的缺点——占用磁盘空间较大，所以这种格式目前在单机上比较流行。

GIF 格式（扩展名为 .gif）。GIF（Graphics Interchange Format，图形交换格式）是 20 世纪 80 年代由美国一家著名的在线信息服务机构 Compuserve 针对当时网络传输带宽的限制所开发的一种图像格式。GIF 格式的特点是压缩比高，磁盘空间占用较少，下载速度快，所以这种格式迅速在网络中得到广泛应用。

JPEG 格式（扩展名为 .jpg 或 .jpeg）。JPEG 格式由联合照片专家组（Joint Photographic Experts Group）开发并已命名为"ISO 10918-1"，JPEG 是一种俗称。JPEG 文件的压缩技术十分先进，采用有损压缩的方法去除冗余的图像和色彩数据，在获得极高的压缩率的同时能够展现十分生动丰富的图像。另外，JPEG 还是一种很灵活的格式，具有调节图像质量的功能，允许用不同的压缩比例对文件压缩，即允许用户在图像质量和文件大小之间寻求平衡点。因为 JPEG 格式的这些优点，它的应用也非常广泛，特别是在网络和光盘读物领域。

JPEG 2000 格式（常用扩展名为 .jp2 或 .jpc 等）。JPEG 2000 同样是由 JPEG 组织负责制定的，它有一个正式名称，叫作"ISO 15444"，与 JPEG 相比，它具备更高的压缩率以及更多新功能。JPEG 2000 作为 JPEG 的升级版，其压缩率比 JPEG 高约 30%。与 JPEG 不同的是，JPEG 2000 同时支持有损和无损压缩，而 JPEG 只能支持有损压缩，而无损压缩对保存一些重要图片是十分有用的。JPEG 2000 可应用于传统的 JPEG 市场，如扫描仪、数码相机等，也可应用于新兴领域，如网路传输、无线通信，等等。

TIFF 格式（扩展名为 .tif 或 .tiff）。TIFF（Tag Image File Format）是 Mac 中广泛使用的图像格式，它由 Aldus 和微软联合开发，最初是出于跨平台存储扫描图像的需要而设计的。它的特点是图像格式复杂、存储信息多。正因为它存储的图像细微层次的信息非常多，图像的质量也得以提高，故而非常有利于原稿的复制。

PNG 格式（扩展名为 .png）。PNG 格式（Portable Network Graphics，便携式网络图形）是一种无损压缩的位图图形格式，PNG 的开发目标是改善并取代 GIF 作为适合网络传输的格式而不需专利许可，所以被广泛应用于互联网及其他方面上。在 Unisys 公司取得 GIF 的专利权以后，声称要对那些包含了 GIF 图片的文档收取专利使用费，此时，PNG 作为一种免费的格式于 1996 年被设计出来，用于取代 GIF 格式。PNG 拥有 JPEG 和 GIF 的所有优点（拥有 GIF 的透明显示，与 JPEG 一样能够显示的颜色比 GIF 多）。PNG 的一大缺点是其所需的存储空间稍大一些，原因是其压缩算法不降低图片的清晰度。

除以上格式外，常见的图像文件格式还有 PSD 格式、CDR 格式、SVG 格式等。PSD 格式（扩展名为 .psd）是图像处理软件 Photoshop 所对应的文件格式，CDR 格式（扩展名为 .cdr）是绘图软件 CorelDRAW 对应的文件格式，而 SVG 格式（Scalable Vector Graphics，可缩放的矢量图形，扩展名为 .svg）是基于 XML（Extensible Markup Language），由 World Wide Web Consortium（W3C）联盟进行开发的，是一种开放标准的矢量图形语言，可任意放大图形显示，边缘异常清晰，文字在 SVG 图像中保留可编辑和可搜寻的状态，没有字体的限制，生成的文件很小，下载很快，十分适合用于设计高分辨率的 Web 图形页面。

(3) 音频文件格式

音频文件专指存放音频数据的文件。主要的音频文件格式有以下几种。

CD 格式（扩展名为 .cda）。CD(Compact Disc，激光唱片）格式是所有音频格式中音质最好的，相应的缺点是容量太大。CD 光盘可以在 CD 唱机中播放，也能用电脑里的各种播放软件来播放。一个 CD 音频文件是一个".cda"文件，这只是一个索引信息，并没有真正包含声音信息，所以不论 CD 音乐的长短，在电脑上看到的".cda 文件"都是 44 字节长。

MP3 格式（扩展名为 .mp3）。MP3 格式诞生于 20 世纪 80 年代的德国，所谓的 MP3 也就是指的是 MPEG（运动图像专家组）标准中的音频部分，也就是 MPEG 音频层，其全称是 Moving Picture Experts Group Audio Layer Ⅲ。简单地说，MP3 是一种音频压缩技术，利用 MPEG Audio Layer3 的技术，将音乐以 1∶10 甚至 1∶12 的压缩率压缩成容量较小的文件，同时可以很好保持原来的音质，是目前网上音乐的常用格式。

WAV 格式（扩展名为 .wav）。WAV 格式是微软公司开发的一种声音文件格式，用于保存 Windows 平台的音频信息资源，被 Windows 平台及其应用程序所支持。WAV 格式的声音文件质量和 CD 相差无几，缺点也是体积过于庞大。与 WAV 格式类似的还有苹果公司开发的 AIFF(Audio Interchange File Format)格式（扩展名为 .aif 或 .aiff）和为 UNIX 系统开发的 AU 格式（扩展名为 .au），大多数的音频编辑软件中也都支持这几种常见的音乐格式。

MIDI 格式（扩展名为 .mid 或 .midi 等）。MIDI(The Musical Instrument Digital Interface，乐器数字界面)使得人们可以利用多媒体计算机和电子乐器去创作、欣赏和研究音乐。MID 格式继承了 MIDI 格式，主要用于原始乐器作品，流行歌曲的业余表演，游戏音轨以及电子贺卡等。

WMA 格式（扩展名为 .wma）。WMA（Windows Media Audio）格式由微软推出，以减少数据流量但保持音质的方法来达到比 MP3 压缩率更高的目的，WMA 的压缩率一般可以达到 1∶18 左右，WMA 的另一个优点是内容提供商可以通过 DRM（Digital Rights Management）方案如 Windows Media Rights Manager 7 加入防复制保护。另外 WMA 还支持音频流（Stream）技术，适合在网络上在线播放。

RealAudio 格式（常用扩展名为 .ra 或 .rm 或 .rmx 等）。RealAudio 格式是 Real 公司推出的一系列音频文件格式，主要适用于在网络上的在线音乐欣赏。RealAudio 包括 RA（RealAudio）、RM（RealMedia，RealAudio G2）、RMX（RealAudio Secured）等多种格式，其特点是可以随网络带宽的不同而改变声音的质量，在保证大多数人听到流畅声音的前提下，令带宽较富裕的听众获得较好的音质。

OGG 格式（扩展名为 .ogg）。OGG 全称应该是 OGG Vobis（ogg Vorbis）是一种新的音频压缩格式，类似于 MP3 等的音乐格式。OGG 是完全免费、开放和没有专利限制的。Ogg 文件格式可以不断地进行大小和音质的改良，而不影响旧有的编码器或播放器。

APE 格式（扩展名为 .ape）。APE 格式是流行的数字音乐文件格式之一。与 MP3 这类有损压缩方式不同，APE 是一种无损压缩音频技术，也就是说从音频 CD 上读取的音频数据文件压缩成 APE 格式后，再将 APE 格式的文件还原，而还原后的音频文件与压缩前的一模一样，没有任何损失。APE 的文件大小大概为 CD 的一半，APE 可以节约大量的资源。

(4)视频文件格式

视频文件包括各种动画文件和影像文件。视频文件格式有不同的分类,如微软视频有 wmv、asf、asx 等格式;Real Player 视频有 rm、rmvb 等格式;MPEG 视频有 mpg、mpeg、mpe 等格式;手机视频有 3gp 格式;Apple 视频有 mov 格式;Sony 视频有 mp4、m4v 等格式,其他常见视频如 avi、dat、mkv、flv、vob 等。

AVI 格式(常用扩展名为.avi)。AVI 格式是微软开发的,含义是 Audio Video Interactive,就是把视频和音频编码混合在一起储存。这种视频格式的优点是图像质量好,可以跨多个平台使用,缺点是体积过于庞大,限制比较多,不提供任何控制功能。

WMV 格式(常用扩展名为.wmv/asf 或.wmvhd)。WMV (Windows Media Video)格式是微软公司开发的一种采用独立编码方式并且可以直接在网上实时观看视频节目的文件压缩格式。ASF(Advanced Systems Format)是其封装格式。ASF 封装的 WMV 档具有"数位版权保护"功能。

MPEG 格式(常用扩展名为.dat,.vob,.mpg/mpeg,.3gp/3g2 等)。MPEG(Moving Picture Experts Group,运动图像专家组)是一个国际标准化组织(ISO)认可的媒体封装形式,受到大部分机器的支持。其储存方式多样,可以适应不同的应用环境。MPEG 的控制功能丰富,可以有多个视频(即角度)、音轨、字幕(位图字幕)等。MPEG 的一个简化版本 3gp 还广泛地用于准 3G 手机上。目前 MPEG 格式有三个压缩标准,即 MPEG1、MPEG2 和 MPEG4。

DV 格式(常用扩展名为.avi)。DV 全称是 Digital Video Format,是由索尼、松下、JVC 等厂商联合提出的一种家用数字视频格式,数码摄像机即采用这一格式记录视频信息。DV 格式的优点是画质好,但相应的文件体积较大。

DivX 格式(常用扩展名为.avi)。DivX 是一项由 DivXNetworks 公司发明的,类似于 MP3 的数字多媒体压缩技术。DivX 采用了 MPEG4 的压缩算法,同时又结合了 MPEG4 和 MP3 的各种技术。采用 DivX 格式的文件小,图像质量更好,同时其对机器的要求不高。

RM/RMVB 格式(扩展名为 .rm 或 .rmvb)。RM/RMVB 格式是由 RealNetworks 推出的视频文件格式,普通的 RM 格式是 Real8.0 格式,采用的是固定码率编码,RMVB 比 RM 多了一个 VB,VB 指的就是 variable bit,动态码率的意思,相较于 RM 格式,RMVB 格式的文件画面要清晰很多,原因是降低了静态画面下的比特率。

MOV 格式(扩展名为 .mov)。MOV 即 QuickTime 影片格式,QuickTime Movie 是由苹果公司开发的容器,由于苹果电脑在专业图形领域的统治地位,QuickTime 格式基本上成为电影制作行业的通用格式。QuickTime 可储存的内容相当丰富,除了视频、音频以外还可支援图片、文字(文本字幕)等。

(二)信息结构表达与交换标准

图书馆中数字信息资源结构表达与交换主要采用的是元数据。目前关于元数据的定义很多,比较常用的定义是元数据是关于数据的数据(data about data)。元数据是对信息资源的结构化的描述,描述信息资源或数据本身的特征和属性,规定数字化信息的组织,具有定位、发现、证明、评估、选择等功能。在数字图书馆中,元数据通过定义数字图书馆中资源的信息结构,以及定义由数字对象构成的资源库的组织结构,决定着的数字图书馆的信息息组织和利用方式,同时元数据还是实现跨资源库语义互操作的基础。以下是目前主要的元数据标准。

1. DC(Dublin Core):都柏林核心元素集

DC 元数据格式最初由美国 OCLC 公司发起,国际性合作项目都柏林核心创始计划(Dublin Core Metadata Initiative)设计，由参与合作项目的机构共同维护修改，每年都召开工作会议，并在会上提出新的修改意见。目前最新的版本是 version 1.1，1999年7月2日发布执行。

DC元数据格式描述的对象是网络资源，其最初应用的目的是为了网络资源的著录与挖掘。由于DC元素简单易用，加之OCLC的大力推广和网络资源著录的巨大需求，DC发展成为可用于任何媒体的元数据格式。简单的元素定义和设置可以很方便的著录，是DC获得广泛应用的重要原因，然而它也带来另外一个问题，对著录对象的描述深度不够，不能进行专指度较高的检索。

DC元数据有15个核心元素，依据其所描述内容的类别和范围可分为三组：对资源内容的描述、对知识产权的描述和对外部属性的描述(见表1)。

表1 DC元数据核心元素

资源内容描述类	知识产权描述类	外部属性描述类
Title(题名)	Creator(创建者)	Date(日期)
Subject(主题)	Publisher(出版者)	Type(类型)
Description(描述)	Contributor(其他责任者)	Format(格式)
Source(来源)	Rights(权限)	Identifier(标识符)
Language(语言)		
Relation(关联)		
Coverage(覆盖范围)		

DC元数据目前在国际上较为通用，基于Dublin Core开展的元数据项目主要有两种应用模式：简单DC(simple DC)，即在15个元素的基础上扩展和缩减元素，不使用任何限定词；复杂DC(qualified DC)，即增加限定词。

2. CDWA(Categories for the Description of Works of Art)：艺术作品描述类目

CDWA 格式的研究机构是 AITF(艺术信息特别小组)，于 1996 年开发。目前，CDWA 的维护机构是盖提研究机构(http://www.getty.edu/gri/)。CDWA 元数据标准是为从事艺术史研究、艺术品管理人员，以及信息技术专家而设计的元数据标准，用来描述艺术品，主要在博物馆界使用。

CDWA 元数据标准的元素(categories)包括 27 个一级元素，有些元素下还有下一级的子元素。CDWA 元数据标准是针对描述艺术品的需求而设计的，艺术品首先是具有物理形态的，也可能同时具有数字化了的图像，此外时空、人物、历史文化等方面的上下文关系在描述一件艺术品时也是非常重要的，CDWA 中有很多元素都反映了艺术品特有的这些特点。有代表性的有 Orientation/arrangement(方位/布置)、Inscriptions/Marks(题铭/标志)、Style/Periods/Groups/Movements(风格/时期/流派/乐章)、Context、Critical opinions(评论)；描述艺术品物理形态方面元素的有 Measurement(度量)、Materials and Techniques(材质/技术)、Physical description(物理描述)。此外，在对艺术品的保存、管理方面的内容也有一些很有特色的元素，如：Conditions/Examination History(条件/检查历史)、Conservation/Treatment History(保存/处理历史)、Ownership/Collection History(拥有/收藏历史)、Exhibitions/Loan History(展览/借出历史)。

3. TEI(Electronic Text Encoding and Interchange)：电子文本编码与交换

TEI(The Text Encoding Initiative)是一个国际项目，开始于 1987 年，赞助人有 ACH(计算机与人文学科协会)、ACL(计算语言学协会)和 ALLC(语言和文学计算协会)。过去 TEI 标准的开发、维护和修改工作一直由它的三个赞助者共同管理负责，目前这项工作已交由新成立的 TEI 联盟（www.tei-c.org）负责。TEI 元数据标准是一套用于电子形式交换的文本编码标准。标准规定了对电子文本的描述方法、标记定义、记录结构、文本编码方式，其目标是定义一个表现电子化文本资料的通用格式，使研究者能交换和重复使用资源，不受软件、硬件和应用领域的限制。

TEI 适用于对电子形式的全文的编码和描述，同时也规定了可供数据交换的标准编码格式，使用 SGML 作为编码语言。TEI 格式具有很大限度的灵活性、综合性、可扩展性，能支持对各种类型或特征的文档进行编码。TEI 元数据标准可以对元数据（metadata 通常叫作书目信息部分）和内容数据（content data）进行描述。一个 TEI 文档，也是一个 SGML 文档，一般有四个部分：<teiHeader>、<front>、<body>、<back>。<teiHeader>是对电子文本（即是著录的对象）的描述，包括<fileDesc>、<encodingDesc>、<profileDesc>、<revisionDesc>四个部分，而<front>、<body>、<back>则都是文档内容的一部分，是标记过的文本或超文本。

4. EAD（Encoded Archival Description）：编码档案描述

EAD 由美国国会图书馆网络开发和 MARC 标准办公室维护，同时美国档案管理员协会是其合作者。EAD 格式主要用于描述档案和手稿资源，包括文本文档、电子文档、可视材料和声音记录。

EAD 以 TEI 格式作为设计的模型，是 TEI 的一个针对档案这种类型资料的应用实例。EAD 格式的记录也分成元数据（Metadata）和内容数据（content Data）两个部分。说明元数据的部分由<eadheader>和<frontmatter>组成。<eadheader>由四个元素组成，定义同<teiHeader>中对应的元素，提供内容部分文本的书目信息。<frontmatter>是一个可选元素，主要内容是按照本地需要的顺序，重复在<eadheader>元素中已经出现的内容。内容部分只有<arches>元素，对应 TEI 的<body>元素。<arches>包含了档案材料的主体信息，如档案内容、和上下文的关系、档案材料的范围（包括促进档案材料使用的管理和补充信息）等。

5. FGDC(Federal Geographic Data Committee)：联邦地理数据委员会

美国于 1990 年成立联邦地理数据委员会（FGDC），该委员会在 1992 年建立了一个地理数据文件的术语和定义集合，并在 1994 年通过数字化地理元数据的内容标准（Content Standards for Digital Geospatial Metadata），名为 CSDGM，但通常仍叫作 FGDC。FGDC 的目的是确定一个描述数字地理空间数据的术语及其定义集合，包括满足这些目的的数据元素、复合元素（一组数据元素）以及它们的定义和域值，同时还涉及描述数字地理空间数据集的元数据信息内容。

FGDC 是按照段(section)、复合元素(compound element)、数据元素(data element)来组织的，共有 300 多个元素，包括 7 个主要段（标识信息、数据质量信息、空间数据组织信息、空间参照系统信息、实体和属性信息、发行信息、元数据参考信息）和 3 个辅助段（引用文献信息、时间信息、联系信息），其中空间数据组织信息、空间参照系统信息、实体和属性信息是描述数据属性的信息，其余都是与数据集有关的描述。这是因为对空间信息而言，单个矢量点上的信息并没有太多实际意义，只有构成一定规模的数据集后才可以加以利用。因此在对数据集的描述中，侧重在数据集的获取、使用方法、状态等方面。

6. GILS(Government Information Locator Service)：政府信息定位服务

GILS 由美国联邦政府建立，其研究机构有美国管理与预算办公室、美国国家档案管理局、美国大众服务管理局。GILS 项目的目的是为公众提供可以方便的检索、定位、获取公共联邦信息资源的服务。GILS 的用户非常广泛，许多国家的政府机构，如加拿大、澳大利亚等正密切注视美国的 GILS 计划。

GILS 体系是一个分布式信息资源利用体系。各政府机构利用 GILS 规定的标准描述自己的信息资源，建立相应的资源目录和检索系统(GILS 定位器或 GILS 服务器)；如果信息资源本身是数字化资源，则在资源目录和实际资源间建立链接；公众可以通过互联网直接检索这些目录数据，并通过链接直接获得有关数字化资源。GILS 体系的基本构建要素是对具体资源进行描述的元数据，即 GILS 记录(GILS Locator Record)，它用来描述信息资源的内容、位置、服务方式、存取方法等，描述对象主要是来自政府的公用信息资源。根据 GILS Profile 第二版，GILS 定位记录的核心元素共有 28 个，可分为描述性元素(如题目、创建者、出版日期、出版地等)、管理性元素(如可获取性、访问限制、使用限制等)、记录维护或系统使用元素(如记录语言、修改日期、记录检查日期等)。

7. VRA(Visual Resources Association Data Standards Committee)：VRA 视觉资料核心类目

VRA 由美国视觉资料协会制定，是为在网络环境下描述艺术、建筑、史前古器物、民间文化等艺术类可视化资源而建立的元数据标准。目前已推出到第三版本，在前两个版本中，VRA core 格式由两个部分组成：作品描述类目(the Work Description Categories，包括 19 个数据单元)和视觉文件描述类目(the Visual Document Description Categories，包括 9 个数据单元)。VRA 在 2000 年 7 月 24 日推出了 3.0 版本，在第 3 版本中，将两个单元进行了合并，制定了 17 项元数据元素。VRA 著录单元集合比较简单，比较适用于艺术作品、建筑、民间文化等三维实体。

与 CDWA 相比较，由于 VRA 描述的视觉资料反映的主体是艺术品类，所以在对著录对象的属性分析和元素/子元素定义上与CDWA有很多相似之处。例如，描述艺术品特有属性的Style、Period、Culture元素的定义如出一辙。但是VRA专于描述视觉资料，因此它的元素比CDWA缺少了描述非视觉资料的部分（例如没有CDWA中的Exhibitions/Loan History），同时元素也更为简单。

（三）信息查询与显示标准

1. 信息查询标准

信息查询是图书馆提供的主要服务功能之一，而目前用户主要的信息查询途径是利用图书馆系统的检索界面输入检索词进行查询，即计算机和网络查询。我国在2005年发布了国家标准GB/T 19689（交互式文本检索命令集），规定了对检索系统数据进行交互式检索的基本命令集和系统预期作出的响应类型，供信息检索系统的设计者和用户使用。另外，中华人民共和国信息产业部在2001年发布了行业标准YD/T 1151（多媒体信息检索），规定了IP网中公众信息检索业务的网络组成、接入方式、接入论证和授权、信息源管理、信息导航、计费、安全管理以及信息导航服务规范等。

网络环境下资源呈分布式的特点，而用户会有查询多处信息资源的需求，即分布式信息查询。相关的协议有z39.50协议、LDAP协议、WHOIS++协议、STARS协议、SDLIP协议和SDARTS协议等，z39.50协议将在下一小节介绍，本节主要介绍其他协议。

（1）LDAP协议

LDAP协议（轻量级目录访问协议）由Internet工程任务组负责起草和修改，于1993年发布第一版，1997年发布了第三版，是有关目录服务的一个协议。目录服务就是按照树状模式组织信息，实现信息管理和服务接口的一种方式，对于在分布式计算环境中定位资源具有重要作用。LDAP 主要用来访问分布式目录，可以通过 LDAP 协议从客户端计算机访问目录信息树。由于 LDAP 所具有的查询效率高、树状的信息管理模式、分布式的部署框架以及灵活而细腻的访问控制，使得其广泛应用于数字图书馆的数字资源检索中，如 Isaac 项目、DESIRE 项目、Imesh Toolkit 项目等都采用了该协议。

(2)WHOIS++协议

WHOIS++协议是一个简单的、分布式的、可扩展的信息查找协议，其主要特点是分布式索引服务。WHOIS++的概念最初源于 1985 年，早期受到了极大的重视，但是随着 LDAP 协议的出现，其应用范围逐渐缩小，从研究项目分析，WHOIS++的应用主要表现在资源的组织和发现、前期知识的索引（分布式索引）、查询路由和分布式汇集，其在数字图书馆的应用形式主要表现为主题网关的建设，基于 WHOIS++协议的主题网关可以提供分布式资源的检索与分布式查询。

(3)STARS、SDLIP 和 SDARTS 协议

STARS、SDLIP 和 SDARTS 协议是在 Web 技术发展的大背景下产生的，目的是更好地对互联网上的文档资源进行充分有效的发现和共享。互联网存在大量的文档资源具有隐藏性，如何对这些隐藏的资源以及其他资源进行统一的有效检索和利用，美国一些大学联合企业界，从 20 世纪 90 年代中期开始，相继进行了研究工作，依次研究和开发了 STARS 协议（斯坦福大学等）、SDLIP 协议（斯坦福大学等）和 SDARTS 协议（哥伦比亚大学）。这些协议提出了元搜索（Metasearching）和元搜索器（Metasearcher）的概念，即在客户与各个资源实体之间架构一个搜索中间件来实现对不同资源实体中文档的有效检索和利用。这些协议在分布

式资源检索领域都得到了实际的应用，对我国数字图书馆建设也具有借鉴意义。

2. 信息显示标准

数字图书馆的丰富资源要为广大用户所用，其利用的好坏除信息资源及软硬件设施外，很大程度上取决于系统是否为用户提供一个功能强大、友好的用户界面。用户通过这种简单直观、通俗易懂的界面能迅速准确地查询所需信息，不需太多的学习和训练，而达到这种目的的关键在于用户界面的工效效果的好坏，即界面的设计是否符合用户的认知和行为特性，满足用户的思维、阅读方式和查询习惯。在这方面，国际上有 ISO 9241《带有视频显示终端的办公室工作的人机学要求》、ISO 14915 系列标准《多媒体用户接口的软件人类工效学》，我国有国家标准 GB/T 20527 系列《多媒体用户界面的软件人类工效学》。

ISO 9241 是关于办公室环境下交互式计算机系统的人类工效学国际标准，它由 17 个部分组成，根据人类工效学和可用性原理，分别对各种硬件交互设备属性和软件用户界面设计问题作了详细的规定和建议。可以对一个产品设计符合该标准的程度进行评估和认证。

（四）信息系统互操作标准

信息系统互操作是指两个或多个信息系统之间进行信息交换和共享的行为。不同图书馆系统间的信息交换与共享即图书馆系统间的互操作。图书馆系统间的互操作有多种模式，不同模式有相应的标准加以规范，只有遵循统一的标准，互操作才可以进行。

1. z39.50 协议

z39.50 是严格基于 ISO 的 OSI（开放系统互联）参考模型的应用层协议，是一个美国国家标准。提出 z39.50 的起因是为了在美国国会图书馆、OCLC、美国研究图书馆集团（RLG）等机构之间交换数据。其第一版于1988年推出，目前最新的是2003年的第五版。同时z39.50一直在进行一些试验性计划，把z39.50的标准进行拆分，提出"下一代z39.50"的新框架。

z39.50定义了计算机之间进行信息查询和提取的服务及协议规范，为两台计算机以信息提取为目的的通信定义了一个标准的方式。z39.50协议采用客户端/服务器的模式，支持在分布式的、客户/服务器的环境中进行信息查询与提取，即由一台计算机扮演客户端的角色，给另一个扮演服务器的计算机发出查询请求，由服务器软件对一个或多个数据库进行搜索，创造一个满足查询条件的结果集，并将结果集中的记录返回客户端。用户不需了解和使用协议本身的语法、检索策略以及数据内容等相关知识，只要通过系统研制者提供的检索界面就可以检索基于不同软硬件平台的远程系统的数字信息资源。

z39.50主要应用于图书馆自动化系统、公共检索、合作编码和馆际互借等方面。目前大多数图书馆自动化系统都支持z39.50协议，如国外的Innopac、Horizon、Endeavor等，国内的北邮、汇文、ILAS等。z39.50在公共检索的典型应用如美国国会图书馆的z39.50网关和OCLC FirstSearch。z39.50在合作编码中的应用如OCLC联合编目服务和CALIS联机编目系统。国外将z39.50应用于馆际互借中有EU的ONE和ONE-2项目。

2. ISO ILL 协议

ISO ILL（ISO Inter Library Loan）是关于馆际互借的国际标准，第一版于1993年公布，1997年公布了第二版。ISO ILL协议包括ISO 10160（服务定义）和ISO 10161（协议说明）两个文件，在这两个协议之间，ISO 10160协议规定了馆际互借应用向用户提供的服务；而ISO 10161协议规定了馆际互借应用如何提供这种服务。ISO ILL 国际标准的作用是，在开放系统互联环境下提供一系列用于图书馆实现与馆际互借事物有关的应用层服务。ILL 服务能够请求借阅可归还的书目文献，如图书，也能够请求借阅不可归还的书目文献，如期刊文章的复印件。该服务还支持相关活动，如续借、催还、过期通知等。ISO ILL 协议标准规定了两个或者多个 ILL 馆际互借应用通过 Internet 交互报文，而不用考虑使用的软硬件情况。

3. NCIP 协议

NCIP 全称是 NISO Circulation Interchange Protocol，即 z39.83。它是美国国家信息标准组织（NISO）的流通数据交换协议。该标准于 2002 年 10 月 17 日被美国国家标准组织批准。NCIP 这一标准定义了为在各自独立的图书馆系统间支持流通活动所需要的各种处理。流通活动包括读者和书目的查询及其更新处理，例如预约、取走书、续借和登录。新的标准被期望可以支持印刷本和电子资料的流通，能够方便读者直接借阅、远程读者的身份验证、联机付款和电子文献的访问控制。NCIP 分 3 部分：直接集团内借阅（Direct consortia borrowing，DCB）、流通与馆际互借相连接（circulation to ILL）和自助式服务（self service）。ISO 馆际互借协议适用于需要进行大量书籍、信息往来的馆际互借事务，需要对事务进行统计、控制的图书馆系统，或者是提供馆际互借的中间方，代表的是相对较老的馆际互借协议，而 z39.83（NCIP）则代表的是相对较新的馆际互借协议。

（五）信息安全与应用服务标准

1. 信息安全标准

信息安全就是保持信息的保密性、完整性和可用性。实现信息安全目标最好的方法是参考或依从一些相关国际、区域、国内或行业标准等。信息安全的内涵十分丰富，需要面对的安全要求各不相同，所涉及的领域也非常广泛，需要有一整套完整、科学、覆盖面广的信息安全标准与之相适应。就涉及的内容分类来看，信息安全标准可分为基础类、技术与机制类、安全管理类以及应用类。基础类标准如信息技术安全词汇、信息技术安全体系结构、信息技术安全模型等；技术与机制类标准如加密机制、签名机制、访问控制机制等；安全管理类标准如管理基础、系统管理、测评认证等；应用类标准如应用基础、应用产品、应用系统等。以下对一些重要的标准进行介绍。

(1) ISO 7498-2 标准

ISO 7498-2 标准，即开放系统互联(OSI)参考模型的安全体系结构。1982年，开放系统互联(OSI)基本模型建立之初，就开始进行 OSI 安全体系结构的研究。1989年12月 ISO 颁布了计算机信息系统互联标准的第二部分，即 ISO 7498-2 标准，我国将其称为 GB/T 9387-2 标准，并予以执行。ISO 安全体系结构确定了五大类安全服务：认证、访问控制、数据保密性、数据完整性和不可否认性(抗抵赖性)，为了提供这五大类安全服务，该标准还提出了八大类安全服务。

(2) ISO/IEC 15408 标准

ISO/IEC 15408-1999《信息技术　安全技术　信息技术安全性评估准则》(简称 CC)，定义了作为评估信息技术产品和系统安全性的基础准则，提出了目前国际上公认的表述信息技术安全性的结构，即把安全要求分为规范产品和系统安全行为的功能要求以及解决如何正确有效地实施这些功能的保证要求，分为简介和一般模型、安全功能要求、安全保证要求三个部分。

(3) ISO/IEC 27000 系列标准

ISO/IEC 27001《信息安全管理体系要求》源于 BS 7799-2《信

息安全管理体系规范》，是建立信息安全管理体系的一套规范，其中详细说明了建立、实施和维护信息安全管理体系的要求，可用来指导相关人员应用ISO 17799《信息技术信息安全管理实施指南》，其最终目的在于建立适合企业需要的信息安全管理体系。该标准于2005年10月正式发布。ISO/IEC 27002《信息安全管理实施指南》通过层次结构化形式提供安全策略、信息安全的组织结构、资产管理、人力资源安全等11个安全控制章节，还有39个主要安全类和133个具体控制措施（最佳实践），供负责信息安全系统开发的人员作为参考使用，以规范组织机构信息安全管理建设的内容，替代了原ISO 17799，并于2007年7月正式发布。

(4) ISO/IEC 13335标准

ISO/IEC 13335《信息技术安全管理指南》是一个信息安全管理指南，标准的主要目的就是要给出如何有效地实施IT安全管理的建议和指南。目前分为IT安全的概念和模型、IT安全的管理和计划、IT安全的技术管理、防护的选择、外部连接的防护等五个部分。

2. 应用服务标准

所谓图书馆服务标准，就是指图书馆用以指导和管理其服务行为的原则和规范。它能保证图书馆达到最佳的服务秩序和服务质量。图书馆工作人员按服务标准为读者服务，使能够获取的文献信息充分发挥作用，从而极大地满足读者的要求，让读者满意。图书馆服务标准包括工作人员的行为举止和语言规范、场地和设备的要求、工作技术方法、业务工作标准等。为了指导、规范图书馆服务活动，提高服务质量，不同的国家、组织、地区先后制定和推出了多项图书馆服务标准，其中大部分标准是公共图书馆服务领域的。

(1) 国际图联公共图书馆服务标准与指南

国际图联（IFLA）与联合国教科文组织制定的《公共图书馆宣

言》(以下简称《宣言》)是国际公共图书馆界的原则声明,也是公共图书馆界的纲领性文件,至今已有3个版本。其第三版于1994年通过,成为世界各国图书馆专业人员和政策制定者在发展公共图书馆服务时更为详细的实际工作指南与标准。《宣言》强烈要求全世界国家的、地方的决策者和整个图书馆界贯彻《宣言》中的各项原则,包括公共图书馆使命、拨款、立法和网络、运作与管理、实施等内容。国际图联《公共图书馆服务标准与指南》是由 IFLA 依据《宣言》制订的、指导公共图书馆服务与发展的小册子。2001年8月出版了《公共图书馆服务与发展指南》,2010年推出第二版《公共图书馆服务指南》。在第二版《公共图书馆服务标准与指南》中,对公共图书馆的任务和目的、法律和财务框架、读者需求的满足、馆藏建设、人力资源、公共图书馆管理、公共图书馆营销等方面的原则进行了说明。

(2)英国公共图书馆服务标准

在各国公共图书馆服务标准的制定与执行方面,目前英国走在了最前列。早在2000年,英国文化部就开始着手进行有关图书馆标准的制定工作,经过几次修订,英国文化体育传媒部于2008年公布了最新修订的《公共图书馆服务标准》。在最新的《公共图书馆服务标准》中,共设有十项公共图书馆服务指标:固定图书馆一定距离范围内的家庭覆盖率、所有图书馆平均每千人累计固定开放时间、能够提供联机电子信息资源查阅的固定图书馆的比例、平均每万人拥有的能够对读者开放的能联机上网并能联机查询书目(通过固定、流动图书馆或其他服务点的方式能够供公众使用)的电子阅览室的个数、预约图书的到馆时间、平均每千人到馆人次、16岁或16岁以上的图书馆用户对图书馆服务的满意度、16岁以下的图书馆用户对图书馆服务的满意度、平均每千人年新购置件数、外借馆藏翻新所需时间。英国制定《公共图书馆服务标准》的基本理念是:

围绕公共图书馆的核心活动制定绩效评估目标和标准。

(3)澳大利亚公共图书馆服务标准

澳大利亚图书馆与信息协会(ALIA)公共图书馆咨询委员会制定和发布了一系列公共图书馆服务标准,分为一般性(general)和具体(specific)两类。在其2011年3月更新的网站上目前有一般性标准共七项,具体的标准有12项。在一般性标准中,ALIA早在1994年就发布了一个有关优质服务的规范——关于优质服务:澳大利亚公共图书馆的目标、目的与标准,相关主题涉及管理、财务管理、信息服务、编目、图书馆流通与采访。2003年发布了一个乡村图书馆服务手册,主题包括组织文化、标杆分析、运营分析、财务管理、备选服务提供的模式、图书馆服务的调整和服务约定。一些州立图书馆也发布了相应的标准,如1994年的西澳大利亚公共图书馆运营标准、昆士兰公共图书馆指南与标准、新南威尔士公共图书馆指南与标准、用户服务章程(北部地区)、维多利亚公共图书馆年度调查等。而具体的规范主要涉及Web2.0、跨文化图书馆服务、图书馆网络、图书馆建筑、年轻用户的服务等。

(4)国内公共图书馆服务标准

我国从2005年开始研究与制定《公共图书馆建设标准》,该标准正式由住房和城乡建设部、国家发展和改革委员于2008年11月发布并实施。在《公共图书馆建设标准》中,根据我国人口现状对图书馆进行了分级,分为大型、中型和小型图书馆,并对建筑面积、藏书量、阅览座位作了详细规定,对公共图书馆服务的开展具有一定指导意义。部分地区为了推动和指导区域内图书馆服务的发展也推出了本地区的公共图书馆服务标准。如2009年发布的《江西省公共图书馆服务标准》(试行),分别从服务设施与环境、服务对象和开放时间、服务内容和方式、服务管理与文献资源、服务人员与监督等几个方面对公共图书馆服务进行了规范;2010

年发布的《上海市公共图书馆行业服务标准（试行）》，涉及的主题有服务设施与环境、服务对象和开放时间、服务内容和方式、服务保障与监督；2010年发布的《新疆维吾尔自治区公共图书馆服务标准》，所涉及主题与江苏省的标准基本一致，只是未涉及服务人员与监督这一主题。

二、数字图书馆建设指南

数字图书馆是图书馆发展的趋势，目前国内外数字图书馆的建设都已取得一定成就。为了更好地推动我国数字图书馆建设，共享数字资源建设与服务成果，2007年，由文化部牵头，中国图书馆学会召集，组织成立了"全国数字图书馆建设与服务联席会议"。会议成员包括8家我国目前最主要的数字图书馆建设单位：国家图书馆、文化部全国文化信息资源建设管理中心、上海图书馆、中国科学院国家科学图书馆、CALIS管理中心（北京大学图书馆）、CADAL管理中心（浙江大学图书馆）、中央党校图书馆、国防大学图书馆。联席会议定期就目前我国数字图书馆建设中的重要问题进行研讨，并商定以指南形式发布关于数字图书馆建设的重大政策和原则。2010年，联席会议审议并公布了《数字图书馆安全管理指南》、《数字图书馆资源建设和服务中的知识产权保护政策指南》、《数字图书馆服务政策指南》和《数字图书馆服务政策指南》四项指南性文件，对于规范和指导我国数字图书馆建设具有重要意义，各图书馆在今后开展数字图书馆建设时应参考和遵循这一系列指南，以获取更好的建设效果和更高的建设质量。

(一)数字图书馆安全管理指南

数字图书馆的安全问题是数字图书馆建设与服务中一个重要的保障性难题，没有安全的保障，资源与系统得不到保护，有效的服务也难以为继。数字图书馆安全问题的本质是信息安全问题，如前文所述，实现信息安全目标最好的方法是参考或依从一些相关国际、区域、国内或行业标准等。在众多的信息安全标准中，信息安全技术基础及管理类的标准是数字图书馆安全管理最需要参考的。目前已有的相关标准包括 ISO 13335 信息技术安全管理指南、ISO 15408 信息技术安全性评估准则、ISO 27000 系列信息安全管理系统、GB 17859-1999 计算机信息系统安全保护等级划分准则和 GB/T 20269-2006 信息安全技术——信息系统安全管理要求等。这些标准为构建数字图书馆安全保障体系提供了重要参考。

《数字图书馆安全管理指南》由上海图书馆主持编写，共 12 条，明确了数字图书馆安全所涉及的概念定义，提出了数字图书馆安全管理中所需关注的相关要素，并从政策、过程、实施过程中的控制环节、资源与环境以及应急与处理等诸多方面提出了原则性指导意见。《数字图书馆安全管理指南》中所称"数字图书馆安全管理"，是指保护数字图书馆中的信息系统相关资产免受任何可能的威胁和损失，保持其中信息资源完整性和可用性并保障其实现所设定信息服务和其他功能的行为。《数字图书馆安全管理指南》强调了区域合作与政策因素，强调安全是一个过程管理，主要描述了需要关注的安全要素，包括安全政策、过程管理、访问控制、信息资源安全、备份与容灾、环境安全、应急响应与安全公告等内容，并将安全要素关注的重点落在信息资源上。主要内容见表 2。

表 2 《数字图书馆安全管理指南》主要内容[①]

条目	主要内容
第一条	为促进数字图书馆事业的发展，对数字图书馆的运行必须实施严格的安全管理，以保障数字图书馆建设和服务有序进行，特制定本指南。

---

① 数字图书馆安全管理指南[EB/OL]. [2011-07-15]. http://www.lsc.org.cn/Attachment/Doc/1300959839.doc.

续表

条目	主要内容
第二条	本指南中所称"数字图书馆安全管理",是指保护数字图书馆中的信息系统相关资产免受任何可能的威胁和损失,保持其中信息资源完整性和可用性并保障其实现所设定信息服务和其他功能的行为。数字图书馆中的信息系统相关资产可包含物理资源、软件资源与信息资源等。其中信息资源是指以数字形式发布、存取和利用的信息资源总和。
第三条	在数字图书馆建设和服务过程中,应注意在全国或区域合作时统一协调信息安全政策与信息安全技术措施,加强在信息安全领域与其他合作方的交流。除了参照本指南,应遵守国家和地方各级有关部门与信息安全相关的法律、法规、条例、规章等,并根据自身实际情况进行补充完善。
第四条	数字图书馆安全主要应关注以下相关要素,包括安全政策、过程管理、访问控制、信息资源安全、备份与容灾、环境安全、应急响应与安全公告等内容。数字图书馆安全管理是基于数字图书馆的服务目标,结合业务流程,对所有这些要素进行适当调配、组织,确保其正常发挥作用的完整体系。
第五条	数字图书馆安全政策应根据具体的建设目标和战略,制定有效的信息技术安全策略,对数字图书馆的建设、运行、维护和服务进行持续的监控、评估和改进,并形成完整的规章制度与流程规范。
第六条	过程管理 ①数字图书馆安全过程管理是确立数字图书馆安全目标,建立组织架构,明确职责,进行角色分配、风险评估、安全审计、系统分类、制定预案、事故处理、回顾检查和改进的过程进行管理,并通过持续的执行这些过程管理使数字图书馆的安全水平得到不断的提高。 ②应摸清现有系统的情况,对其范围内的信息系统相关资产所面对的各种威胁和脆弱性进行评估,对已存在的或规划的安全措施进行鉴定,了解其弱点、威胁和风险所在,制定相应的对策和预案,实现安全管理的目标。

续表

条目	主要内容
第七条	访问控制 ①建立全面的用户访问控制管理，避免系统的未授权访问。并应明确告知用户其可访问的权限，明确其权利及所承担的责任。 ②应尽量关闭网络设备与主机系统不必要的服务端口，减少系统被非法利用与攻击的可能。利用应用与系统的分类采用不同的防护手段等级划分不同的防护区域，使外部非法访问内部服务器的可能降低。
第八条	信息资源安全 ①信息资源包括购买信息、自建信息及购买的资源远程访问控制权限等。信息资源的安全性因素还包括保护其依赖的软硬件资源。在信息资源保存与服务中，需要充分考虑保留与保护能保障其可操作性的相应的软件及硬件环境。 ②信息资源安全管理通过对资源进行分类、核查和维护，确保其得到有效的保护。
第九条	备份与容灾 ①可以根据需要分类分级制定备份与容灾预案，其中包括但不限于媒体退化、维护失败、人为失误、技术故障、日志记录和业务连续性方案等。 ②应根据信息安全目标与资源情况制定备份策略，如选择本地备份、异地备份与多机系统等备份方式。根据应用与资源的特性合理选择备份介质、频率周期，并定期检查及测试备份内容与恢复程序，确保在预定的时间内正确恢复。在必要时可采用多系统热备的方案。 ③容灾指利用技术、管理手段以及相关资源确保既定的数字图书馆关键数据、处理系统和关键业务在灾难发生后可以恢复和重续运营的过程。通常采用异地备份与多系统热备的方案。异地备份应注意信息资源的加密与传输中的一致性，以确保安全可靠与运营恢复。

续表

条目	主要内容
第十条	环境安全 ①环境安全的基本要求是确定物理环境安全区域，明确责任部门与人员，建立相关规章制度，并注意在防火、防水、配电、温湿度控制、防静电、防雷及电磁防护等物理安全方面达到相关标准要求。 ②对机房环境安全应注意出入人员管理，加强对来访人员的控制，有必要时加强门禁控制与视频监控手段。
第十一条	应急响应与安全公告 ①应急响应包括应急计划和应急措施两个方面。应急计划的制订至少应考虑紧急反应、阻止事件发展、恢复措施三个因素。应急措施可以包括应急预案、软硬件备份、信息资源备份和快速恢复措施等。相关计划与措施都应注意做好测试、培训、演练与维护。 ②应根据数字图书馆运行情况发布相关的安全预警信息，并根据安全事件的发展情况向公众或定义的用户群体发布公告信息。
第十二条	本指南由全国数字图书馆建设与服务联席会议制定、解释和修改，由文化部社会文化司批准发布。

《数字图书馆安全管理指南》的制定和发布，可以加强大家对数字图书馆安全管理概念的认识，增进对数字图书馆安全的重视，进行安全教育，普及安全理念，促使大家较全面地考虑安全问题；通过《数字图书馆安全管理指南》简明扼要地普及安全管理思想，使大家能认识到数字图书馆安全实践中管理胜于技术的观念；在具体的数字图书馆建设与运行维护中，《数字图书馆安全管理指南》将指导大家的具体实践工作；引导大家关注相应的信息安全规范标准，有利于有效解决数字图书馆安全问题；与其他三项指南构成有机整体，也是其他指南的有效补充。

(二)数字图书馆资源建设和服务中的知识产权保护政策指南

数字图书馆建设和服务以建立数字资源库为基础，而建立丰富的数字资源库就必然涉及众多著作权人的权益，如果无视著作权人的权益，忽视知识产权保护问题，一旦发生法律纠纷，不仅会使数字图书馆的发展受到阻碍,而且会严重影响图书馆界在公众中的美誉。现阶段我国已有《中华人民共和国著作权法》、《中华人民共和国著作权法实施条例》、《信息网络传播权保护条例》、《著作权集体管理条例》等相关法律、法规。

《数字图书馆资源建设和服务中的知识产权保护政策指南》由文化部全国文化信息资源建设管理中心负责起草制定。《数字图书馆资源建设和服务中的知识产权保护政策指南》共17条,从政策指南制定的目的、依据、范围和原则,知识产权保护实际工作的操作步骤,数字图书馆资源建设中的知识产权保护,提供服务过程中的知识产权保护以及知识产权保护相关管理工作提出了原则性指导意见。主要内容见表3。

表3 《数字图书馆资源建设和服务中的知识产权保护政策指南》主要内容

条目	主要内容
第一条	在数字图书馆资源建设和服务过程中均涉及知识产权保护问题。为指导全国数字图书馆建设和服务中的知识产权保护和知识传播服务,根据《中华人民共和国著作权法》、《中华人民共和国著作权法实施条例》、《信息网络传播权保护条例》和《著作权集体管理条例》等法律法规,特制定本指南。
第二条	本指南中的知识产权是指在数字图书馆资源建设和服务过程中涉及的作品的著作权及其相关权益、专利权、商标权等。
第三条	在数字图书馆的资源建设和服务过程中,应注重知识产权的保护,坚持公益性原则、利益平衡原则、实用性原则,确保数字图书馆建设的健康、科学、可持续发展。 公益性原则是指数字图书馆资源建设和服务中的知识产权保护应以促进知识的创建与传播,保障公众获取信息的权利,满足公众的信息需求为出发点,不以营利为目的。 利益平衡原则是指数字图书馆资源建设和服务中的知识产权保护既要保护知识产权权利人的利益,也要保护图书馆及社会公众的利益。 实用性原则是指数字图书馆资源建设和服务中的知识产权保护方案、手段要具有可操作性,要符合数字图书馆建设实践的需要,符合知识产权保护的需要,要有利于数字图书馆的发展。

续表

条目	主要内容
第四条	在数字图书馆资源建设和服务过程中,应当按照《中华人民共和国著作权法》的规定,区分不受著作权法保护的作品及受著作权法保护的作品。对于受著作权法保护的作品,要进一步确认哪些作品已过权利保护期,哪些作品仍处于权利保护期,在此基础上开展下一步工作。
第五条	不受著作权法保护的作品包括: ①法律、法规,国家机关的决议、决定、命令和其他具有立法、行政、司法性质的文件,及其官方正式译文; ②时事新闻; ③历法、通用数表、通用表格和公式。 不受著作权法保护的作品,可以根据需要进行复制、加工、整合、改编、汇编等,用于数字图书馆的服务。
第六条	受著作权法保护但著作财产权已过权利保护期的作品,可以自由地以复制、表演、播放、展览、发行、或改编、翻译、注释、编辑等方式予以使用,可以自由采取复制、汇编等手段,开发特色数据库或制作其他衍生作品,向用户提供各种形式的开放服务,但不得损害不受保护期限限制的除发表权以外的其他人身权。改编、翻译、注释、整理已过权利保护期的作品而产生的作品,其著作权由改编、翻译、注释、整理人享有。汇编若干已过权利保护期的作品、作品片段,对其内容的选择或者编排体现独创性的,构成汇编作品,汇编人享有著作权。
第七条	受著作权法保护的仍处于权利保护期的作品,要严格执行著作权法的规定,不侵犯著作权人的人身权和财产权利: ①购买和许可授权的数字资源,应当按照购买协议,或许可授权协议的要求,以及许可的地域范围和时间,用于数字图书馆的服务。 ②自行进行数字化加工的数字资源,除符合合理使用法定豁免条件外,如用于数字图书馆服务,则需要取得相关著作权人的授权。 改编、翻译、注释、整理仍处于权利保护期的作品,应当取得著作权人的许可并支付报酬,对因改编、翻译、注释、整理而产生的作品,改编、翻译、注释、整理人享有其著作权,但行使著作权时不得侵犯原作品的著作权。汇编仍处于权利保护期的作品或作品片段,应当取得著作权人的许可并支付报酬,对内容的选择或者编排体现独创性的汇编作品,汇编人享有著作权,但行使著作权时不得侵犯原作品的著作权。

续表

条目	主要内容
第八条	作者的署名权、修改权、保护作品完整权的保护期不受限制。在复制、加工、整合、服务的过程中要保护作者的署名权、修改权、保护作品完整权。
第九条	数字资源整合加工(包括馆藏文献数字化和数据库开发)过程中的知识产权保护： ①馆藏文献数字化：对于已过权利保护期的作品，可以根据需要进行数字化，但必须尊重作者的署名权、修改权、保护作品的完整权。对于仍处于权利保护期的作品，为了保存版本和课堂教学或科研的需要将其进行数字化转化，应当按照《著作权法》和《信息网络传播权保护条例》关于合理使用的规定，不经著作权人许可，不向其支付报酬，但应当指明作者姓名、作品名称，并且不得侵犯著作权人依照本法享有的其他权利；若为了提供服务目的而将其进行数字化转化，则需获得著作权人授权。 ②数据库开发(包括但不限于：书目数据库、文摘数据库、全文数据库和专题数据库)，在内容的选择与编排方面，均体现了智力创作，依法受到著作权法的保护，数字图书馆对其开发建设的数据库整体享有自主知识产权，要通过著作权提示、相关技术措施保护其自主知识产权，避免用户使用过程中的侵权和其他商业性复制。同时注意保护数据库中每一作品的著作权。 数据库开发还应注意不改变数字资源的内容和所附带的著作权信息；尽可能核查确认著作权归属并注明资源的制作者和出处；在数据库起始界面添加著作权通告，提醒用户按照著作权法的规定使用该资源。对数据库的链接使用，必须同数据库权利人签订合同以确定有关数据库的使用。 数据库开发过程中，如对内容的选择和编排方面具有独创性，则该数据库构成汇编作品，数据库开发人对汇编作品的整体上享有著作权，但行使著作权时不得侵犯数据库内容是作品、作品片段的权利人的著作权。

续表

条目	主要内容
第十条	数字资源提供服务过程中的知识产权保护： 应按照《信息网络传播权保护条例》规定，合理使用处于保护期的作品，向相应对象提供服务。 ①按照《信息网络传播权保护条例》第六条第（五）项的规定，可以将中国公民、法人或者其他组织已经发表的、以汉语言文字创作的作品翻译成的少数民族语言文字作品，向中国境内少数民族提供服务，可以不经著作权人许可，不向其支付报酬。 ②按照《信息网络传播权保护条例》第六条第（六）项的规定，可以不以营利为目的，以盲人能够感知的独特方式向盲人提供已经发表的文字作品，向中国境内的盲人开展数字资源服务，可以不经著作权人许可，不向其支付报酬。 ③按照《信息网络传播权保护条例》第七条规定，可以不经著作权人许可，通过信息网络向本馆馆舍内服务对象提供本馆收藏的合法出版的数字作品和依法为陈列或者保存版本的需要以数字化形式复制的作品，不向其支付报酬，但不得直接或者间接获得经济利益。当事人另有约定的除外。此处规定的为陈列或者保存版本需要以数字化复制的作品，应当是已经损毁或者濒临损毁、丢失或者失窃，或者其存储格式已经过时，并且在市场上无法购买或者只能以明显高于标定的价格购买的作品。 ④按照《信息网络传播权保护条例》第八条的规定，为通过信息网络实施九年制义务教育或者国家教育规划，可以不经著作权人许可，使用其已经发表作品的片断或者短小的文字作品、音乐作品或者单幅的美术作品、摄影作品制作课件，由制作课件或者依法取得课件的远程教育机构通过信息网络向注册学生提供，但应当向著作权人支付报酬。 ⑤按照《信息网络传播权保护条例》第九条的规定，为扶助贫困，通过信息网络向农村地区的公众免费提供中国公民、法人或者其他组织已经发表的种植养殖、防病治病、防灾减灾等与扶助贫困有关的作品和适应基本文化需求的作品，数字图书馆若通过信息网络提供服务，应当在提供前公告拟提供的作品及其作者、拟支付报酬的标准。自公告

续表

条目	主要内容
第十条	之日起 30 日内,著作权人不同意提供的,不得提供其作品;自公告之日起满 30 日,著作权人没有异议的,可以提供其作品,并按照公告的标准向著作权人支付报酬。数字图书馆服务提供著作权人的作品后,著作权人不同意提供的,应当立即删除著作权人的作品,并按照公告的标准向著作权人支付提供作品期间的报酬。依照该规定提供作品的,不得直接或者间接获得经济利益。 上述不经著作权人许可、通过信息网络向公众提供其作品的,还应当遵守《信息网络传播权保护条例》第十条的下述规定:不得提供作者事先声明不许提供的作品;指明作品的名称和作者的姓名(名称);依照该条例规定支付报酬;采取技术措施;防止规定的服务对象以外的其他人获得著作权人的作品,并防止规定的服务对象的复制行为对著作权人利益造成实质性损害;不得侵犯著作权人依法享有的其他权利。 数字资源服务应包括与全国文化信息资源共享工程相结合,利用文化共享工程的技术平台和传输网络,向广大农村和基层群众开展服务。
第十一条	在数字图书馆建设过程中应当注意调研实践中存在的知识产权问题,制定并不断完善知识产权保护预案。
第十二条	数字图书馆应当具备数字版权管理功能,登记各种资源的权利状态,采取技术保护措施,制定相应的服务政策;设立版权管理岗位,有专人负责数字图书馆的知识产权保护工作。
第十三条	数字图书馆应当加强员工的知识产权培训,培养员工的知识产权保护意识;开展用户信息素养教育,培养终端用户的知识产权素养。对于终端用户的行为要履行提醒、告知等义务,避免共同侵权。
第十四条	数字图书馆建设过程中形成的发明创造、域名等要及时申请专利、商标及域名保护。数字图书馆要注意网页的著作权保护,要通过版权声明、相关技术措施保护数字图书馆的网页。数字图书馆、数字图书馆特色服务项目等相关文字、图形等标志要及时申请商标权,并根据情况及时申请驰名商标的保护。委托其他机构开发建设数字图书馆的,要书面约定建设过程中形成的专利权、著作权的权利归属。

续表

条目	主要内容
第十五条	对于自建数字资源及建设过程中形成的著作权、专利权、商标权等知识产权，要加强推广，注重知识产权的保值增值。
第十六条	本指南适用于文化共享工程数字资源建设和服务中的知识产权保护。
第十七条	本指南由全国数字图书馆建设与服务联席会议制定、解释和修改，由文化部社会文化司批准发布。

《数字图书馆资源建设和服务中的知识产权保护政策指南》的制定，旨在处理好公益性服务和商业性运营的关系，知识产权保护和知识传播服务的关系，政策指南和学术论文的关系，保护他人知识产权和保护自主知识产权的关系。《数字图书馆资源建设和服务中的知识产权保护政策指南》的制定和推出，有利于指导我国数字图书馆建设和服务中的知识产权保护和知识传播服务，避免发生知识产权纠纷，保障数字图书馆建设的顺利进行。

(三)数字图书馆服务政策指南

服务是图书馆永恒的主题，它体现了图书馆的核心价值观。在近十年的时间里，随着数字图书馆的建设达到高潮，数字图书馆服务得到了飞速的发展和实践，并呈现出知识化服务、一站式服务、个性化服务、移动化服务和数据化服务的趋势。服务标准的制定有利于规范图书馆的管理与服务行为，提高服务质量和文献信息资源的有效利用率。

《数字图书馆服务政策指南》由北京大学CALIS管理中心负责起草，意图通过制定完整的、系统的服务政策，更好地规范和指导我国数字图书馆的服务工作。《数字图书馆服务政策指南》共11条，首次明确了数字图书馆服务的概念，既指一个物理的图书馆所提供的数字化的文献信息资源服务，又指无所不在的网络化的虚拟图书馆服务，《数字图书馆服务政策指南》同时提出了数字图书馆服务政策应遵循的原则：在充分考虑数字图书馆的特点、了解服务对象需求、借鉴国内外先进经验的基础上制定，保证高质量的服务和良好的服务效果。此外，《数字图书馆服务政策指南》从服务对象、服务方式、服务策略、服务内容、服务承诺、服务监督与评估等方面对数字图书馆的服务提出指导性的意见。具体内容见表4。

表4 《数字图书馆服务政策指南》主要内容①

条目	主要内容
第一条	为满足社会公众日益增长的信息需求，规范和促进数字图书馆服务的发展，依据相关法律法规，制定本指南。
第二条	数字图书馆服务是指一个物理的图书馆所提供的数字化的文献信息资源服务，或指无所不在的网络化的虚拟图书馆服务。
第三条	数字图书馆服务政策应在充分考虑数字图书馆的特点、了解服务对象需求、借鉴国内外先进经验的基础上制定，保证高质量的服务和积极的服务效果。
第四条	制定数字图书馆服务政策，应主要从以下几个方面考虑，包括：服务对象、服务方式、服务策略、服务内容、服务承诺、服务监督与评估等。
第五条	服务对象： ①不同类型的数字图书馆有不同的服务对象。 ②在条件允许的情况下，数字图书馆的服务，对社会普遍开放，对所有人群提供均等服务。 ③考虑到服务的优先级和服务相关限定，可对数字图书馆的服务对象划分级别，对部分人群提供跨界服务和有偿服务。
第六条	服务方式： ①数字图书馆的服务应立足于公益性，在尊重和保护知识产权的前提下，提供广域网范围的免费服务。 ②收费的服务，应依据有关政策，明确收费细目和收费标准。

---

① 数字图书馆服务政策指南[EB/OL]. [2011-07-15]. http://wenku.baidu.com/view/4c1c211dfad6195f312ba6e9.html.

续表

条目	主要内容
第七条	服务策略： ①充分发挥数字图书馆的优势，突破地域和时间限制，提供在线、近线和离线等各种方式的服务。 ②公布服务内容及其相关要求，进行积极宣传和推广，并根据服务对象和社会需求的变化，及时做出调整和不断加以发展。 ③科学规划服务的各种途径，包括单馆多馆、总馆分馆等方式，使其能最大限度地方便服务对象。 ④培养经验丰富、训练有素、深刻领会数字图书馆服务政策的员工。 ⑤通过技术创新，适时地将先进的信息技术运用到数字图书馆领域，提高服务效率，降低服务成本。 ⑥加强机构之间的合作和交流，通过资源共享为用户提供更加优质的服务。 ⑦开展前瞻性的研究，推动数字图书馆的服务创新，发展和开拓丰富多样的服务。
第八条	服务内容： 根据服务对象、馆藏情况、基础设施建设情况，提供基于互联网、卫星或移动通信、镜像等多种方式的服务，以便最大可能地满足用户的需求，最有效地利用数字图书馆的资源和服务。 服务包括但不局限于资源获取、信息服务、信息素养教育、技术服务、保存服务等，具体说明如下： ①资源获取：利用本馆馆藏、资源导航、代查代检、馆际互借和文献传递等方式向服务对象提供文献； ②信息服务：通过多种方式，为服务对象提供便捷的帮助服务，包括信息检索、参考咨询、查收查引、科技查新、情报服务等； ③信息素养教育：通过培训、授课、讲座等活动，提高服务对象利用数字图书馆各类资源的技能和自我学习的技能； ④技术服务：通过数字化服务平台构建、资源整合、个性化服务工具、学习和培训工具等加强数字图书馆的服务工作； ⑤保存服务：对所拥有和使用的数字资源进行有效保存，保障资源的长期存储和永久使用。

续表

条目	主要内容
第九条	服务承诺： ①明确服务时间，数字图书馆原则上应提供每周7天、每天24小时的服务。 ②公布服务联系方式，包括在线服务、电话、邮件等，确保服务对象能够获得及时的、高质量的服务。 ③体现人文关怀，营造人性化、个性化、无障碍的服务环境。 ④建立沟通渠道，广泛收集服务对象提出的意见和建议，适时改进和提高服务工作。 ⑤必要的情况下，通过和服务对象签署服务协议的方式对所提供的服务进行保证。 ⑥做好保密工作，保证服务对象个人信息的安全。
第十条	服务监督与评估： ①对数字图书馆提供的服务进行定期或不定期的调查研究、统计分析。 ②开展全方位、多角度的评估活动，主要包括以下几个方面：自我评价、投资方评价、成员单位评价、最终用户评价、第三方评价等。 ③建立符合国内外惯例、发展特点和水平的数字图书馆服务的统计评估制度和指标体系，保证服务统计与评估活动的时效性、准确性和权威性。 ④鼓励将评估结果公布于众，接受服务对象的监督。
第十一条	本指南由全国数字图书馆建设与服务联席会议制定、解释和修改，由文化部社会文化司批准发布。

《数字图书馆服务政策指南》凝聚了当前我国主要的数字图书馆建设单位对数字图书馆服务政策的理念共识和相关经验，对于全国图书馆界统一思想、提高认识、形成合力具有重要的指导意义，并将对我国数字图书馆的合作发展、资源共享、联合保障产生积极的推动作用。《数字图书馆服务政策指南》的发布与推行，

将有利于充分发挥数字图书馆传播先进文化和服务和谐社会的作用，引领和带动各系统图书馆制定切实可行的服务政策，拓展服务范围、提升服务水平，充分挖掘数字图书馆服务的全部潜力。

(四)数字图书馆资源建设指南

资源建设在数字图书馆建设中有着至关重要的核心地位，它是一个系统工程，涉及数字资源的采集、加工、组织、管理、保存和服务等整个生命周期，资源建设的质量直接影响着数字图书馆的服务效能。国外图书馆大都比较重视数字图书馆资源建设规划，如美国国会图书馆发布的《2008—2013年发展战略规划》、大英图书馆发布的《大英图书馆2008—2011年发展战略》、法国国家图书馆发布的《2009—2011年三年计划》、澳大利亚国家图书馆《2009—2011年指导方针》等，都将数字资源的建设作为规划的一项重要内容。数字资源建设在国内也逐渐受到越来越多的重视，如国家图书馆、全国文化信息资源共享工程分别在其"十一五"发展规划中强调了数字资源的建设，CALIS、CADAL(高等学校中英文图书数字化国际合作计划)等项目也都突出了数字资源建设的重要性。

《数字图书馆资源建设指南》由国家图书馆负责起草制定，共14条，主要内容包括三部分：一是定义两个基本概念；二是阐明四个基本观点；三是对制定资源建设规划应考虑的六个方面的问题进行逐一说明。《数字图书馆资源建设指南》中提出，数字图书馆资源是指图书馆以数字形式发布、存取和利用的信息资源的总称，而数字图书馆资源建设是指对信息资源进行选择、采集、组织和管理，使之形成可利用的数字资源体系的过程。为了确保数字图书馆资源建设的科学、规范与可持续发展，必须要坚持几个基本理念：一是要遵守法律法规、保护知识产权，并注重维护图书馆用户的合法权益；二是要遵循统一标准和规范；三是要与公众通过网络传播渠道获取信息与知识的需求相适应，即以用户需求为导向；四是要制定科学的资源建设规划，保证资源建设有计划有步骤地进行。《数字图书馆资源建设指南》还从建设原则、建设方式、建设工作内容、建设策略、建设经费、建设管理等六个方面分别进行了阐述。具体内容见表5。

表5 《数字图书馆资源建设指南》主要内容①

条目	主要内容
第一条	为满足社会公众日益增长的信息需求，规范和促进数字图书馆资源建设工作，依据相关法律、法规，制定本指南。
第二条	数字图书馆资源是指图书馆以数字形式发布、存取和利用的信息资源的总称。
第三条	数字图书馆资源建设是指对信息资源进行选择、采集、组织和管理，使之形成可利用的数字资源体系的过程。
第四条	数字图书馆资源建设要遵守法律法规、保护知识产权，并注重维护图书馆用户的合法权益。
第五条	数字图书馆资源建设要遵循有关国际、国家和行业标准和相关规范，为数字资源共建共享创造条件。
第六条	数字图书馆资源建设要与公众通过网络传播渠道获取信息与知识的需求相适应。
第七条	数字图书馆资源建设要在充分调研的基础上制定建设目标与规划，保证资源建设有计划有步骤地进行。制定建设规划应主要从以下几个方面考虑，包括：建设原则、建设方式、建设工作内容、建设策略、建设经费、建设管理。

---

① 数字图书馆资源建设指南[EB/OL].[2011-07-15].http://www.lsc.org.cn/Attachment/Doc/1275990326.pdf.

续表

条目	主要内容
第八条	建设原则： ①实用性原则，即从图书馆的职能定位和用户的实际需求出发，最大限度地满足社会信息需求。 ②系统性原则，即注重资源建设内容的完整性和连续性，形成有重点、有层次、各类型资源比例适当的数字资源体系。 ③特色化原则，即根据图书馆馆藏资源和服务对象的特点，建立有特色的数字馆藏。 ④共建共享原则，即开展跨地域、跨系统的数字资源合作建设，建立优势互补、联合共享的数字资源保障体系。
第九条	建设方式： ①数字图书馆资源建设方式主要包括自主建设、引进建设和合作建设。 ②根据馆藏资源、服务策略、基础设施以及经费保障等实际情况，选择适宜的建设方式。
第十条	建设工作： ①根据数字图书馆的建设目标，结合资源的主题内容、类型、载体等，确定资源建设对象。 ②通过购买、数字化加工、网络资源采集、网络资源导航、受缴、受赠和交换等多种途径建立和丰富数字馆藏。 ③根据相关标准对资源进行组织与加工，注重对数字图书馆资源与传统载体资源的整合，建立传统馆藏和数字馆藏共同发展、互为补充的数字资源体系。 ④利用必要的技术手段，对资源进行科学有效的管理，确保资源的安全可靠。

续表

条目	主要内容
第十一条	建设策略： ①通过多种途径获取数字版权许可，充分开发公共领域资源，并重视对开放存取资源的利用。 ②通过联合采购方式发挥经费的最大效益。 ③按照共建共享原则，避免资源重复建设，提供已建资源的开放共享。 ④注重信息技术在数字资源建设中的应用，降低建设成本，提高建设效率。 ⑤根据数字资源的用途，确定相应的加工级别，注重对数字资源的长期保存，尤其是优秀文化遗产的长期保存。 ⑥培养经验丰富、训练有素、具备数字图书馆资源建设专业技能的员工。 ⑦充分利用有关政策法规，为资源建设争取更大空间。
第十二条	建设经费： ①数字资源建设经费一般包括数据库产品或服务购买、资源载体购买、知识产权授权许可、特色数据库建设与维护、资源发布、人员培训、数字资源加工场地建设或租赁以及相关设施设备购买、租赁和维护等费用。 ②积极寻求政府的政策支持和经费投入，并在国家政策许可的范围内吸纳社会多元化资金投入。
第十三条	建设管理： ①制定科学完善的数字资源建设管理制度，明确各类型数字资源的建设标准和工作流程。 ②建立完善的数字资源管理平台，实现对数字资源的科学管理。 ③建立和完善科学的数字图书馆资源建设评估制度和指标体系，开展全方位、多维度、多层次的数字资源评估活动，并根据评估结果适时调整数字资源建设目标和规划。 ④加强经费管理，严格经费使用审批程序。
第十四条	本指南由全国数字图书馆建设与服务联席会议制定、解释和修改，由文化部社会文化司批准发布。

《数字图书馆资源建设指南》从我国数字图书馆资源建设的实

际出发，既为建设跨地域、跨系统的数字图书馆资源保障体系提供了切实可行的指导性建议，也为单个图书馆开展数字图书馆资源建设提供了有益的全方位参考。《数字图书馆资源建设指南》的发布，必将对我国数字图书馆资源的科学建设、共建共享，以及数字图书馆系统的开放建设、健康发展起到积极的促进作用。

三、集群管理建设标准与规范

图书馆集群是指一定区域内的众多具有分工合作关系的不同规模等级的图书馆（包括公共图书馆、学校图书馆、科研图书馆等）通过网络联系在一起，形成联系紧密、组织有序、功能清晰、管理规范的图书馆资源共享与服务的有机体系。它是网络环境下新出现的图书馆组织与生存形态的映照，体现着图书馆新的管理理念和运行机制，代表着图书馆的发展趋向。图书馆集群管理是以现代信息技术为依托，对图书馆集群进行组织、运行、维护、发展等管理，以提高集群整体的资源集聚效能和服务能力。在以上过程中，相关标准与规范是不可或缺的。

（一）条形码行业标准

在图书馆集群管理的背景下，为有效解决总分馆数据集中存放与单馆文献资源归属之间的矛盾，必须对集群内所有馆的文献资源、读者进行有序标识，从而建立起规范有序、便捷高效的图书馆网群，有效地解决馆与馆之间的财产分割。条形码是有序标识的重要手段，而图书馆集群管理要求各馆所用条形码的种类、码长、结构统一，即遵循统一的标准规范。

条形码是利用条（着色部分），空（非着色部分）及其宽、窄的交替变换来表达信息。每一种编码，都制定有字符与条（着色部分）、空（非着色部分）、宽窄表达的对应关系，只要遵循这一标准打印出来的条、空交替排列的"图形符号"，这一"图形符号"中就包含了字符信息。当这一条、空交替排列的信息通过光线反射，在识读器内，这种光信号被转换成数字信号，再经过相应的解码软件，就能将"图形符号"还原成字符信号。为了便于物品跨国家和地区的流通，适应物品现代化管理的需要以及增强条形码自动识别系统的相容性，各个国家、地区和行业，都必须制定统一的条形码标准。所谓条形码标准，主要包括条形码符号标准、使用标准和印刷质量标准。这类标准由各国的专门编码机构负责制定，也有地区性的标准和行业标准。目前世界上常用的码制有二五条形码、交叉二五条形码、UPC 条形码、三九条形码、库德巴条形码、ENA 条形码和 128 条形码等。

1. 二五条形码

二五条形码(Code 25，也称为 Code 2 of 5)是一种不连续的、长度可变的数字代码格式。二五条形码格式每个编码字符由全部五种条形码中的两种粗条形码组成，仅能表示数字。它主要用于库存处理、照片处理封套的识别、航空票务以及行李与货物处理。

2. 交叉二五条形码

交叉二五条形码(Interleaved 2 of 5)是 1972 年发展出的一种编码规则较为简单的码制。交叉二五码基于二五码设计，一个字符由 5 条线条所组成，其中有两条是粗的线条；而所谓的交错式即 5 条黑色线条及 5 条白色线条，穿叉相交而成，是一种可变长度、连续性条形码，所有条与空都表示代码，同样仅能表示数字。交叉二五码主要应用于商品批发、仓库、机场、生产/包装识别、工业中。

3. UPC 码

UPC 码(Universal product code，统一商品条形码)是 1973 年发展出的世界上第一套商用条形码系统，由美国超级市场工会所推广，适用于加拿大及北美地区。其特性是一种长度固定、连续性的条码，由于其应用范围广泛，故又被称万用条码。UPC 码共有 A、B、C、D、E 五种版本，只能表示数字，其中 UPC-A 应用于通用商品；UPC-B 应用于医药卫生；UPC-C 应用于产业部门；UPC-D 应用于仓库批发；UPC-E 应用于商品短码。

4. 三九条形码

三九条形码（也称为 Code 3 of 9）于 1974 年提出，能表示字母、数字和其他一些符号共 43 个字符。在三九条形码中，一个字符由 5 条黑色线条（简称 Bar），4 条白色线条（简称 Space），总共 9 条线所组成，其中有 3 条是粗的线条。三九条形码是在库存及跟踪的非零售市场中使用最普遍的格式之一，图书馆的数据管理系统、录像带的数据管理系统、百货公司的数据管理系统等都使用的是这种格式的条形码。

5. 库德巴条形码

库德巴条形码（Codabar 码）于 1972 年开始发展，但直到 1977 年才被正式使用。库德巴条形码由 4 条黑色线条，3 条白色线条，合计 7 条线条所组成，每一个字符与字符间有一间隙做区隔，可表示数字 0～9，字符"＄、＋、－"，还有只能用作起始/终止符的"a，b，c，d"四个字符，是一种可变长度、非连续性条形码。库德巴条形码主要应用于物料管理、图书馆、血站和当前的机场包裹发送中。

6. EAN 码

EAN 码（European Article Number，欧洲商品条形码）1977 年发展出，是由欧洲各国所共同开发出来的一种商品条形码。目前 EAN 条形码系统已成为国际性商用条形码，我国在 1974 年加入 EAN 条形码系统会员国。EAN 码符号有标准版（EAN-13）和缩短版（EAN-8）两种，标准版表示 13 位数字，又称为 EAN13 码，缩短版表示 8 位数字，又称 EAN8。我们日常购买的商品包装上所印的条码一般就是 EAN 码。另外，图书和期刊作为特殊的商品也采用了 EAN13 表示 ISBN(国际标准书号)和 ISSN(国际标准期刊号)。

7. 128 条形码

128 条形码于 1981 年发展出，是一种在航运业和标签业中使用的长度可变的、高密度的字母数字格式。由于它的复杂度较高，使得它所能应用的字符也相对地增加了许多。又因可交互使用三种类别(A、B、C)的编码规则，可提供 ASCⅡ 128 个编码字符，故使用起来弹性相当大。

以上所介绍的条形码均属于一维条形码，即只是在一个方向(一般是水平方向)表达信息，而在垂直方向则不表达任何信息。二维条形码能够在横向和纵向两个方位同时表达信息，因此能在很小的面积内表达大量的信息。主要的二维条形码有堆叠式/行排式二维条码(Code 16K、Code 49、PDF417 等)和矩阵式二维码(Code One、Maxi Code、QR Code、Data Matrix 等)两大类。和一维码相比，二维条码具有储存量大、保密性高、追踪性高、抗损性强、备援性大、成本便宜等特性，这些特性特别适用于表单、安全保密、追踪、证照、存货盘点、资料备援等方面。

目前在图书馆集群管理中主要采用的是一维条形码。我国文化部在 1995 年 3 月发布实施了《图书馆行业条码》，即文化行业标准 WH0501-1995，对图书馆中条形码的使用做了规范。在实际的图书馆管理系统中，三九码和库巴德码则是主要应用的码制。

(二)区域图书馆代码规范

图书馆集群管理需要为每一个图书馆确定一个唯一的馆名代码，可用于联合目录编制、馆际互借、自动化管理等。目前有关区域图书馆代码既有国际性的标准与规范，又有国家级、部门级的标准与规范。

1. 国际标准化组织的 ISIL

国际标准化组织(ISO)于 2009 年更新了其 2003 年颁布的 ISO

15511《信息与文献——图书馆和相关机构的国际标准代码(ISIL)》，也称作国际标准图书馆标识。ISIL为图书馆、档案馆、博物馆及相关机构定义了一套用以识别特定机构的标准标识，而各机构原有的标识可以融合进新的标识系统中。ISIL是一种可变长度的标识，最多有16个字符，包括数字0～9、26个英文字母以及"/"、":"、"-"等符号。一个ISIL包括三个部分：前缀、连字符和机构标识，如CA-QMCB。前缀既可以是由两个字母组成的国家代码，也可以是其他注册的非国家代码，如OCLC。机构标识可以包括数字和字符，由各个分配机构指定，一个国家内原有的机构标识如需纳入ISIL的体系，只需在原有的标识符前加上相应的国家代码即可。整个ISIL系统由ISIL权威注册机构进行管理，目前ISO指定丹麦图书馆与媒体机构(Danish Agency for Libraries and Media)为全球性的权威注册机构，以国家代码为前缀的标识需向各国的标识分配机构申请，而以非国家代码为前缀的标识也有其相应的分配机构，在丹麦图书馆与媒体机构的网站上有这些分配机构的最新信息(http://biblstandard.dk/isil/)。

2. 国内区域图书馆代码规范

目前我国并没有ISIL的分配机构，即还尚未采用ISIL的标识系统，也并没有形成国家范围内通用的图书馆代码规范。在1990年，国家教委发布实施了《中国高等学校图书馆代码规定》，该代码规定只考虑我国普通高校图书馆的需要，主要为具备参加联合目录条件的高校图书馆使用，并且优先考虑计算机管理，特别是图书流通管理中光笔条形码识别的需要，代码为定长数字结构，分三层：第一层根据"中国文献收藏单位系统标识建议表"，设定中国高等学校图书馆的系统标识为数字"2"；第二层根据国家标准《中华人民共和国行政区划代码》(GB 228O—1982)，表示学校图书馆所在省(直辖市，自治区)的代码；第三层表示学校图书馆在所属地区的代号，以国家教委1989年编印的《中国高等学校大全》为参照确定各地区高校图书馆的排列序号。

中国国家图书馆于2004年开展了包括"中国图书馆标准馆代码的方案"在内的一系列标准化研究，并于2007年公布了中国图书馆"4段式馆代码"草案，该草案遵照ISO 15511标准架构编制完成，由变长16位（最大）阿拉伯数字、拉丁字母（无注音符号）、间隔符"－"组成。其顺序是国别代码2位，中华人民共和国行政区域标准代码6位，图书馆类别代码1位，图书馆自代码4位（最大），4个字段间由3个分隔符"－"分隔。

国际交往的增多、新技术的采用、特别是实现资源共享的要求，迫切需要按照国际标准制定相应的国家标准，将我国有关信息文献机构纳入到国际识别体系中。根据文化部社会文化司、国家档案局政策法规司、教育部高等学校图书情报工作指导委员会、国家文物局博物馆与社会文物司等单位的建议，全国信息与文献标准化技术委员会向国家标准化管理委员会重新上报了标准计划并获得批准，标准名称为《中国标准图书馆和相关机构标识符》国家标准。《中国标准图书馆和相关机构标识符》由前缀和组织机构代码两部分组成。前缀部分按照国际标准的规定使用国家代码，而图书馆和相关机构标识部分则直接采用全国组织机构代码的九位编码。以此将国际标准与国内标准有机地结合起来，实现国际和国内编码系统的兼容。目前，该标准正在研制中。

后　记

2010年底，国家文化部提出"十二五"期间大力推动全国基层文化队伍培训工作的目标，为此编写一套适宜的教材成为该项工作重要组成部分。在培训教材总负责人李国新教授的主持下，由李东来、宛玲、金武刚负责《公共图书馆信息技术应用》编写任务。近年来，新的信息技术和信息产品层出不穷，其在图书馆领域的应用已经深刻改变了公共图书馆服务和管理模式，也对基层工作人员提出了新的知识、技能要求。如何编写一部既能较全面介绍图书馆信息技术又能满足基层现实需要的实用教材，确实是个难题。

2011年春节前后，我们三人经过多次沟通、交流、碰撞，初步形成了编写结构，并列出了二级大纲。2011年3月，在文化部全国基层文化队伍培训师资骨干培训班上，以大纲为基础向来自各省的学员进行了试讲。期间我们既感受到东部地区学员对高、新、专技术的知识性要求，也体会到欠发达地区学员对基础性技能培训的渴望。如何使我们的教材达到知识性与技能性的统一，在实际的培训工作中满足不同层次培训需求，是我们面临的重大挑战。在听取并接受教材编写专家组意见、广泛收集学员意见的基础上，我们经讨论达成共识，一方面对图书馆相关信息技术进行重新梳理，确定以知识点进行概况介绍；另一方面选择了近十个公共图书馆工作中常用的信息技术为操作点，以实例详介其操作过程，并穿插安排在相关章节，以期达到知识与技能相结合，满足信息技术繁杂多样、基层需求差异较大的现实情况，初步确定了7章节、2附录的体例。随后我们又召集专人细化分工，李东来、奚惠娟、麦志杰负责第一、二章节；金武刚、陈晓亮、钱国富、李旋波负责第三、四、五章节；宛玲、杨秀丹、史海燕负责第六、七章节及附录。按照教材编写进度要求，2011年4月召开的苏州会议上拿出四级层次的大纲。在经历了内容细化、规范后，2011年底全国基层公共文化队伍培训教材的图书馆系列大纲正式出版，形成了阶段性成果。2012年春节前后我们经多次沟通，形成初稿。2月13——17日在东莞召开全体编写人员统稿讨论会，把编写过程中遇到的问题逐章逐节梳理了一遍，部分章节内容做出了重大调整，如"公共电子阅览室建设"、"网站建设"等部分，在相互不留情面的拍砖过程中也由分歧走向统一。会后，各人或是查漏补缺，或是大修大改，5月下旬基本完成了修改稿。6——8月间，李东来、金武刚、宛玲三人又各自对各自小组负责部分书稿做了一次修订，最后由宛玲承担重任执行了全书统稿审核，于8月底正式完成。

教材编写期间，文化部领导、以国新教授为首的教材编委会各位同仁对本书提出了诸多指导，北京师范大学出版社的编辑老师为书稿后期编辑付出了诸多汗水，在此一并致谢。

编者

2012年12月17日